U0044937

中國現代文學

第四十期

中國現代文學學會

一

目 次 · 第四十期

中國現代文學　第四十期
2021 年 12 月

Contents • No.40

中國現代文學　第四十期
2021 年 12 月 1-18 頁

華夷風土論

王德威[*]

摘要

　　當代華語語系研究雜糅各種理論訴求，卻昧於歷史千絲萬縷的脈絡，暴露出若干論述困境。本文提出「南洋」問題，並以此重新審視「華語語系文學」的認知框架。重點包括：1.以「華夷之『變』」作為論述基礎，強調從「華」的他者——「夷」——重新思考「中國」與「華」的多元性。2.介紹「華夷風土」觀，強調政治地理政治以外，環境及人文地理的重要性。本文並以編纂中的《南洋讀本》為範例，說明華語語系研究不能不以南洋為重心，因為這一地區幾乎揭露了所有相關議題的複雜意義。

關鍵詞：華夷之辨、華夷之變、風土論、南洋、華語語系文學

---

*　王德威，美國哈佛大學東亞語言與文明系暨比較文學系 Edward C. Henderson 講座教授。

On Sinophone/Xenophone Mesology

David Der-Wei Wang**

Abstract

This essay seeks to reconsider the current paradigm of Sinophone studies, which is largely based on postcolonialism and empire critique. I propose instead the model of mesology, or the study of the mutual relationships between living creatures and their biological, social, and environmental surroundings. The wind, earth, and water are invoked here not only because they are the natural agents that shape the unique geographical contour of Southeast Asia, but also because they constitute the symbolic repository that give rises to Sinophone Nanyang.

Key words: Sinophone/Xenophone distinction, Sinophone/Xenophone changeability. Mesology, Nanyang, Sinophone Literature

** Edward C. Henderson Professor of Chinese Literature and of Comparative Literature, Harvard University, U.S.A.

一、前言：

作為地理名詞，「南洋」起自明末，泛指中國大陸南方沿海區域，以及南海區域的中南半島、馬來半島,群島還有無數島嶼──即今日的東南亞。「南洋」至少有三種定義。清代水師曾有「南洋」艦隊，顧名思義，鎮守中國南方海域。更廣為人知的則是中國東南沿海地區人民「下南洋」之舉。[1]十八世紀以來，成千上萬人漂洋過海，來到東南亞墾殖、避難或經商，在二十世紀上半葉達到高峰。「南洋」還有第三義：明治維新後，日本帝國主義興起，對南海乃至南太平洋區有了覬覦之心，因有對「內南洋」與「外南洋」的前進計畫，終於導致太平洋戰爭。

如果「東南亞」是二戰之後，西方區域政治所炮製的的地理座標，「南洋」的命名則引起更繁複的歷史及情感脈絡。[2]南洋曾經是華人移民海外的首選，東西殖民勢力競逐的所在，海上絲路通往印歐的必經之地，革命起點或流亡的終點，華洋種族、文化交錯的舞台。南洋海域寬廣，島嶼星羅棋布，華人蹤跡幾乎無所不在；他們安家落戶之際，也持續思辨鄉關何處。落地生根、葉落歸根、或再度漂流的選擇未嘗或已。時至今日，南洋依然是中國與世界交鋒的核心場域，南沙海權、一帶一路、新南向等政經操作此起彼落。是以，本文提出「南洋」問題，並以此重新審視「華語語系文學」的認知框架。

二、華語南洋

華語語系研究不能不以南洋為重心，因為這一地區幾乎揭露了所有相關議題或正或反的意義。過去三百年來，南洋吸引了上千萬中國移民，至今後裔超過三千四百萬，形成海外最大的華語聚落。移民來到異鄉，與土著及西方殖民勢力不斷周旋，尋找立足之地。失去朝廷國家的庇護，他們必須仰賴宗親會黨力量，用以自保；與此同時，他們內部的分合鬥爭一樣複雜多變。華人以熟悉的方言鄉音溝通，作為辨識彼此的標誌，甚至國族認同符號。早期移民心懷故土；從辛亥革命到共產革命，他們效力輸誠的熱情不能小覷。二十世紀中期國際局勢不變，傳統殖民勢力消退，新興國族主義鵲起，冷戰方興未艾，華人如何認同，面臨巨大考驗。

---

[1] 李金生，〈一個南洋，各自界說：「南洋」概念的歷史演變史〉，《亞洲文化》，30（2006.06），頁 113-123.

[2] "Southeast Asia" 或「東南亞」一詞出自 1839 年美國傳教士 Howard Malcom（1799-1879）的遊記 'Travels in South-Eastern Asia' 二次大戰期間為英美勢力廣泛採用。

　　以往華人研究論述奉世界、全球、中文之名，延續萬流歸宗式的中心論。新世紀中國崛起後，封建時代的天下論、王霸說捲土重來，更對全球華人文化帶來莫大壓力。華語語系研究的出現，不啻是正面迎擊。這一研究始於指認華語——方言，鄉音，口語——為形塑海外華人社會特性的最大公分母。一反「中州正韻」所建立的正統與邊緣、海內與海外的主從結構，華語語系論述一方面落實眾聲喧「華」的多元性與在地性，一方面企圖從國族主義與本土主義之間開拓另一種互動平台。

　　目前華語語系研究多以西方學院興起的後殖民主義、反帝國論述、文化多元訴求為基礎。他（她）們批判華人移民為定居殖民者，掠奪在地資源，剝削土著，卻又與中國藕斷絲連。循此邏輯，華人既然已於海外自立門戶，就應該放棄故鄉故土之思，融入定居地文化社會，日久天長，華語華文自然消失，族群共和，天下太平，是為「反離散」。[3]

　　這類論述雜糅各種理論訴求，政治正確有餘，卻昧於歷史千絲萬縷的脈絡，也暴露華語語系研究的困境。十六世紀以來，西方殖民勢力侵入東南亞，之後華人移民開始出現。他們與土著競爭資源，同時也屈從甚至助長西方殖民霸權。如果華人是（次等）殖民者，他們也同時是被殖民者，僅以籠統的「定居殖民」將其一語打發，豈非以偏概全？何況華人對內、對外所面對種種階級、宗族、地域、種族、宗教、性別壓力。而以華人移民作為「中華帝國」殖民勢力的前哨，更未免簡化「下南洋」的歷史、政經動機，過分抬舉了明清及民國的海洋政策。

　　華人與東南亞國家民族主義的糾結，尤其須要謹慎以對。這一地區目前十一個國家中，菲律賓最早於 1898 年建國，東帝汶則在 2002 年建國；越南、馬來（西）亞、印尼等則是冷戰期間國際協調下的產物。每一個國家的建立和治理頗有不同，華人的境遇因之有異。泰國華裔基本融入在地文化，印尼華裔則歷經多次血腥排華運動，幾乎喑啞無聲。馬來西亞華裔約有六百五十萬，為南洋華語世界最大宗，也是學者研究焦點所在。這些國家的華語文化有的已經渙散（如菲律賓），有的依然堅持不輟（如馬來西亞），有的華洋夾雜(如新加坡)，有的勉強起死回生（如印尼）。我們可以從這些現象作出觀察，卻無權越俎代庖，預言華語文化必將甚至必應如何。

　　「反離散」論者強調華人應該放棄故國，認同定居國，成為多元一體的有機部分。此一論調立意固佳，卻無視不同國家地區內華人生存境況的差異。文化、種族的隔閡，宗教的律令，以及無所不在的政治權謀都使多元號召步履維艱。論者高舉號召全球華裔「反離散」，卻忽略他們被歧視、「被離散」的可能。

　　更弔詭的是，1955 年第一次亞非會議在印尼萬隆召開，會後中國總理周恩來簽署限制雙重國籍條約，號召華僑就定居國籍作出選擇，不啻成為「反離散」之說的源頭。十年

---

[3]　見史書美，《反離散：華語語系研究論》（台北：聯經出版公司，2017）。

之後，印尼排華運動仍然爆發，至少五十萬華人死於非命。離散在任何社會形態裡都不應是常態，但離散作為生存的選項之一，卻攸關主體的能動性與自決權。

南洋也同時是華語語系研究者清理「何為中國」的戰場。立場尖銳者每每指出早期南洋僑民心懷二志，成為落地認同的最大障礙。事實上，清代與民國對「華僑」的照顧聊勝於無，而華裔的向心力與其說是國族主義作祟，更不如說是對在地殖民情境——以及日後出現的本土霸權統治——的反彈。華語語系研究的興起源出於對以往中國／海外論述的反思，但當批判者的矛頭對準作為冷戰政治實體的「中國」，將一切問題敵我二元化，反而凸顯自身揮之不去的「中國情結」（Obsession with China）：怨恨與欲望成為一體之兩面。這不僅簡化華人對「中國」作為一種文明及歷史進程的複雜認知與感受，也並未能對華裔與在地文化、種族、政教結構、甚至生態環境賦予相應的關注。

三、華夷之「變」

基於以上觀察，本文提出「華夷之『變』」作為論述的基礎。我們認為，與其糾結華語的存亡有無之必要，何不放大眼界，從「華」的他者——「夷」——重新思考「中國」歧義性，與「華」的多元性？「夷」意味他者、外人、異己、異族、異國，既存於中國本土之外，也存於在中國本土之內。華夷互動的傳統其來有自，更因現代經驗不斷產生新意。中央與邊緣，我者與他者，正統與異端不再是僵化定義，而有了互為主從，雜糅交錯的可能。

相對「華夷之變」，「華夷之辨」是更為一般所熟知的觀念。這一觀念最初可能以地緣方位作為判準，乃有「中國」與「東夷西戎、南蠻北狄」的區別。彼時的「華」僅止於黃河流域中游一小塊地區，其餘都屬於「夷」。這是中國本土以內的世界觀。但只要對中國民族、地理史稍有涉獵，我們即可知即使漢族以內，也會因地域、文化、時代的差距產生許多不同結構。五胡亂華以前的南方被視為蠻夷鴃舌之地，日後成為華夏重心，即是一例。歷代各種漢胡交會現象，或脫胡入漢，或脫漢入胡，多元駁雜的結果一向為史家重視，更不論所謂異族入侵以後所建立的政權。蒙元、滿清只是最明白的例子。影響所及，東亞從日本到韓國皆相互比照，作出具體而微的回應。

華夷論述的關鍵之一是不僅以血緣種族，也以「文」——文字，文學，文化，文明——作為辯證正統性的基礎。日本京都學派學者宮崎市定的說法值得思考：「『文』的有無，卻可確定『華』與『夷』的區別。換句話說，『文』只存在於『華』之中，同時，正是由於有『文』，『華』才得以成為『華』。」[4]「文」不必受限為書寫、文字、符號。在此之外，

---

[4] 見宮崎市定著、中國科學院歷史研究所翻譯組編譯，《宮崎市定論文選集》下卷（北京：商務印書館，1965），

「文」的意義始於自然與人為印記、裝飾、文章、氣質、文藝、文化、終於文明。「文」是自然的軌跡，審美的創造，知識的生成，也是治道的顯現。但「文」也是錯綜、偽飾、蘊藏的技藝。

「文」的彰顯或遮蔽的過程體現在身體、藝術形式、社會政治乃至自然的律動上，具有強烈動態意義。基於此，明亡之後日本人所謂「華夷變態」、或朝鮮人所謂「明亡之後無中國」，[5]都以海外華夏文化正朔自居。滿人以異族入主中原，則以「有德者」承接華族文明的正當性。[6]時至清末，西風壓倒東風，以往的華夷天平向「夷」傾斜，林則徐「師夷之長技以制夷」說首開其端。

西學東漸，如何描述、定義現代的「中華」文明成為不斷辨證的話題。民初革命者從「驅除韃虜」改向號召「五族共和」，五四之後知識界的科學、玄學之爭，共產黨百年從信仰馬恩列史、文化革命到吹噓中華民族偉大復興，台灣從遙奉滿洲王朝的台灣民主國到臣服殖民勢力、再到抗中懼華的「中華民國」，多變可見一斑。

本文重新檢視傳統「華夷之辨」觀念，代之以「華夷之變」。「辨」是畛域的區分，「變」指向時空進程的推衍，以及文與文明的彰顯或渙散、轉型或重組。以南洋華人社群為例，華人移民或遺民初抵異地，每以華與夷、番、蠻、鬼等作為界定自身種族、文明優越性的方式。殊不知身在異地，易地而處，華人自身已經淪為（在地人眼中）他者、外人、異族——夷。更不提年久日深，又成為與中原故土相對的他者與外人。遺民不世襲，移民也不世襲。在移民和遺民世界的彼端，是易代、是他鄉、是異國、是外族。誰是華、誰是夷，身份的標記其實游動不拘。[7]

南洋華僑曾被譽為「革命之母」，即使羈留海外也遙望中原。辜鴻銘（1857-1928）、林文慶（1869-1957）都來自土生（與在地土著混血）華人背景，在西方接受教育，理應疏於認識華族文化。但他們對正統的信念如此深厚，甚至成中國土地上的異端。抗戰、國共內戰期間大批華裔青年回到大陸效忠祖國，與此同時，大批文人來到南洋，或避難或定居。一九四七到四八年馬來亞半島，南來與本地文人為現實主義文學展開辯論，將華夷問題南洋化。其中金枝芒（1912-1988）強調馬華文學可以「暫時是中國的」，但「內容必須

頁 304。
5 林春勝、林信篤編，浦廉一解說，《華夷變態》（東京：東方書店，1981），頁 1。孫文，《唐船風說：文獻與歷史——《華夷變態》初探》（北京：商務印書館，2011），頁 39-40。葛兆光，〈從「朝天」到「燕行」——17 世紀中葉後東亞文化共同體的解體〉，《中華文史論叢》81（2006.1），頁 30。又，對朝鮮、日本、越南與中國的文化互動與想像變遷，見葛兆光，《想像異域：讀李朝朝鮮漢文燕行文獻札記》（北京：中華書局，2014）。
6 （清）雍正皇帝編纂，《大義覺迷錄》卷上（呼和浩特：遠方出版社，2002），頁 3。孟子曰：「舜生於諸馮，遷於負夏，卒於鳴條，東夷之人也。文王生於岐周，卒於畢郢，西夷之人也。地之相去也，千有餘裡；世之相後也，千有餘歲，得志行乎中國，若合符節，先聖後聖，其揆一也。」見劉曉東，〈雍乾時期清王朝的「華夷新辨」與「崇滿」〉，收入張崑將編，《東亞視域中的「中華」意識》（臺北：國立臺灣大學出版中心，2017），頁 85-101。
7 王德威，〈華夷之變：華語語系研究的新視界〉，《中國現代文學》34（2018.12），頁 13。

永遠是馬來亞的」；胡愈之（1896-1986）則稱僑民文學效忠對象永遠是祖國。[8]兩人都是抗戰前後從中國來到南洋，立場卻如此不同！十年之後馬來亞聯合邦獨立，以往的移民必須就華族「遺民」或馬來「夷民」的身份之間，做出選擇。與此同時，華文教育之爭浮上台面，背後正是對「文」作為華夷論述基準點的艱難博弈。

當華夷之「辨」轉為華夷之「變」，我們才真正意識到批判及自我批判的潛能。與其說華夷之變是有關非此即彼的「差異」，不如說是一種你來我往的「間距」。[9]間距並非產生一刀兩斷的差異，而有移形換位的脈絡——那是「文」的從有到無、或從無到有的痕跡。華族文化與文明是在不斷編碼和解碼的序列中顯現或消失。在「夷」的語境裏，我們觀察「潛夷」和「默華」如何回應中國；相對的，「夷」也可能默化、改變那個（其實意義變動不居的）「華」。

四、華夷風土

華夷之「變」關注政治、文化隨時空流轉而生的變遷，也關注「時空」座落所在的環境與自然的變遷。筆者於其他論著中曾以「華夷風」描述華夷之「變」。關鍵詞是與 Sino「phone」諧音的「風」。莊子所謂「風吹萬竅」，「風」是氣息，也是天籟，地籟，人籟的淵源。「風」是氣流振動（風向、風勢）；是聲音、音樂、修辭（《詩經.國風》）；是現象（風潮、風物，風景）；是教化、文明（風教、風俗、風土）；是節操、氣性（風範、風格）。「風以動萬物也。」）《西遊記》石猴出世，「因見風」。華語語系的「風」來回擺盪在中原與海外，原鄉與異域之間，啟動華夷風景。我們既然凸顯「風」的流動力量，以及無遠弗屆的方向，就該在華夷理論與歷史之間，不斷尋求新的「通風」空間。

然而天有不測風雲，因此任何有關「風」的理想同時也必須關乎「風險」的蠡測。風險的極致是破壞與毀滅——任何理論無從排除的黑洞。這就帶入「風」的政治性層面。華夷「風」的研究因此也必須思考「勢」的詩學。[10]「勢」有位置、情勢、權力和活力的涵義；也每與權力、軍事的佈署相關。如果「風」指涉一種氣息聲浪，一種現象習俗，「勢」則指涉一個空間內外，由「風」所啟動的力量的消長與推移。前者總是提醒我們一種流向

8　參見黃麗麗，〈論馬華文學的「潛在寫作」——以金枝芒為例〉，《臺北大學中文學報》27（2020, 9），頁 183-221
9　這是余蓮（François Jullien，或譯朱利安）的說法。余蓮（François Jullien）著、林志明譯，《功效論：在中國與西方思維之間》，（臺北：五南圖書出版，2011），頁 5。類似余蓮的觀察在西方漢學界其實不乏前者從文學角度而言，見 Stephen Owen, *Readings in Chinese Literary Thought* (Cambridge, Mass: Council on East Asian Studies, Harvard University, 1992), 1-28.「差異」、「間距」的觀念，使我們聯想德希達（Jacques Derrida）著名的「差異」（différence）與「延異」（différance）。但是兩者理論背景極為不同。最基本的，如果德西達從事的是意義的解構，余蓮詢問的是意義的效應。後者不作本質/非本質主義的分梳，而強調差異的差異——間距——作為意義不斷湧現、形成的方法。
10　王德威，〈「根」的政治，「勢」的詩學：華語論述與中國文學〉，《中國現代文學》24（2013.12），頁 13-18。

和能量，後者則提醒我們一種傾向或氣性，一種動能。這一傾向和動能又是與主體立場的設定或方位的佈置息息相關，因此不乏政治意圖及效應。更重要的，「勢」總已暗示一種情懷與姿態，或進或退，或張或弛，無不通向實效發生之前或之間的力道，乃至不斷湧現的變化。[11]

　　華夷「風」提醒我們思考目前華語語系研究是否過分關注冷戰格局下的政治地理，而輕忽環境——自然的也是人文的——重要。風是大氣流轉的現象，也是傳導文明的動能。南洋之所以吸引大量華人移民，與氣候因素息息相關；十一到四月的東北季風、五到十月的西南季風循環吹拂，啟動這一地區的航海活動以及貿易網絡，是為「風下之地」。[12]

　　循此，我們思考季風之下，土與地的意義。在中國、希臘和印度古文明中，土地不僅被視為吞吐萬物的根本，也是文明運作的起源。中國五行傳統「金木水火土」以「土」為其他四行的基底，也與三代文明籍田、風土、季節、農耕等概念緊密叩連。女媧「搏土造人」的神話展現土地的生命力，「黃帝」則是「黃土」的具體化，呈現土德與權威。《尚書‧堯典》整合自然變化，時序方位、鳥獸人民。風的狀態難以捉摸，但一經定位，有了四方分化，也有了四方土的概念。就其中者為「中土」，與同時出現的「中國」的意義相連貫。[13]

　　現當代東西學界對土和土地的思考另闢蹊徑。海德格（Martin Heidegger, 1889-1976）眼中的「大地」舒朗無垠，但也深不可測，與世界相對立。藝術的意義之一即在於讓隱匿、遮蔽中的大地向世界「敞開」。[14]巴修拉（Gaston Bachelard, 1884-1962）的意象詩學則強調土地既是生命與力量迸發的起始，也是死亡與吸納蘊藏的歸宿。[15]楊儒賓認為土最重要的意義在於創生與「報本反始」：「寬廣才能普及萬物，深厚才能承載萬物。此種厚德的理念只能來自土，而不可能來自其他自然因素。」[16]後人類學研究者哈勒薇（Dona Haraway, b. 1944）則批判自命不可一世的「人類世」（Anthropocene）對地球帶來的破壞，轉而著重「地緣世」（Cathulescene），[17]意即人所立足的地上與地下無限生物與非生物共存的關係世界。

　　「安土重遷」一向被視為華夏文明空間觀念的重點。但在華夷交錯的南洋，這一觀念遭遇微妙挑戰。早期華人移民帶來家鄉的耕作技巧和生活習俗，但面臨不同氣候環境，必

---

[11] 由「風」與「勢」所帶動的華夷論述總已具有臨界意識。聽風觀勢暗示一種厚積薄發的準備，一種隨機應變的警覺。此無他，風無定向，勢有起落，我們必須因勢利導。作為文學理論，華夷風研究最大的批判能量在觀察文與言的變動性，提醒溝通的不確定性。我們顧及文與言若斷若續、語焉不詳、意在言外的表述——以及因為政治壓迫、風土變遷、時間流逝而導致文與言的瘖啞，乃至消失。

[12] Philip Bowring, *Empire of the Winds: The Global Role of Asia's Great Archipelago* (New York: I. B. Tauris, 2019), Introduction.

[13] 見楊儒賓的討論，《五行原論》（台北：聯經出版公司，2018），390-445。

[14] Martin Heidegger, "The Origin of the Work of Art," in *Poetry, Language, Thought*, trans. Albert Hofsdater (New York, Harper and Row, 1971), 43.

[15] 見黃冠閔，《在想像的界域上：巴修拉詩學曼衍》（台北：台大出版中心，2014），121-158.

[16] 見楊儒賓，《五行原論》，頁435。.

[17] Donna Haraway, *Staying with the Trouble: Making Kin in the Chthulucene* (Durhamm: Duke University Press).

須作出因應。水土不服之際，他們每每祈靈大伯公。學者有謂大伯公為春秋吳人祖先太伯，或檳榔嶼天地會領袖的張理。許雲樵則總結大伯公為南洋最普遍的神祇，其性質與中國的土地公無異。[18]橘逾淮為枳，神明亦若是？「土」已經發生位移，移民甚至他們所信奉的土地神明都須在故土還是本土間作出抉擇。華夷之變發生在最根深蒂固的「土德」想像與執崇拜上。

　　一旦我們思考自然環境如季風、土地，氣候，水草，海洋如何介入、形塑南洋人文地理，華夷視野陡然放寬。從山風海雨到到物種聚落，從草木蟲魚到習俗傳說，以此形成的博物世界與生活形態，可稱之為「華夷風土」。

　　不論中西傳統，「風土」都是古老的觀念，也都同時納入自然生態和人文風俗的含義。[19]近代西方風土學（mesology）起源於十九世紀的菲爾德（George Field，1777-1854）與羅賓（Charles Philppe Robin,1828-1885）等對自然生態與物種分佈的探討。在東方，風土學的突破自和辻哲郎（1889-1960）的《風土：人間學的考察》（Fûdo: Ningengakuteki kôsatsu, 1935）。和辻深受海德格（Martin Heiddger）啟發，從精神現象學角度探討人的存在意義。[20]相對於海德格側重人的存有與時間的關係，和辻強調人的存有與空間的關係。他提出「風土」，意指「土地的氣侯、氣象、地質、地味、地形、景觀等的總稱。古時又叫做水土，其概念的背後，是把人類環境的自然以地水火風來掌握的古代自然觀。」[21]

　　和辻不以「自然」而以「風土」概念作為研究焦點，意味深長：風土離不開人的身影，自然的元素如土、水、火、風必須在人所在的時空座標中發生作用。和辻考察季風，沙漠，牧場三種風土現象，並以此推論人如何因應環境形塑其存在的意義體系，從感官反應（如冷熱）到人際價值形成詮釋互動。這一風土意識與經驗的形成具有社會性，因此和辻關注的不是作為個別存在的人，而是人與人所形成的關係網絡：「人間」。風土是「間柄存在的我們」(間柄即人際關係)。話雖如此，論者也指出潛藏在和辻風土論下的黑格爾史觀，以國家作為總攝一切人間差異性的終極存在。和辻認為南洋季風帶社會的被動性和惰性，隱隱顯露其偏見和偏見之後的政治命題。[22]

　　台灣學者洪耀勳（1903-1986）受到和辻哲郎風土論的啟發，於 1936 年發表〈風土文化觀──台湾風土との關連に於いて〉一文。他將民族性的研究置於「血」與「地」對比，

18 王琛發，〈大伯公、歷史敘述與政治傾向〉，見吳詩典，《傳承與延續：福德正神的傳說與信仰　研究——以馬來西亞華人社會為例》（砂拉越：砂拉越詩巫永安亭大伯公廟，2014）。

19 「是日也，瞽帥音官以風土。廩於籍東南，鍾而藏之，而時布之於農。」韋昭注：「風土，以音律省土風，風氣和則土氣養也。」，左丘明著，韋昭注《國語‧周語》上（上海：商務印書館，1935），頁6。，

20 Augustin Berque, "The question of space: from Heidegger to Watsuji," *Ecumene*, 3, 4 (1996)：373-383.

21 和辻哲郎，《風土：人間學的考察》（上海：東方出版社，2017)，頁9。

22 廖欽彬，〈和辻哲郎的風土論--兼論洪耀勳與貝瑞克的風土觀〉，《華梵人文學報》14（2010.06），頁 66-94；又見，朱坤容，《風土與道德之間：和辻哲郎思想研究》（上海：東方出版社，2018）。

強調後者的重要性。對洪而言,「地」並不單純指涉氣候、自然與生物景觀等等物質性的「地方」概念,而是指「人」在長久的「時間」之中與此「地」(台灣)的生存互動關係,由此產生風土的特殊性。洪耀勳認為,台灣與中國南方氣候環境相似,然而其生存關涉——特別是作為殖民地的時空結構——促使島上人民意識其「特殊性與特異性」。但另一方面,他又委婉承認台灣風土不論如何特異,畢竟是日本國家共同體的部分。如此,他其實呼應和辻哲郎風土論背後的黑格爾式辯證法,將物我、主客的異同邏輯輾轉證成為國家主義的一統邏輯。[23]

1960 年代末,法國地理學家邊留久(Augustin Berque, b. 1942)接觸和辻哲郎的研究,並將其發揮成更具特色的風土論。邊留久認為西方的環境學、生態研究不脫啟蒙主義以後的主/客、物/我二元論述結構,相對於此,風土論提醒我們二元論之外的第三種可能。邊留久引用和辻哲郎的觀點,指出風土即是人立身於天地之間的「結構時刻」。由此生發生命—技術—象徵(bio-techno-symbolic)三者的聯動關係,缺一不可。邊留久特別強調「風土的中介性」(mediance),意即在時空不斷演化的過程裡,環境生態、人為技術、表意象徵之間互為主客的動線,其結構與演繹形態總不斷交錯跨越(trajection)。[24]

邊留久修正了和辻哲郎風土學所潛藏的目的論,轉而關注風土的積澱性、孔隙性(porosity)以及潛能性。換句話說,儘管自然亙古存在,在漫長的歷史軌跡裡,人與環境互為因應,所構成的生存模式和價值、信仰體系形塑了風土的特色。這一特色有其生成的邏輯,但卻不是必該如此的命定。同樣的天氣,在不同人種文化詮釋下,有了不同的感受和對應方式。

延伸邊留久的看法,我們不妨思考風土學的對應面,神話學(mythology)。在此,神話不僅指涉先民與不可知的自然或超越力量互動的想像結晶,也指涉當代社會約定俗成,甚至信以為真的知識系統。[25]風土學與神話學都牽涉每一社會面對環境可知或不可知的現象,所發展出的實踐法則和價值系統。風土學落實生命-技術-象徵於日常生活,神話學則凸顯從迷信到迷因(meme)的「感覺結構」。

和辻哲郎、洪耀勳、邊留久等現代風土論對華語語系研究有什麼意義?一如前述,部分華語語系研究依賴後殖民與反帝國理論,推動解放與多元的理想。這雖然看似理所當然,但理論與實踐的差距過大,不免予人居高臨下的印象。我們介紹風土論,因其不僅為政治掛帥的華語語系研究帶來人間煙火,從而豐富其政治的意涵,尤其提醒我們環境地理——物的環境,人的環境——的重要性。

---

[23] 林巾力,〈自我、他者、共同體——論洪耀勳〈風土文化觀〉〉,《台灣文學研究》,1(2007.04),頁 73-107。有關洪耀勳的哲學研究綜論,見洪子偉,〈台灣哲學盜火者:洪耀勳的本土哲學建構與戰後貢獻〉,《台大文史哲學報》,81(2014.11),頁 113-147.

[24] Augustin Berque, "Offspring of Watsuji's theory of milieu (Fûdo)," *GeoJournal*, 60 (2004): 389–396, 2004.

[25] Roland Barthes, *Mythologies*, trans. Annette Lavers (New York: Farrar, Straus and Giroux,1972).

五、南洋現場

　　回到南洋現場。我們必須反省，在控訴殖民者與定居殖民者和帝國勢力之餘，我們對這四百五十萬平方公里的水域和地形，或存在其間的人或物，有多少理解？東南亞人口六億五千萬，居全球總人口數五分之一，民族多達九十種以上，華族只是其中之一。這一地區處於地殼運動最活躍的地帶，太平洋板塊，印度洋板塊，歐亞板塊彼此擠壓，造成地震火山。1815 年爪哇以東松巴哇島上坦博拉（Tambora）火山爆發，釋放的能量相當於二次世界大戰廣島原子彈爆炸威力八千萬倍，是人類歷史所記最猛烈的火山爆發。2004 年南亞大海嘯，失蹤和死亡人數超過三十萬。

　　從大歷史角度來看，唐代以前中國關於東南亞海域只有零星記載（如東晉法顯取經由南洋海道回到中國）。中國商人遲至宋代晚期才成為貿易常客；官方海上行動如十三世紀元軍侵爪哇，十五世紀鄭和下西洋其實只是例外。在此之前，馬來人、印度人、阿拉伯人早已構成串聯東西海域的網絡。十六世紀後，歐洲探險者憑藉船堅炮利，進入東南亞，華人隨之而至，但一直要到十九世紀，殖民者的礦場及種植業大盛，需要密集勞力與技術，華人移民才大批湧入，開枝散葉，直到一九四九國共分裂。

　　華人在南洋墾殖近三百年，影響舉足輕重。二十世紀中期後東南亞國家紛紛獨立，華人移民大減，排華運動此起彼落。然而風流水轉，新世紀以來中國和台灣政權分別推動一帶一路和新南向計畫，為這一地區又注入新一波角力變數。有鑒於整個區域人口組織變化，華人未來地位如何其實難以預測。歷史情境多變，華人如能繼續搬演關鍵少數，並使用華語華文以為標記，學者即無從依賴理論，預言其未來必將如何。

　　是在這樣的背景下，我們觀察南洋華夷風土的流變。呼應邊留久的說法，風土不僅體現於山川風物，民情習俗，更是一種生命-技術-象徵符號相互關涉的過程。每一進入南洋自然場域的族裔及文化，都為此處帶來特定表述方式，從耕作到生死，從衣食到信仰，無不如此。我認為，華夷風土特色之一，在於印證「文」——從文字到文化——的消長，語言作為「聲文」，只是最明白的印記。

　　公元 1296 年初，溫州人周達觀奉使真臘，即今日柬埔寨。使節團經四月水陸行旅來到真臘國都吳哥城，逗留一年之久。周達觀將所聞所見紀錄成文，即為《真臘風土記》。全文八千五百餘字，分為四十節，詳細記述都城王室、民情風俗、動植物與耕作景觀。日後吳哥城覆滅，甚至無從查考。直至十九世紀《真臘風土記》被翻譯為英德法文，法國探勘者按圖索驥，終於在 1860 年代發現吳哥古城遺址。距離周達觀初抵吳哥已經是五百六十年後。

　　《真臘風土記》既以「風土」為名，對我們的研究有如下啟發。蒙元帝國勢力進入中南半島，先後攻伐占城、安南，周達觀使真臘即為延伸其勢力之舉。周為南方漢人，生於元滅南宋之際，代表蒙古王朝出使真臘，他的背景、敘事和見聞都充滿華夷交錯色彩。帝國視野無遠弗屆，但邊陲所見，還是從穿衣吃飯開始。其次，元使團在吳哥逗留一年，並非全為交涉談判，而是必須等待翌年西南季風吹起，以及大湖水漲，方能回航。氣候成為影響帝國動能的條件。不僅如此，吳哥王朝雖曾是真臘黃金時代，但由於當地氣候濕暖，戰亂頻仍，國土變遷。除出土碑文外，文字記錄甚少，文物亦多散失。《真臘風土記》雖為私人遊記，卻能補正史之不足，成為蒙元中國與南洋交往的歷史見證。

　　《真臘風土記》之後，有關南洋風土文字所在多有。風土的含義未必僅僅局限於經驗紀實，而更是人與環境互涉的「結構時刻」，是自然與聚落，實證與感受的雜糅體現。或用邊留久的定義，風土性指向物／我二元論之上的第三種存在，總帶有中介的象徵元素。這也是《南洋讀本》藉用文學作為詮釋華夷風土的動機所在。

　　藉著過去百年記錄、想像南洋經驗的文本，我們得以觀察華人如何與在地的自然、人種和物種互動，史話與「神話」交纏，形成特有的詮釋方法。這些文本包羅廣闊，有關「南洋」虛虛實實蔓延開來：從「蕉風椰雨」到「群象和猴黨」，從「靜靜的紅河」（潘壘）到「峇都帝坂聖山」（李永平），從去國離鄉到入鄉隨俗，從「濃得化不開」（徐志摩）到「流俗地」（黎紫書），從原住民「拉子婦」（李永平）到「鄭和的後代」（郭寶崑），從達雅克人、巫人、印度人、荷蘭人、英國人、日本人、到潮州人、閩南人、廣府人、海南人，從殖民壓榨到民主奪權，從新村到馬共，從娘惹峇峇到遺老遺少，從「西貢詩抄」（洛夫）到「星洲竹枝詞」（丘菽園），從榴槤到「天天流血的橡膠樹」（王潤華），從漢麗寶公主和親到龐蒂雅娜女鬼獵頭，從想當然爾的偏見到人云亦云的傳說。

　　當然，更重要的是「文」的試煉。舊派文人如許南英、林景仁眷戀古典漢詩形式，啟蒙者如方修、蕭遙天等引進白話現實主義。作家如李天葆等將華埠風情寫得猶如鴛蝴小說，有的如溫祥英、白垚實驗現代風格，有的如李永平操練中文如此精益求精，以致沉浸如「秘戲圖」般的樂趣，在光譜的另一端，華文華語漫漶，華夷文化的痕跡以不同文字出現字裡行間。印華作家如湯順利等以印尼文，馬華作家如楊謙來等以巫文寫作。馬華作家林玉玲、陳團英、歐大旭及菲華作家 Shirley O. Lua 以英文寫作；新加坡印度裔作家瑪・依蘭坎南（Mā Iḷaṅkaṇṇaṉ）以淡米爾文寫作華人與淡米爾人的跨文化故事。

　　下文以編纂中的《南洋讀本》為範例，說明南洋地區所揭露的相關議題之複雜意義。該書分為四輯，各以地理海洋形式作為進入南洋風土之途徑：

（一）半島

中南半島（馬來半島）西臨孟加拉灣、安達曼海和馬六甲海峽，東臨太平洋與南海。目前包括越南、寮國、柬埔寨、緬甸、泰國五國以及馬來西亞西部，早自《史記》即記載中國內陸與此區的活動，包括南方絲綢之路，近世則是華人移民最重要的目的地。中南半島上的華夷遭遇無比動人，深山、叢林、與河流都承載著動人心魄的歷史故事。抗戰時期華人機工、學生循滇緬公路北上，留下斑斑血汗，野人山森林於今埋藏多少戰士枯骨。冷戰如何改變土地？柬埔寨土地下仍埋著未引爆的地雷，罌粟花掩映的泰緬金三角反共救國軍基地，還有馬來膠林深處的左翼勢力……。

半島各處分佈大大小小的華族聚落。錫都怡保曾有過繁華歲月，如今新、舊街場依然人來人往，一五一十的過日子。泰國南部和平村裡，最後一批馬共有家難歸，靜度餘年。州府吉隆坡五方雜處，演繹一代移民悲歡離合。馬六甲海峽的暖風一路吹上半島，午後的日頭炎炎，哪家留聲機傳來的粵曲混搭時代流行曲，此起彼落的麻將聲，印度小販半調子的惠州官話叫賣聲，串烤沙嗲和羊肉咖哩的味道……。唐山加南洋，一切時空錯位，但一切又彷彿天長地久，異國裡的中國情調。

（二）島嶼

相對於中南半島和馬來半島，南洋海上有超過兩萬五千島嶼與群島。分屬於汶萊、東帝汶、印度尼西亞、東馬來西亞、菲律賓以及新加坡等國。此區族群主要屬於南島語系（馬來亞-波利尼西亞人、美拉尼西亞人和密克羅尼西亞人），在漢字文化圈外，與半島地區有明顯差異。婆羅洲在世界島嶼面積中名列第三，目前分屬馬來西亞，汶萊，印尼三國。早在公元第五世紀婆羅洲已經出現在中國典籍；十八世紀末華人來此開採金礦，甚至成立蘭芳共和國——亞洲第一個以共和為名的組織，十九世紀英國冒險家布洛克（James Brooke）在砂磱越建立布洛克王朝，近年發現石油，成為商家必爭之地。

婆羅洲也是旅台馬華作家李永平和張貴興的故鄉；他們少小離家，但島上的一切成為創作泉源。雨林沼澤莽莽蒼蒼，犀鳥、鱷魚、蜥蜴、野豬盤踞，絲棉樹、豬籠草蔓延，達雅克、普南等數十族原住民部落神出鬼沒。文明與野蠻的分野由此展開，也從來沒有如此曖昧游移。從婆羅洲延伸出去，蘇門答臘島與郁達夫生死之謎畫上等號，但華裔如威北華來此與土著一起反抗殖民勢力。新加坡作家謝裕民以摩鹿加群島——歷史的香料群島——的安汶為背景，寫下明鄭時期因遇風暴漂流至島上的遺民，十代人歷經時空錯置最終成為土著；太平洋戰爭期間台籍志願兵陳千武輾轉新幾內亞和爪哇，越南外海的富國島曾經收

容最後一批國共戰爭撤退的孤軍,南沙群島慈母灘上被遺忘的守軍鬼聲啾啾。戰爭的創傷縈繞不去,一如陳千武那隱藏在密林裡的死亡:

> 埋設在南洋
> 我底死,我忘記帶回來
> 那裡有椰子樹繁密的島嶼
> 蜿蜒的海濱,以及
> 海上,土人操櫓的獨木舟……
> 我瞞過土人的懷疑
> 穿過並列的椰子樹
> 深入蒼鬱的密林
> 終於把我底死隱藏在密林的一隅

(三)海峽

　　南洋海域航道縱橫,海峽成為商家、兵家必爭之地。馬六甲海峽、巽他海峽、龍目海峽、望加錫海峽等是其中較為知名者。馬六甲海峽位於馬來半島與蘇門答臘島之間,地處太平洋、印度洋的交界處,全長 800 公里,最窄處僅 2.8 公里,重要性有如蘇伊士運河或巴拿馬運河。世界四分之一的運油船經過馬六甲海峽,海峽多為泥沙質,水流平緩,容易淤積,所以淺灘與沙洲處處,加以印尼火耕傳統,每每帶來濃煙。已有環境學家憂慮,千百年後海峽是否仍能暢行無阻。

　　馬六甲海峽兩側的新加坡,馬六甲,檳城,棉蘭等港口城市因地利之便興起,亦為華裔聚集重鎮。前三者曾構成英屬海峽殖民地,新加坡尤為要衝。康有為,丘逢甲,郁達夫等晚清民國人士經此流亡,都曾留下感時傷世的詩文。丘逢甲過馬六甲如是寫著:「南風吹雨片帆斜,萬疊山青滿喇加,欲問前朝封貢事,更無人說故王家。」[26]。三〇到五〇年代,馬來和印尼殖民地華裔青年如王嘯平、黑嬰、韓萌經新加坡回到祖國參加革命,更有意義的是丘菽園、威北華、潘受等不同世代文人選擇在此安身立命。檳城十八世紀末華人進駐開發,也是海外會黨與革命力量的發源地,孫中山的故事至今流傳不息。與檳城隔海峽遙望的棉蘭則有大量印尼華裔居住。甲午戰爭後台籍文人許南英(1855-1917)來到棉蘭謀生,病逝於此,其子許地山(1893-1941)也曾到緬甸任教。1914 年台灣板橋林家後裔林景仁(1893-1940)娶棉蘭僑領張耀軒之女張福英(1896-1986)為妻,其間來往南洋、

---

26 丘逢甲,〈舟過麻六甲三首〉,《嶺雲海日樓詩鈔》(上海:上海古籍出版社,1979),頁 167。

台灣、中國，留有不少舊體詩作如〈題摩達山詩草〉，後客死滿洲國。其妻張福英晚年移居新加坡，以《娘惹回憶錄》回憶一生海峽情事。

（四）海洋

《南洋讀本》最後一輯關注海洋，南洋風土最後的歸宿。在太平洋和印度洋間，東南亞包括爪哇海，蘇拉威西海，蘇祿海，班達海，南中國海等大小海域。1498 年葡萄牙航海家麥哲倫（Ferdinand Magella, 1480-1521）登陸印度西南岸，開啟所謂東西大航海時代。1512 年葡萄牙船隊推進到香料群島最遠端班達群島，1521 年麥哲倫抵達菲律賓，發現環球航路。但此前一千年，此區水手已經在香料群島、印度與中國間航行無阻，甚至遠達阿拉伯與非洲海岸。海上絲路其實遠比路上絲路繁忙，到了二十一世紀因為中國大陸政權一帶一路計畫重而受重視。

與此同時，中國人──商旅和苦力，使節和海盜、亡命者和革命者──絡繹於途，帶來更深遠的影響。當神州大陸不再是安身之地，他們四處漂泊、流寓他鄉，成為現代中國第一批離散者。那是怎樣的情景？康有為、丘逢甲、邱菽園、許南英、郁達夫…，南中國海一艘又一艘的船上，我們可以想見他們環顧大海，獨立蒼茫的身影。但也許與他們所搭乘同一條船的底層，成千上百的豬仔與流民一道航向不可知的未來。

1405 到 1433 年鄭和七下西洋，啟動近代中國與東南亞的外交及經濟關係，馬來典籍《馬來紀年》更記載明代漢麗寶公主遠嫁麻六甲蘇丹滿速沙的傳說。二十世紀初，許地山的商人婦在船上眺望大海，娓娓傾訴自己的南洋冒險，金門華僑黃東平穿過七洲洋（台灣海峽西南至海南島東北之間的海域）航向荷屬東印度殖民地──今之印尼。到了二十世紀下半葉，郭寶崑的戲劇延伸鄭和故事，叩問鄭和豈有「後代」的弔詭；白垚則將漢麗寶傳說化為詩劇，從女性觀點思考離散和歸屬的選擇。印尼部落文化饒有南島語系的特徵，讓台灣蘭嶼達悟族作家夏曼‧藍波安（b.1956）產生尋根衝動。他登上遠洋漁船直駛南太平洋，在那裡，茫茫大海讓他終於有了歸鄉的感覺，而船上來自四川山區的羌族少年則將華夷遭遇投向更渺遠的地平線……。

在南洋，千百年來季風冬夏循環吹拂，「風下之地」的人與物起落升沉，不斷重塑這一區域的景觀。華人出現此地，以「南洋」為其命名的歷史並不長久，任何以華語為名研究必須同時是華夷研究。華夷之「變」的觀念帶出華語世界分殊內與外，文與野的流動性，以及更重要的，（自我）批判的異質、異類、異己性。如此，「南洋」是華語世界，也是非華語的世界，是「人間」的世界，也是風與土、山與海的世界。

主要參引文獻

一、中文

（一）專書

（清）雍正皇帝編纂，《大義覺迷錄》卷上，呼和浩特：遠方出版社，2002。

丘逢甲，〈舟過麻六甲三首〉，《嶺雲海日樓詩鈔》，上海，上海古籍出版社，1979。

史書美，《反離散：華語語系研究論》，台北，聯經出版公司，2017。

左丘明著，韋昭注《國語‧周語》上，上海，商務印書館，1935。

朱坤容，《風土與道德之間：和辻哲郎思想研究》，上海，東方出版社，2018。

余蓮（François Jullien）著、林志明譯，《功效論：在中國與西方思維之間》，臺北，五南圖書，2011。

吳詩興，《傳承與延續：福德正神的傳說與信仰　研究——以馬來西亞華人社會為例》，砂拉越，砂拉越詩巫永安亭大伯公廟，2014。

和辻哲郎，《風土：人間學的考察》，上海：東方出版社，2017。

林春勝、林信篤編，浦廉一解說，《華夷變態》，東京，東方書店，1981。

孫文，《唐船風說：文獻與歷史——《華夷變態》初探》，北京，商務印書館，2011。

宮崎市定著、中國科學院歷史研究所翻譯組編譯，《宮崎市定論文選集》下卷，北京，商務印書館，1965。

黃冠閔，《在想像的界域上：巴修拉詩學曼衍》，台北：台大出版中心，2014。

楊儒賓，《五行原論》，台北，聯經出版公司，2018。

葛兆光，《想像異域：讀李朝朝鮮漢文燕行文獻札記》，北京，中華書局，2014。

（二）專書論文

劉曉東，〈雍乾時期清王朝的「華夷新辨」與「崇滿」〉，收入張崑將編，《東亞視域中的「中華」意識》，（臺北：國立臺灣大學出版中心，2017），頁 85-101。

（三）期刊論文

王德威，〈「根」的政治，「勢」的詩學：華語論述與中國文學〉，《中國現代文學》24（2013.12），頁 1-18。

王德威，〈華夷之變：華語語系研究的新視界〉，《中國現代文學》34（2018.12），頁 1-28。

李金生，〈一個南洋，各自界說：「南洋」概念的歷史演變史〉，《亞洲文化》，30（2006.06），頁 113-123.

林巾力，〈自我、他者、共同體──論洪耀勳〈風土文化觀〉〉，《台灣文學研究》，1（2007.04），頁 73-107

洪子偉，〈台灣哲學盜火者：洪耀勳的本土哲學建構與戰後貢獻〉，《台大文史哲學報》，81（2014.11），頁 113-147。

葛兆光，〈從「朝天」到「燕行」──17 世紀中葉後東亞文化共同體的解體〉，《中華文史論叢》81（2006.01），頁 29-58。

廖欽彬，〈和辻哲郎的風土論──兼論洪耀勳與貝瑞克的風土觀〉，《華梵人文學報》14（2010.06），頁 66-94。

黃麗麗，〈論馬華文學的「潛在寫作」──以金枝芒為例〉，《臺北大學中文學報》27（2020,09），頁 183-221。

二、英文

Barthes, Roland. *Mythologies*, trans. Annette Lavers (New York: Farrar, Straus and Giroux, 1972).

Berque, Augustin ."Offspring of Watsuji's theory of milieu (Fûdo)," *GeoJournal*, 60 (2004): 389–396, 2004.

Bowring, Philip. *Empire of the Winds: The Global Role of Asia's Great Archipelago* (New York: I. B. Tauris, 2019), Introduction.

Haraway, Donna.*Staying with the Trouble: Making Kin in the Chthulucene* (Durhamm: Duke University Press).

Heidegger, Martin. "The Origin of the Work of Art," in *Poetry, Language, Thought*, trans. Albert Hofsdater (New York, Harper and Row, 1971).

Owen, Stephen. *Readings in Chinese Literary Thought* (Cambridge, Mass: Council on East Asian Studies, Harvard University, 1992), 1-28.

中國現代文學　第四十期
2021 年 12 月 19-34 頁

東北研究：文本與路徑

　　百餘年間的東北敘事，豐富的現象林林總總，研討的論題層出不窮。本期選刊的「專題論文」，從現代滿洲／偽滿洲國反帝解殖的左翼文學與「文化走廊」，到 21 世紀「鐵西三劍客」與文藝「復興」現象，涉獵的範圍橫跨民國與當代、東北與東亞、文學與影像。〈專題導言〉部分力圖增擴「專題論文」已然凸顯的議題，進而紹介東北文本，敞開探索路徑，兼及全景展示、微觀透視、在地經驗、離散書寫，並從如下幾個時空板塊初步粗勒百年東北的文藝圖譜：民國時代東北的作家群落與政治史地沈浮，1949 之後的城鄉關聯與邊地想像，1978 改革開放以降的地方知識生產與先鋒文學實驗，1990 年代老工業基地驟然解體之後的坍塌與重振，以及 21 世紀初跨界流傳、廣受關註的東北文藝現象。

　　「關外」的東北，既是敘述與記憶的對象，也是深描與再現的場景，並與「關內」、東亞與歐亞，形成既包括在外、也排除在內的情感糾葛、地理關聯、時空互動。對於敘述、研究東北的作家、藝術工作者、學界中人而言，東北是出生、成長的地方，是離開、告別的鄉土，是客居、常住的區域，或是候鳥般棲息、遷移、歸返的處所……東北是地理名詞，地域位置，地方風土，也是文本世界。東北不是畫地為牢、固步自封的「外地」，而是敞開、流變的廣袤地域。東北書寫與東北研究不斷跨越地方區域的界限，凸顯多種媒體與文類的交叉互動，並揭示衍生的觀念、思考的對象、想像的方法：關乎史地疆域、時空坐標，糾纏於王朝／帝國、民族國家／新世界的興衰更替，並在層出不窮的文本構造當中，指認、投射、銘刻、書寫著個人體驗、文化意識、政治思想、價值觀念的糾纏與嬗變。

一、民國聚散：作家群落，跨地書寫

　　探訪東北文藝現代性的「開端」與「現場」，我們不妨從「頭」開始──重訪魯迅（1881-1936）1905 年留學日本仙臺醫學專門學校，微生物課堂觀看「幻燈片」略有歧異的兩段回憶。1922 年 12 月 3 日的《吶喊》自序，書寫的是示眾「砍頭」；1926 年 10 月 12 日的〈藤野先生〉，記述的是當場「槍斃」。[1]我們固然可以細察兩處文本的差別，事後記憶的物證，以及隨物賦形的諸種媒體──紙，筆，文字，文學選集，照相機，幻燈片，攝影，電影技術──及其引申涵義。我們也可追問此一「砍頭」／「槍斃」發生的地點──在暴力行刑之際，那些麻木的看客親身所處的地理位置，正是東北。日俄戰爭（1904-1905）

---

[1]　魯迅，《魯迅全集》（北京：人民文學出版社，1991），卷 1，頁 416；卷 2，頁 306。

期間課堂上的「一件小事」，展示了震驚、創傷、回憶、啟悟、以及魯迅棄醫從文的思想轉向，並發展成中國現代文學文化史上一場核心「事件」，藕斷絲連著東北與中國現代性之濫觴。[2]

　　孫郁曾經指出，「民國文學的版圖上，東北的色調是單一的時候居多。很長一段時間，那裏是被文人遺漏的地方。至少明清至五四時期，中國的讀者不太知道那裏的情形。」[3]被遺漏的東北，正有賴於風景的發現、地理的書寫，一一講述遼河、松江、黑土世界的風土人情。張毓茂這樣比較，「東北作家筆下的自然界，缺少江南水鄉的靜美，湘西苗寨的安詳，卻充滿著冰冷、粗糙、空曠和寂遼」。[4]雪原狩獵、深山挖參、冰江捕魚、跑馬拓荒，以及壯麗的山水、遼闊的森林、荒野的山村，彪悍的民風，見諸楊晦（1899-1983）的〈除夕〉（1929）以及遼南描寫，于成澤（于毅夫，1903-1982）的散文黑龍江，李喬（1909-2002）的四部曲獨幕劇（夜歌、夜航、夜巷、夜深沈），蕭紅（1911-1942）筆下跳大神、放河燈、看秧歌、逛廟會、慶壽、祭禮的場景，還有蕭軍（1907-1988）念念不忘的遼西鬍子的俠肝義膽、關東婦女的剛放豪烈……。

　　風景的發現，關乎自然環境，也關乎人的發現、女性的發現、兒童的發現，並在不同的歷史文化語境中呈現不同的風貌，甚至轉變成淪陷的地域、喪失的鄉土，觸發新的「情感結構」，[5]形成念念不忘的境遇主義式「心理地理」。[6]民國時期戰亂頻仍，1928 年皇姑屯事件與東北易幟，1931 年日軍入侵，造成了東北作家的羈旅書寫，以及淪陷區內的忠誠與背叛，見證著抗戰時期諸色人等的流亡、共謀與抵抗。張中良指出，「九一八事變後，僅僅四個多月，東北地區就全部淪陷，加之近代以來東北文壇的發育比關裏遲緩，所以，在中國文壇最初的九一八強烈反響中，東北文學的群體聲音尚嫌微弱。但是，故鄉淪陷的痛苦與憤懣，如同地下奔突的熔巖總要噴發出來。東北文學青年先是在家鄉頑強抗爭，由於不堪日偽愈來愈殘酷的壓迫，相繼流亡入關，與事變之前即已入關學習工

2　參見王德威，〈文學東北與中國現代性——「東北學」研究芻議〉，《小說評論》1（2021.01），頁 60-75，尤其是頁 62；程巍，〈日俄戰爭與中國國民性批判——魯迅「幻燈片」敘事再探〉，《山東社會科學》6（2018.06），頁 59-68。

3　孫郁，〈蕭紅與黑土地上的亡靈們〉，《小說評論》3（2015.05），頁 26-34。

4　張毓茂主編，《東北現代文學大系》（瀋陽：瀋陽出版社，1996），頁 20。也請參見張中良總主編，《1931-1945年東北抗日文學大系》（哈爾濱：黑龍江大學出版社，2017）；劉曉麗主編，《偽滿時期文學資料整理與研究》（哈爾濱：北方文藝出版社，2017）；大久保明男，《偽滿洲國的漢語作家和漢語文學》（哈爾濱：北方文藝出版社，2017）；張福貴主編，《東北流亡文學史料與研究叢書》（瀋陽：春風文藝出版社，2020）；遼寧省作家協會編，《新中國 60 年遼寧文學精品大系》（瀋陽：遼寧人民出版社，2009）；馮毓雲、羅振亞主編，黃光偉、汪樹東副主編，《龍江當代文學大系》（哈爾濱：北方文藝出版社，2010）。

5　「情感結構」是一種「正在形塑的集體感受，但尚未成形為意識形態或價值觀，是調解社會與個人之間情感因素的新的關係與文化形式」，參見 Raymond Williams, *Marxism and Literature* (London: Oxford University Press, 1977), 132。

6　境遇主義式「心理地理」探究地理環境對於個體情感與行為的規約與效果，參見 Guy Debord, "Introduction to a Critique of Urban Geography," *Les Lèvres Nues* (1955), translated by Ken Knabb, in *Situationist International Anthology* (revised and expanded edition) (Berkeley: Bureau of Public Secrets, 2006), 23。

作的東北同胞一道，以熾熱深沈的鄉情與獨特的生活經驗描寫白山黑水的風土人情、苦難反抗，給文壇帶來一道獨特的風景。」[7]淪陷與國難，催生了東北敘事當中失地徬徨、四處流亡、義勇抵抗的旋律，也顯影出一系列人物形象——英烈、間諜、歌女、鬍子、軍閥、遺老、帝胄、傀儡，不一而足。從政治聲明到歌曲傳唱，從實地考古到文學表述，抵抗的敘事不絕於耳：張學良（1901-2001）的〈日軍昨晨強佔瀋陽〉（1931），田漢（1898-1968)的〈亂鐘〉（1932），蕭乾(1910-1999)的〈郵票〉(1934)，田漢、聶耳（1912-1935）的〈義勇軍進行曲〉（1935），趙一曼（1905-1936）的〈濱江述懷〉（1936），楊靖宇（1905-1940）的〈東北抗聯第一路軍軍歌〉（1938），李兆麟（1910-1946）的〈露營之歌〉（「東北抗日民主聯軍」軍歌，1938），鄭孝胥（1860-1938）的詩歌、日記，羅振玉（1866-1940）的考古、校勘、金石、收藏，李季瘋（1919-1945）的〈言與不言〉（1940），蕭紅的〈給流亡異地的東北同胞書〉（1941）等。

　　獲得廣泛關註和影響的重要文學作品，來自 1930 年代從東北走向上海並波及全國的「東北作家群」，他們沒有草創的刊物、共同的宣言，但分享共通的文學目標——反法西斯主義、人道精神、抗戰文學、左翼傾向，以求用文字診斷並救治有病的靈魂。他們測繪並展演戰時離散的文學蹤跡、「地方路徑」、情感地圖。[8]有關「東北作家群」這個鬆散的文學群落之命名與闡釋，90 年間眾說紛紜、歧義紛呈，成果豐碩，不曾止息：從具體作家的個案研究，到「準」流派界定的文學史書寫，從文學運動的具體實績，到政治思想的文化意涵，從民族國家敘事，到性別個人書寫，從文學媒介的多重變動，到文化場域的跨界播散，……。[9]限於篇幅，我們無須詳細介紹多種多樣的研究面向，而是簡短提及那些經受文學史考驗的重要作品——端木蕻良（1912-1996）的《科爾沁旗草原》（1933），李輝英（1911-1991）的《萬寶山》（1933），蕭紅的《生死場》（1935）、《呼蘭河傳》（1940），蕭軍的《八月的鄉村》（1935），金劍嘯（1910-1936）的《興安嶺的風雪》（1935），舒群（1913-1989）的〈沒有祖國的孩子〉（1936），羅烽（1909-1991）的〈第七個坑〉（1936）、《滿洲的囚徒》（1943），白朗（1912-1994）的〈伊瓦魯河畔〉（1936），馬加（1910-2004）的《登基前後》（1936），梁山丁（1914-1997）的《綠色的谷》（1940），駱賓基（1917-1994）的《姜步畏家史》（1944），羅蓀（1912-1996）的〈寂寞〉（1943）等。魯迅為蕭紅《生死場》作序，「這自然還不過是略圖，敘事和寫景，勝於人物的描寫，然而北方人民的對於生的堅強，對於死的掙紮，卻往往已經力透紙背」；他為蕭軍《八月的鄉村》作序，「作者

7　張中良，〈東北作家群的流脈和視域〉，《文藝爭鳴》7（2020.07），頁 6-19。

8　關於「地方路徑」的研究框架與方法，參見李怡，〈成都與中國現代文學發生的地方路徑問題〉，《文學評論》4（2020.07），頁 73-80。關於文學地理、情感地圖與文學地形圖（topography），參見 Weijie Song, *Mapping Modern Beijing: Space, Emotion, Literary Topography* (New York: Oxford University Press, 2018), 1-35.

9　參見王瑤，《中國新文學史稿》（上海：上海文藝出版社，1982）；嚴家炎，《中國現代小說流派史》（北京：人民文學出版社，1989）；逄增玉，《黑土地與東北作家群》（長沙：湖南教育出版社，1995）。近期的研究，參見劉東，《跨域流動中的文學與政治：重繪「東北作家群」的認知地圖》（北京大學博士論文，進行中）。

的心血和失去的天空，土地，受難的人民，以至失去的茂草，高粱，蟈蟈，蚊子，攪成一團，鮮紅的在讀者眼前展開，顯示著中國的一份和全部，現在和未來，死路與活路」。[10]「大先生」擲地有聲的推介，時至今日，仍可視為東北研究的基調。

值得指出的是，二十世紀上半葉滿洲／偽滿洲國／東北／東亞／歐亞等多種語言、種族、族裔、區域間的衝撞耦合，豐富凸顯了文化比較、摩登圖景、隱匿書寫、殖民想象等重要議題。東北摩登，歷歷可見於發達的城市（旅順／大連，奉天／瀋陽，哈爾濱，新京／長春尤為突出），四通八達的鐵路（滿鐵），先進的（重）工業與交通工具，洋派的煤氣燈、交響樂、西式建築，重要的現代派詩社，以及世人矚目的滿洲映畫協會。劉柳書琴的〈我們需要怎樣的文學：駱駝生及其同時代作家的滿洲新文學運動史論〉，拓展出從東北到東京，從區域文學到左翼抗日文學的地理蹤跡，呼應她早先提出的研究議題：文學作品、文學運動、文化場域、歷史觀念、跨地域的「文化走廊」。[11]劉柳書琴的個案研究聚焦於詩人駱駝生（仲同升，1913-？），其人生於關東州旅順市老鐵山，居住在日本東京，書寫的內容則關註滿洲的新文學史。駱駝生所開創的文學空間，橫跨大連、奉天、東京。劉柳書琴研究了新近發現的文學史料〈滿洲新文學運動小史簡評〉（1941），作為供訴書一部分撰寫的〈滿洲無產階級文學運動史導論〉（1942），以及駱駝生的抗日詩歌〈鐵的紀律，鐵的洪流〉（1936），條分縷析了作者跨地的文學行旅，逐步形塑的歷史觀念，鮮明的政治立場，從而指出駱駝生新文學運動旗手的身份，及其在「滿洲國」統治期間鼓吹「滿洲普羅文學」，成為典型的東北抵抗文學作家的心路過程。駱駝生的滿洲文壇建設論、滿洲新文學史、詩歌作品，親身示範了「我們需要的文學」，並具體而微地反映了反帝解殖的理論與實踐。

劉柳書琴也兼及駱駝生與山丁、衣雲的史論比較，說明駱駝生與其他左翼作家「東北人書寫東北文學史」的共識與隱喻。與此相關的重要研究課題，包括奉殖民、反殖民、解殖民的糾纏，東北的重新定位（重新思考邊緣與前沿的關係，族裔、變動、重組的板塊），也與同時代的作家作品形成相互參照的互文關聯，例如疑遲（劉遲，1913-2004）的〈山丁花〉（1937），袁犀（1920-1979）的〈鄰三人〉（1937），吳瑛（1915-1961）的〈新幽靈〉

---

[10] 魯迅，《魯迅全集》（北京：人民文學出版社，1991），卷6，頁408、287。除了文學作品與關內關外文學場域的互動，戰爭時期的漂泊、流浪和抵抗，也見諸聲音裡的鄉土鄉愁，例如張寒暉（1902-1946）的名曲〈松花江上〉（1936）。

[11] 柳書琴，《流亡的娜拉：左翼文化走廊上蕭紅的性別話語》，《臺灣清華學報》，2018年第48卷第4期，頁763-796。劉柳書琴的左翼「文化走廊」研究，呼應著劉曉麗的「異態時空」論述（《異態時空中的精神世界：偽滿洲國文學研究》，上海：華東師範大學出版社，2008）。亦請參見劉曉麗，〈「滿洲文學」誰：的文學，何種文學，是否實存〉，《吉林大學社會科學學報》1（2020.01），頁165-173；〈「玻璃缸裏的魚」與「飄落的楊絮」──殖民地的弱危美學〉，《學術月刊》3（2019.03），頁123-130，此文當中，劉曉麗提出一個「理論操作性概念──弱危美學（vulnerable-precarious aesthetics），因為其脆弱、易受攻擊、易受傷害，培育出一種應對攻擊和傷害的不斷調試的本領；這種不確定、不穩定的存在具有消解、瓦解既有秩序的力量。透過弱危美學概念進入殖民地文學研究，可以發現殖民地不僅僅是被殖民被攻擊被傷害的創傷之址，不僅僅是虛弱和無能為力，而具有一種脆弱的力量，一種千瘡百孔的力量，一種新形式誕生的可能」（頁123）。

（1939），爵青（1917-1962）的《麥》（1940），柯炬（1921-2020）的〈漂流〉（1940），古丁（1914-1964）的〈譚〉（1941），小松（1912-?）的〈北歸〉（1941），朱媞（1923-2012）的〈大黑龍江的憂鬱〉（1943），但娣（田琳，1916-1989）的〈望鄉〉（1943），梅娘（1920-2013）的〈蟹〉（1944）等。

　　偽滿洲國的浮沈明滅、華夷交會，凸顯了滿系／日系／鮮系／俄系，漢／滿／回／朝鮮／蒙古／鄂倫春／赫哲／鄂溫克族等錯雜豐富的跨國族比較視野，重要的作者作品包括安壽吉（1911-1977）的〈凌晨〉（1935），北村謙次郎（1904-1982）的〈那個環境〉（1939），韓雪野（1900-1976）的〈大陸〉（1939），李箕永（1895-1984）的《大地之子》（1939），金南天（1911-1953）的〈愛的水族館〉（1939），牛島春子（1913-2002）的〈祝廉天〉（1940），金鎮秀（1909-?）的〈移民之子〉（1940），李孝石（1907-1942）的〈哈爾濱〉（1940），俞鎮午（1906-1987）的〈新京〉（1942），穆如丐（1884-1961）的〈福昭創業史〉（1942），安部公房（1924-1993）的〈終點的道標〉（1948）等。從抗戰到內戰，民國東北既是硝煙彌漫的戰壕，也是不同意識形態的角鬥場。蕭軍的《東北日記，1946-1950》，劉白羽（1916-2005）的〈英雄的四平街保衛戰〉（1946），嚴文井（1915-2005）的〈一個農民的真實故事〉（1947），袁犀的〈網和地和魚〉（1947），甚至當代作家張正隆（1947-）的《雪白血紅》（1991），皆為天地玄黃的時代留下紛繁的剪影。

二、1949 之後：敘述城鄉邊地，顯影東北魂靈

　　冷戰對峙的高峰時代，社會主義意識形態主導著革命大（群）眾文藝的創作，以及「紅色經典」的書寫，影響深遠的作品包括曲波（1923-2002）的小說《林海雪原》（1957）及其樣板戲改編版《智取威虎山》（1968）。長春電影製片廠拍攝了十七年時期（1949-1966）的經典作品：《五朵金花》（1959）、《冰山上的來客》（1963）、《英雄兒女》（1964）等。「共和國長子」的主旋律敘事，推倡階級意識、革命精神、集體觀念、社區改造與國家建設，同時打造東北工農題材與城鄉關係的新視野。斯大林文學獎獲獎作品周立波（1908-1979）的《暴風驟雨》（1953），同名電影改編（1961），以及多年以後的寫實紀錄片（2005），持續反思著土地改革的經驗與教訓。社會主義初期，現代化發展的進程，勞動觀念的榮耀，工業建設敘事的經營，見諸女作家草明（1913-2002）的《乘風破浪》（1959）與早前的〈原動力〉（1948）。同類重要作品，還包括馬加（1910-2004）的《江山村十日》（1949），白朗的〈為了幸福的明天〉（1950），雷加（1915-2009）的《春天來到了鴨綠江》（1954），李雲德（1929-）的《沸騰的群山》（1965），以及全國範圍對雷鋒（1940-1962）與王進喜（1923-1970）的推介──學習雷鋒好榜樣，效仿鐵人王進喜的開拓奉獻精神。

　　「朝鮮戰爭」（1950-1953）在西方世界被視為「荒誕的戰爭」、「被遺忘的戰爭」，但在中華人民共和國初建之時，卻是「雄赳赳氣昂昂，跨過鴨綠江」的戰役，以及冷戰時代局部熱戰之際的跨國情誼。1950 年代固然可以營造「抗美援朝」的宣傳和影像，21 世紀的反省更加發人深思。楊朔（1913-1968）的《三千裏江山》（1953），巴金（1904-2005）的〈團圓〉（1961），公木（張松如，1910-1998）作詞、劉熾（1921-1998）作曲的〈英雄讚歌〉（1964）都曾傳頌一時，而彼時格格不入的路翎（1923-1994）的〈窪地上的戰役〉（1954），張愛玲（1920-1995）的《赤地之戀》（1954），可以延展到哈金（1956- ）的中國戰俘故事《戰廢品》（英文原著，2004）。張笑天（1939-2016）的《抗美援朝》2015 年以書籍形式出版，但他擔任編劇的同名電視連續劇自 1996 年開始，歷經中斷、復拍、懸置、至今延映，廿餘年間突顯此一題材的敏感性與重大意義。

　　文化大革命（1966-1976）及其余緒中，「北大荒」既淪為遠謫邊陲、洗心革面的流放之域，也成為青春記憶、改造重生的「化外之地」。資深作家以及知青一代共同前往東北的邊陲地帶，無論是政治的懲戒、心靈的際遇、肉身的苦難、人生的況味，都在文字書寫與記憶檔案中承載「世情」的當代流變。資深女作家丁玲（1904-1986）寫出〈杜晚香〉（1978）、〈「牛棚」小品〉（1979），著名詩人及其詩作包括聶紺弩（1903-1986）1958-1960北大荒改造期間的舊體詩集〈北荒草〉、艾青（1910-1996）創作於八五二農場的〈燒荒〉，郭小川（1919-1976）的〈林區三唱〉（祝酒歌，大風雪歌，青松歌，1962）與〈刻在北大荒土地上〉（1962），另有靳以（1909-1959）的東北旅行日記，以不同文類書寫著「老一代」的東北記憶。年輕一代的作者，歷經當時的拓荒墾殖一直到離開北大荒之後的往事追懷，呈現出代際差異，以及不同的生命體驗與文學風貌，譬如梁曉聲（1949- ）的〈這是一片神奇的土地〉（1982）、《今夜有暴風雪》（1983）、《年輪》（2007）以及新近榮獲茅盾文學獎的《人世間》（2017），徐小斌（1953- ）的《那藍色的水泡子》（1984），蕭復興（1947- ）的《北大荒奇遇》（1985）、《觸摸往事》（1998）、《絕唱老三屆》（1999），李龍雲（1948-2012）的《荒原與人》（1993），張抗抗（1950- ）的《大荒冰河》（1998），陸星兒（1949-2004）的《生是真實的》（1998）等。「北大荒」成為兩代作家整理記憶清單、重塑家國情懷之策源地。

　　自 1970 年代末 1980 年代初改革開放以來，東北則見證先鋒文學的登場，地方知識的生產與流播，民族誌、風俗史、民間曲藝、薩滿文化的多元展演。當代先鋒文學的崛起，「五虎將」中兩位來自東北：馬原（1953- ）發表了〈岡底斯的誘惑〉（1985）、〈虛構〉（1986）、《上下都很平坦》（1987），洪峰（1959- ）著有《瀚海》（1987）。從「東北研究」的視角出發，黑龍江、吉林、遼寧的地方知識圖譜見諸達理（馬大京，1947- ；陳愉慶，1947- ）的〈賣海蠣子的女人〉（1982），劉兆林（1949- ）的〈啊，索倫河谷的槍聲〉（1983）以及

〈雪國熱鬧鎮〉（1983），鄧剛（1945-）的《迷人的海》（1984），[12]鄭萬隆（1944-）的《老棒子酒館》（1986），張抗抗的《隱形伴侶》（1986），（王）阿成（1948-）的《年關六賦》（1991）、〈趙一曼女士〉（1995）、〈安重根擊斃伊藤博文〉（2000），述平（1962-）的〈晚報新聞〉（1993），王充閭（1935-）的北方鄉夢散文，謝友鄞（1948-）的《嘶天》（2000）、津子圍（1962-）的〈馬凱的鑰匙〉（2000），全勇先（1966-）的〈恨事〉（2000）、《昭和十八年》（2014），孫惠芬（1961-）的〈歇馬山莊的兩個女人〉（2001），素素（1955-）的〈獨語東北〉（2001），刁斗（1960-）的《我哥刁北年表》（2008），高滿堂（1955-）的《闖關東》（2009），胡冬林的《山林筆記》，李鐵（1962-）的〈手工〉（2021），金仁順（1970-）的〈小野先生〉（2021），遲子建 30 餘年包羅萬象的文學東北（見下文）等。[13]

　　而在 1949 之後花果飄零、靈根自植，在海外不輟經營的東北敘事，重要作品包括鍾理和（1915-1960）的〈門〉（1946），司馬桑敦（王光逖，1918-1981）的《野馬傳》（1957），金庸（1924-2018）的《雪山飛狐》（1959，1976 修訂）、《飛狐外傳（1960-1961，176 修訂）、《天龍八部》（1963-1966，1978 修訂），紀剛（1920-2017）的《滾滾遼河》（1969），鍾曉陽（1962-）的《停車暫借問》（1981），趙淑敏（1935-）的《松花江的浪》（1985），蕭颯（1953-）的《返鄉劄記》（1987），王鼎鈞（1925-）的《關山奪路》（〈東北一寸一寸向下沈淪〉，2005），嚴歌苓（1958-）的《小姨多鶴》（2008），龍應臺（1952-）的《大江大海一九四九》（2009），齊邦媛（1924-）的《巨流河》（2009）等。

　　從《北極村童話》（1986）開始卅餘年間，遲子建憑藉長篇、中短篇、散文等文類的不輟耕耘，全方位測繪東北文學的深廣圖景。她「克服了東北自身文化積澱上的單薄和執拗，以審美的目光檢視這塊土地之上的人情、人性、情感的浩瀚。應該說，正是因為有遲子建這樣的作家，以其大量的虛構、『非虛構』文本，持續性地寫下東北百年滄桑的歷史和現實，才使得東北的人文面貌終成一種文化、文學的備忘。這種文學備忘，既呈現了『東北』歷史、地域及其文化的特異性、完整性，也完成了一種不同凡響的『東北』精神、靈魂的修辭。」[14]遲子建是人文地理的勘探者，故事新編的講述者，有「靈」歷史的書寫者。

---

[12] 鄧剛的「海碰子」傳奇也包括《白海參》（1987）、《曲裏拐彎》（1989）、《山狼海賊》（2006）等作品，講述海洋、陸地、人物的命運，憑弔海洋生態環境。具體而微的一個例證，聚焦星海廣場、星海灣濕地，以及消失的蘆葦蕩。鄧剛或被淡忘的作品，可以重新敞開，嘗試生態視角、環境想象、海洋敘事（超級物體，氣候，洋流）等層面的再解讀。東北作家的動植物書寫，引人註目的作品包括烏熱爾圖（1952-）的〈一個獵人的懇求〉（1981）、〈七岔犄角的公鹿〉（1981），遲子建（1964-）的《候鳥的勇敢》（2018）、〈燉馬靴〉（2019），胡冬林（1955-2017）的《山林筆記》（2020），黑鶴（1975-）的《老班兄弟》（2003），王懷宇（1966-）的《紅草原》（2019）等。

[13] 金仁順的〈小野先生〉並置長春與新京，以長春為根基和視角，反思中日歷史，探訪地理實景，測繪心理地圖（長春是心靈幽深之地）。文學、歷史、建築、地理的關聯，家庭內外的秘史、代溝與「後記憶」，還有那些可以言說或者無法言說的戰事心事，……長春／新京隆重登場：厚重、幽深與憂鬱，盡在其中。

[14] 張學昕，〈遲子建的「文學東北」——重讀《偽滿洲國》《額爾古納河右岸》《白雪烏鴉》〉，《當代文壇》3（2019.05），頁 62。也請參見王德威，〈我們與鶴的距離——評遲子建《候鳥的勇敢》〉，《當代文壇》1（2020.01），頁 25-31。

《偽滿洲國》（2004）記述混亂的紀年（西元、民國、昭和、大同、康德），混雜的人群（多族裔的土生子女、客居者、遺民、逃荒逃難者、殖民者、侵略者）、混合共存的神明（老天爺、菩薩、基督、聖母、天照大神），整合式的東北地理場景（新京／長春、平頂山、哈爾濱、奉天／瀋陽、深山老林，湖邊河畔），以及偽滿洲國平原上的戰亂事變與創傷記憶，……從而百科全書般書寫了國的淪陷轉向家的破碎，以及個人的生老病死、悲歡離合（從皇帝、貴妃、日本侵略者、抗日名將，到普通的商人小販、小老百姓，以及乞丐、寡婦、傻子一類所謂「低賤」的人物）。《額爾古納河右岸》（2005）講述馴鹿民族（鄂溫克族人）的百年孤獨，薩滿的悲歌，將有「情」的歷史與有「靈」的敘事融為一體。中俄邊界，額爾古納河右岸，馴鹿民族信奉薩滿，遊獵、遷移，既享受自然的恩賜，也備嘗生活的艱辛以及人口的流失。他們直面嚴寒猛獸瘟疫，日寇的鐵蹄，文革的陰影，現代文明的擠壓。《額爾古納河右岸》從這一弱小民族年屆九旬、最後一個酋長女人的視角，講述鄂溫克族人的薩滿崇拜，他們在法事之中紓解痛苦獲得救贖。這位女性敘事者見證過篝火、獵犬、母親的蹤跡與灰燼，也親眼目睹薩滿尼都、薩滿浩妮在施法救助世人的同時，勇於承擔親人的喪失，在虔誠的唱誦中傳遞著無私無畏、崇高神聖的奉獻。

　　《白雪烏鴉》（2010）描寫清末東北鼠疫（《偽滿洲國》觸及新京鼠疫與細菌戰的往事），以及伍連德的抗疫傳奇，試圖展現「鼠疫突襲時，人們的正常生活狀態……撥開那累累的白骨，探尋深處哪怕磷火般的微光，將那縷死亡陰影籠罩下的生機，勾勒出來」，[15]並在新冠疫情肆虐的當下，再度引發文史傳媒的關註與熱議。《煙火漫卷》（2020）為哈爾濱撰寫心靈史與城市傳記，日常生活、隱忍憂鬱成為敘事的主調，艱難的救贖與轉機仿佛暗夜星火，提供溫暖，照亮人間的悲苦與黯暗。2021 年的短篇新作〈喝湯的聲音〉，有《額爾古納河右岸》式的長恨歷史與個人故事，有〈世界上所有的夜晚〉（2005）式的悲情與通靈（前有魔術師、薩滿式交流，現為神秘的擺渡人），有〈霧月牛欄〉（1996）式的殘疾人物與畸零敘述，也有〈燉馬靴〉式的戰事憶往與代際傳承，還有因新冠疫情重啟的歐亞情仇……結尾處筆力千鈞的口、湯食、聲音景觀、東北史地，並以「香菜—浮標—生命之樹」畫龍點睛，再次凸顯她一以貫之對個人、歷史、東北地理、文學敘事的理解與感悟。「『童話』『民族史誌』『風俗史』『傳奇』的許多特征，在敘事中衍生成遲子建敘事的文體風格。而不可泯滅的民族、文化、世俗根性和獨特的北極村『邊地性』，使遲子建的『感情結構』更具靈氣、樸素的氣度和感悟生命時的蒼涼。『傷懷之美』成為我們形容和描述遲子建小說人文情懷和美學氣質的關鍵詞之一。」[16]

　　遲子建的東北原鄉敘述，兼具沈從文的抒情風格，蕭紅散文詩化小說的文體。蕭紅的《呼蘭河傳》一方面曾對薩滿「跳大神」進行批判：老胡家小團圓媳婦兒被婆婆請大神為

---

[15]　遲子建，《白雪烏鴉》（北京：人民文學出版社，2010），頁 259。

[16]　張學昕，〈遲子建的「文學東北」——重讀《偽滿洲國》《額爾古納河右岸》《白雪烏鴉》〉，頁 65。

她「治病」，懸於大梁用力暴打，用滾燙的烙鐵燒她的腳心；但另一方面，薩滿教對自然的崇拜，也讓蕭紅的文字世界展演萬物有靈。遲子建則在《偽滿洲國》、《額爾古納河右岸》等作品中講述了東北風俗、民族誌中有「靈」的世界。

相形之下，劉慶（1968-）的《唇典》（2017）則從男性薩滿的視角，講述另一場百年孤獨，關於庫雅拉河的庫雅拉人（東北人之一種）──他們是從中原闖關東而來的漢人移民，他們也是在關外落地生根的在地土著。「唇典」既是行業的「行話」和切口，也是口口相傳的民族史、民間史，嘴唇上口語相傳的無字經典。《唇典》的薩滿男主人公既觀照神、鬼，也看見西方科技的衝擊，洞察地方個人困頓的命運，見證列強的侵略和革命的暴力。他借助通靈的儀式、歌唱和表演，既引幻亦警幻，在招魂的過程中呼喚並講述東北地區的心靈史和地方誌。張維陽、孟繁華指出，五四時代流行的啟蒙思潮，讓書寫薩滿文化的蕭紅和端木蕻良等人著重突出薩滿儀式的遊戲性和蠱惑性，以科學的世界觀去揭露古舊社會的奇觀：「劉慶在小說中呈現的薩滿文化的豁達與溫暖，寬容和柔情，對自然的敬畏和生命深沈的大愛，對現代社會來說，是一種獨特而新鮮的價值標準與倫理觀念，這是東北的高山大河、冰川莽原孕育出的思想結晶，是東北先民獨特而寶貴的文化遺產。他用薩滿文化作為參照，審視現代以來的東北歷史，在對東北人苦難遭遇表示悲憫和同情的同時，也為薩滿文化在這塊土地的沒落與消逝感到惋惜」。[17]

薩滿是神的使者，是人、神溝通的媒介和渠道。薩滿可以通曉神界、獸界、靈界和魂界，可以傳達神諭、仲裁爭端、治療疾病、解決困惑。遲子建、劉慶的薩滿書寫，他們所扮演的通靈的講故事的人的身份，恰可引領讀者重新體會東北地方的歷史與苦難，以及有靈而有情的世界。

三、當代一瞥：新東北作家群，多媒體展演

1990 年代中期東北老工業基地的驟然解體、艱難振興，「東北文藝復興」不無爭議的提議與命名，[18]當代東北敘事在文學、影視、新媒體之間的跨界播散，則在記錄與虛構、悲情與幽默、苦難與尊嚴、忽悠惡搞與江湖道義之間，再現地理風景，重建道德倫理，尋找人文救贖。

---

[17] 張維陽、孟繁華，〈大東北的地方誌和心靈史──評劉慶長篇小說《唇典》〉，《文藝報》2017 年 11 月 1 日，第 7 版。另請參見閻晶明、沙憲增、陳曉明、謝有順、施戰軍、孟繁華、王春林、楊慶祥、劉瓊、高暉，〈《唇典》：一部書寫東北地域文化的心靈史──《唇典》研討會實錄〉，《作家》2（2018.04），頁 197-208。

[18] 參見叢治辰，〈何謂「東北」？何種「文藝」？何以「復興」？──雙雪濤、班宇、鄭執與當前審美趣味的複雜結構〉，《中國現代文學研究叢刊》4（2020.04），頁 3-33。

　　三位「80後」作家雙雪濤（1983-）、班宇（1986-）、鄭執（1987-），被稱為「鐵西三劍客」，歸屬於「新東北作家群」。[19]梁海的〈「北方化為烏有」之後——論雙雪濤、班宇的東北敘事〉查考國企工人群體及其社群文化被經濟體制改革驟然遺棄之後，每一個個體在巨變重壓之下，審視自我與世界，艱難重構個體與群體的身份。在脆弱的共同體內部，這些不同代際的被侮辱與被損害者尋找認同與歸屬，渴望尊嚴與自我實現。在兩位作家的文學世界裡，譬如雙雪濤的《翅鬼》（2012）、〈大師〉（2014）、〈平原上的摩西〉（2015）、〈蹺蹺板〉（2016）〈北方化為烏有〉（2017），班宇的短篇小說集《冬泳》（2018，包括〈盤錦豹子〉、〈空中道路〉、〈肅殺〉、〈工人村〉等），敘事者以「子一代」的身份講述父輩或自己的故事，回眸頹敗廢棄的廠區與鏽帶，捕捉若隱若現的物質與情感的蹤跡。其敘事手法，在自然主義與現代主義之間，既鋪展現實的底色，也嘗試時空交錯的方式，與傳統現實主義的筆法有所不同。他們的短篇敘事在情節的反轉、人物的架構當中，隱藏著生存的悖論，同時不忘書寫渺茫的希望。那些掙扎於生存底線的下崗工人群像，及其子女一代艱難的抉擇，展現了殘酷現實重壓之下個體人物驟然爆發的炸裂的心理、衝動的行為。借用雙雪濤〈北方化為烏有〉的小說題目，當直面東北老工業基地的解體、消失、艱難的重建時，我們如何去挖掘、書寫、記憶那些埋藏在「蹺蹺板」下面的無名的受害者以及他們的名字？

　　懸疑、偵破，堪稱重返現場、深細解讀、執著關注、破解謎團、伸張正義的極端形式。雙雪濤〈蹺蹺板〉中曖昧歧異的敘述，艱難錯位的指認，以及迷惑懸疑的記憶，有力地通過那個蹺蹺板下被埋葬的無名屍骸，刻畫出被侮辱與被損害者的新型象徵。他的《翅鬼》、《天吾手記》（2016）、《聾啞時代》（2016）、小說集《平原上的摩西》（2016）、〈北方化為烏有〉等作品描寫了苦寒的雪國東北，講述了江湖般動盪的社會景觀。雙雪濤所刻畫的東北形象包括沈溺幻想者、落泊潦倒客、失落遭棄的社會邊緣人。〈平原上的摩西〉將鏽帶瀋陽以及廣義的東北，描畫、隱喻成「平原」，但也是「荒原／荒野／廢墟」；而故事結尾所提供的，是一種跨越毛、鄧時代乃至後工業時代局部的、殘餘的救贖。

　　班宇的短篇小說集《冬泳》（2018）與《逍遙遊》（2020），書寫東北但也超越具體而微的地域局限（除開東北方言用語），講述的是老工業基地解體之後類似的傷害、壓抑、苦痛，以及反抗甚至獲救的可能。《冬泳》中〈盤錦豹子〉一篇的主人公孫旭庭原本是新華印刷廠工人，技術精湛，但因公致殘、屢遭噩運，最後面對催債者的逼迫欺侮終於奮起反抗：「孫旭東在樓下雖然有些遲疑，但仍繼續邁上臺階，待他走上六樓時，在走廊的另一端，他看見他的父親，也就是我的姑父孫旭庭，咣當一把推開家門，挺著胸膛踏步奔出，整個樓板為之一震，他趿拉著拖鞋，表情兇狠，裸著上身，胳膊和後背上都是黑棕色的火

---

[19] 黃平以「新東北作家群」命名雙雪濤、班宇、鄭執等80後青年東北作家，〈「新東北作家群」論綱〉《《吉林大學社會科學學報》1（2020.01），頁 174-182。早年間，林喦也提出「新東北作家群」一說，但囊括了當代東北三省不同代際、地域範圍更廣的作家，並遙相呼應民國時期的「東北作家群」，參見林喦，〈「新東北作家群」的提出及「新東北作家群」研究的可能性〉，《芒種》12（2015.12），頁 104-105。

罐印子，濕氣與積寒從中徹夜散去，那是小徐師傅的傑作，在逆光裏，那些火罐印子恰如花豹的斑紋，生動、鮮亮並且精純。……孫旭庭昂起頭顱，挺著脖子奮力嘶喊，向著塵土與虛無，以及浮在半空中的萬事萬物，那聲音生疏並且淒厲，像信一樣，它也能傳至很遠的地方，在彩票站，印刷廠，派出所，獨身宿舍，或者他並不遙遠的家鄉裏，都會有它的陣陣回響。終於，力竭之後，他癱軟下來，躺在地上，身上的烙印逐漸暗淡，他臂膀松弛，幾次欲言又止，只是猛烈地大口喘著氣。這時，小徐師傅的哭聲忽然從頭頂上傳過來，他們父子躺在樓梯上，靜靜地聆聽著，她的哭聲是那麼羞怯、委婉，又是那麼柔韌、明亮，孫旭東說，他從來沒有聽見過那麼好聽的聲音，而那一刻，他也已看不清父親的模樣」。[20]傷殘獨臂、飽受凌辱的父輩人物，在敘事者「我」以及「子一代」的眼中，彷彿《水滸傳》中的「豹子頭」林衝，終究忍無可忍、奮起抗暴──這是受侮辱與被損害者「林衝夜奔」式的悲情境遇。祛濕驅寒的火罐在他身體留下的暫時的印記，彷彿花豹斑紋，既曝光生病的父輩屢屢遭受的傷害與病痛，也顯示持續的醫治、衝動式反抗、以及（自我）救贖的痕跡。

　　黃平曾經借用孫紹振「新的美學原則在崛起」，以〈平原上的摩西〉為個案研究對象，解釋雙雪濤與韓寒（1982-）、郭敬明（1983-）等「80後」作家的區別，並對「青春文學」一直保持警醒的批評姿態。此次專題論文〈父之名：論鄭執小說〉梳理了鄭執2007年至今全面的創作歷程，分析鄭執的寫作如何從早期的「青春文學」轉向蔚為大觀的「東北書寫」，並將「青春文學」和「東北書寫」理解為「80後」一代先後繼起的兩種寫作範式，討論二者的轉換所深刻折射出的時代的變化。2016年的《生吞》，是懸疑、推理小說的佳作，堪稱走出青春類型文學、走向更為深廣的東北敘事的一場標誌性的轉型：子一代直面東北「下崗潮」衝擊之下父輩的失敗，終於能夠理解父輩的厄運，並重新書寫父輩的尊嚴。黃平指出，對於鄭執從「青春文學」當中裂變出來的「東北書寫」，應採用兩種分析框架：社會分析與精神分析，並借助拉岡「父之名」（Nom-du-Père）的精神分析批評，細讀鄭執〈仙藏〉中的人物如何討論象徵秩序的能指鏈條，並最終展現出對於東北的精神治療及其不可能，以及在拒絕被「治癒」的過程與姿態當中抱殘守缺，維護東北最後的尊嚴。

　　鄭執小說〈仙藏〉中的敘述者「我」，天生嚴重口吃，也是抑郁癥患者，跟隨王戰團吃刺猬肉而被詛咒。故事的結尾展現了薩滿儀式的法力，以及獲得救贖的表演：家中供奉的十字架，被置換成白家三爺（刺猬）的牌位；而薩滿師（趙老師）木劍施法，「我」舌尖噴血，懺悔誤食刺猬，在祈求救治的儀式當中，口吃終被克服。多年以後在東北之外、在異國他鄉（從凡爾賽皇宮裡面，到斯里蘭卡無名海灘之上），「我」回首過去與當下，跨越關卡、擺脫羈絆，定格於「獲救」的時刻──這並不是象徵意義上全面康復的治癒，而

20　班宇，《冬泳》（上海：上海三聯書店，2018），頁43-45。關於「信」與「報信者」的意義，參見王德威，〈豔粉街啟示錄──雙雪濤《平原上的摩西》〉，《平原上的摩西》（台北：麥田，2019），頁3-23。

更是經受多年苦鬥、認領殘餘救贖的一方寫照。〈仙藏〉當中薩滿趙老師施法的簡短插曲與象徵涵義，隱隱呼應著遲子建、劉慶更為博大精深的薩滿敘事，也更值得互文對照若干先鋒電影有關困厄、病痛與殘餘救贖的視覺再現。受同鄉導演賈樟柯（1970-）輔導，山西導演韓傑（1977-）拍攝的《Hello！樹先生》（2011），延續了賈樟柯持久關注的「流民」命運的影像主題，並轉而聚焦關外東北（吉林）。樹先生修車，因電焊火花傷到眼睛而走向瘋魔：樹先生是病人，也是預言者；樹先生既胡言亂語，也未卜先知，為同村的鄉民提供救贖。鄭執〈仙藏〉的主人公王戰團同樣是眼睛受傷（焊戰鬥機機翼而發生事故），因遭受類似的工業傷害，神誌進一步紊亂分裂，並陷入「著魔」生病的境地。另一位導演蔡成傑（1980-）的《北方一片蒼茫》（小寡婦成仙記，2017），刻畫死了三任丈夫的東北農村寡婦王二好，陰差陽錯間被眾人視為大仙轉世、「薩滿神婆」再生，可以做法事、見鬼魂、看病驅邪、扶危解難，於是紛紛求助。但在貧困的東北雪國，重男輕女的弊病，獵殺動物、販賣兒童的惡行，炸山采礦害人害己的果報，紛至沓來。「薩滿神婆」的紓難解困，最終成為殘缺、無力的救贖。

　　殘餘的救贖，人倫的重建，成為此類作品的核心命題。在鄭執的〈仙藏〉之前，雙雪濤已然在一系列短篇小說當中，念念不忘對代際之間人倫關係的重建，尤其是有情有義的父子（〈大師〉）、父女（父親對女兒的保護）、師生（畫家對學生的啟蒙點撥）、師徒關係，以及同輩之間的啟悟、真心（〈我的朋友安德烈〉中，小霍默默紮紙花；〈平原上的摩西〉裡面，準備焰火、突發致殘、不忘初心／本心），以及紙上世界的圖像（少年記憶）所展示的若有若無的救贖意味。家庭解體、工業體制雙重失效之際，〈大師〉（象棋棋手）對父子親情的重寫，悖離了五四對父子關係的顛覆，重新回到人倫的根基，雖然無法重建世間的秩序，但仍然以人倫的殘跡，凸顯被侮辱與被損害者的尊嚴、道義，在絕望中尋找希望的努力。無論是梁海論述的東北經驗的記憶與失憶、東北世界的消失與重現，還是黃平借助拉岡式精神分析、文學史發展脈絡深度詮釋「鐵西三劍客」的文學歷程，[21]都圍繞著後工業時代東北書寫的荒原的境地與救贖的嘗試。近年間不少學者深度闡釋了真實與虛構的東北地理，老工業基地的解體困境，碎片化的主體與生活世界，下崗潮與時代孤兒棄子共情同享的經驗，重新形塑的階級意識與文化記憶，以及跨地域跨媒介層疊多樣的藝文表現。[22]

---

21 年輕一代引發關注的東北作家與作品，還包括蔣峰（1983-）的《維以不永傷》（2004）、《為他準備的謀殺》（2011），賈行家（1978-）的《塵土》（2011）、《潦草》（2018），以及新近出版、講述三線城市以及「廠礦子弟」代際記憶的潘一擲的《子弟》（2021）。

22 譬如參見劉巖的系列研究：《歷史・記憶・生產：東北老工業基地文化研究》（北京：中國言實出版社，2015）；〈轉折年代的文化地方性問題與新中國地方文藝生產的形成——以東北文藝為中心〉，《文藝理論與批評》2（2018.03），頁70-80；〈雙雪濤的小說與當代中國老工業區的懸疑敘事——以《平原上的摩西》為中心〉，《文藝研究》12（2018.12），頁15-24；〈世紀之交的東北經驗、反自動化書寫與一座小說城的崛起——雙雪濤、班宇、鄭執瀋陽敘事綜論〉，《文藝爭鳴》11（2019.11），頁22-31。以及王洪喆，〈重訪工人階級文化空間：工人文化宮與社會主義的城市空間政治〉，《文化研究》3（2016.08），頁23-36；叢治辰，〈父親：

必須指出的是，「鐵西三劍客」、「新東北作家群」以及二十一世紀的東北文學，同先鋒電影導演（尤其是大陸後五代）的作品之間，發生著意義豐富的互文關聯，共同締造了錯綜複雜的東北世界。陳果（1959-）的《榴槤飄飄》（2001）捕捉到寒冷的雪國東北與濕熱逼仄的香港之間，身陷夾縫，無法安置的個人與棄兒（女）。王兵（1967-）的《鐵西區》（2003）紀錄了東北工業基地的衰落，以及曾經輝煌的工廠和工人階級自豪感的破損與喪失。生鏽的工業區、晦暗的豔粉街、以及 1990 年代經濟改革所淘汰、傷害的工人階級群體，成為沈默的大多數，見證著時代的巨變。雙雪濤〈平原上的摩西〉結尾處，青年刑警莊樹繞過手槍，掏出平原煙盒，塑料紙上的圖案（少女畫像）與青春回憶、心靈印記，令人想起賈樟柯《三峽好人》（2006）礦工韓三明手中人民幣上面印刻的夔門——通過錯位、遊離的底層移民從西北／山西，前往南方／三峽夔門，尋找失散的前妻和女兒的地理行跡——漂泊流浪的受苦者在人民幣紙上世界的背面，重整著山河（地理）、故人、歲月（個人史）、以及生活的秩序，並在廢墟之上、拆遷現場之內，艱難重建失序的人倫。張猛（1975-）《鋼的琴》（2010）凸顯的困境是，1990 年代開始的經濟體制與國有企業的改革，使得昔日榮耀的東北重工業基地，淪為新一輪經濟轉型下的重災區，並給工人階級帶來失業的困境以及持續不散的疼痛。這些下崗、失業、自謀職業的男男女女，嘗試在體制之外回憶往昔、重組生活、尋找希望。《鋼的琴》裡面兩座巨型煙囪，標識出這些被侮辱與被損害者的悲歡離合，以及在後工業廢墟中產生的懷舊與見證。[23]工人階級的傷痛與絕望，他們作為共和國老大哥卻遭受背叛和遺棄的苦楚，以及他們在物質上與心理上無法割捨的情感投射，無法輕易被忽視或者抹除，期待正視與反思。刁亦男（1969-）《白日焰火》（2014）聚焦於東北苦寒邊地離奇費解的碎屍案——屍體的碎塊經由四通八達的火車，從灰暗的東北傳送到關內的不同車站……結尾之處案件的了結，是慾望的終結，正義遲到的、不無遺憾的伸張，也以懸疑敘事、黑色電影風格，再現了生鏽地帶的罪、慾、罰。

東北題材的電影、電視、音樂、流行文化等，與東北文學相關，作為文學文本的參照、鏡像、增補，可以提供視野更為寬廣的考察對象與探究路徑。關於多媒體展演東北想像，我們還可以簡短提及徐童（1965-）粗礪寫實的《遊民三部曲》中的《老唐頭》（2011），胡波（1988-2017）《大象席地而坐》（2018）所探討的看與被看，人與動物，監獄、虛置（指）的囚徒困境——到滿洲里，去辨認、見證自身的受苦、受辱、絕望的困境，卻只能以枯坐、悲鳴，偶爾的呻吟和發聲，表達不滿與抗議。在電視劇產業，有關東北的佳

作為一種文學裝置——理解雙雪濤、班宇、鄭執的一種角度〉，《揚子江文學評論》4（2020.07），頁 67-75；陳思，〈坍塌感，幽暗之心與理想主義——論班宇小說集《冬泳》的聲音技術〉，《中國現代文學研究叢刊》，4（2020.04），頁 67-75；劉大先，〈東北書寫的歷史化與當代化——以「鐵西三劍客」為中心〉，《揚子江文學評論》4（2020.07），頁 58-66。

[23] 關於煙囪作為環境物象在《鋼的琴》以及百年文學電影中的意識形態、生態意識涵義，參見 Weijie Song, "The Metamorphoses of Smokestacks," *Cultura: International Journal of Philosophy of Culture and Axiology* 17.2 (2020), 195-205；另請參見 Dai Jinhua, *After the Post–Cold War: The Future of Chinese History*, edited and with an introduction by Lisa Rofel (Durham, NC: Duke University Press, 2018), 91-105.

作層出不窮，譬如《闖關東》（2008）、全勇先的《懸崖》（2012）、《和平飯店》（2018）。大眾文化領域的東北敘事，包括民間文藝中的東北腔調（新秧歌劇、廣場劇、活報劇、二人轉、小演唱、評書聯播），也涵納改革開放以降造成東北風、污名歧視、定型化、刻板形象的喜劇作品——央視春晚，東北小品，「忽悠」文化，《東北一家人》（2001），劉老根四部曲（2002，2003，2020，2021），《馬大帥》三部曲（2004，2005，2006），《鄉村愛情》（自 2006 年起，已經延續 13 季）。B 站、抖音、短視頻等新媒體與網絡平臺，引發了全國範圍內的惡搞、喊麥、直播、網紅現象，線上的熱詞（沒毛病，雙擊 666，老鐵，……），以及近期不期然流行而值得研究的文本，包括二手玫瑰的音樂作品，寶石 Gem（董寶石）的〈野狼 Disco〉（2019），因《你好，李煥英》（2021）而受到關註的歌曲〈依蘭愛情故事〉（2015），以及〈平原上的摩西〉延遲放映的電影改編版《平原上的火焰》其主題曲〈漠河舞廳〉（2020）等等……。

四、結語或開篇：走向「東北學」

　　王德威曾經撰文呼籲，「強調東北對當代中國的關鍵意義，並以『東北學』作為研究號召。相對於已成氣候的上海學、北京學、江南學、西北學等論述，東北研究的豐富性和現代性有過之而無不及。放眼中國，沒有其他區域在過去一個世紀經歷過如此劇烈的震蕩和張力。……如何敘說關內與關外，東北與東亞，移民與殖民，移民與夷民，革命與反革命……作為東亞進入現代的『核心現場』之一，東北的人與事如何勾連成跨時間、文化、政治的網絡，如何影響中國與世界，也如何形成獨特的歷史地位」？[24]何為東北、為何東北的發問，激發我們查考過去與當下，綜觀、辨析百餘年間東北的文學文化、歷史地理、政經環境，詮釋探究並重新定位「東北研究」與「東北學」的範疇與方法，也反思新近「東北文藝復興」命名的意義、缺憾、與遠景。有鑒於此，我們試圖敞開「東北研究」的如下議題而不止於此：（1）東北文學文化現代性的來龍去脈；（2）民國時代東北敘事的興衰浮沈及其當代迴響；（3）1949 之後東北文藝創作的潮流、版圖、範式、方法；（4）後毛、鄧時代的敘事作品如何見證、再現、反思政經改革之後「雪崩何時何地」的境遇和希冀；（5）多文體、跨媒介、挑戰雅俗的東北文藝復興現象；（6）華語語系世界的東北想像。

　　「百年東北的歷史，可以說是一部流淌的精神、文化變遷與發展的歷史。在這裏，東北地域及其文化精神的蘊藉，承載著這幅文學版圖之內的政治、經濟、軍事、宗教、倫理和民俗，呈現出東北的天地萬物、人間秩序、道德場域，還有人性的褶皺、生命的肌理，

---

[24]　王德威，〈文學東北與中國現代性——「東北學」研究芻議〉，頁 72-73。

在現代、當代許多作家的文本裏，我們已經看到近現代、當代中國的『大歷史』，如何進入到每一位東北作家的內心，又是怎樣地構造宏闊的歷史深度。」[25]東北是帝國復辟的基地，抵抗運動的戰壕，共和國的長子，社會主義意識形態重點籠罩的區域，薩滿迷信、民間寫作與曲藝表演的通靈地帶，經濟體制改革的棄兒，新近文藝世界的弄潮者。從地理場景到文本空間，再延伸拓展到數位網絡世界，文學與文化的東北隱密也悲情（尖銳、無力也有力）地呈現了現代性規劃——啟蒙、革命、民主、科學、道德、個人、平等、民族國家等話語——之內以及之外的議題甚至難題。於是關外的東北，在啟蒙話語、革命修辭、抒情譜系之內與外，同文史糾纏，與薩滿共舞，在失地、沃土、銹帶的平原與荒原上，也在風景發現、跨域書寫、知識圖譜、美學立場、記憶模式、敘事類型、多媒體展演等諸種「關隘」當中，尋找著途徑、道路、希望與救贖。

美國羅格斯大學亞洲語言文化系副教授　宋偉杰
遼寧師範大學文學院教授　張學昕

---

[25] 張學昕，〈班宇的短篇小說，兼及「東北文學」〉，《長江文藝》9（2021.09），頁139。

中國現代文學　第四十期
2021 年 12 月 35-72 頁

我們需要怎樣的文學：
駱駝生及其同時代作家的滿洲新文學運動史論

劉柳書琴*

摘要

　　本文觀察在東京寫滿洲新文學史的旅順詩人——駱駝生。駱駝生（仲同升，1913-？）出生於關東州旅順市老鐵山，1930 年代東北新文學運動的旗手，在「滿洲國」統治期間鼓吹「滿洲普羅文學」，是東北抵抗作家的一種典型。他的滿洲文壇建設論、滿洲新文學史、詩歌，都反映了反帝解殖的特色和力道。駱駝生在大連、奉天和東京之間的努力，本文將由四個層面帶出：首先介紹新出文獻，駱駝生於東京留學後期的 1941 年，發表的〈滿洲新文學運動小史簡評〉之內容。其次，透過與歐陽博、秋螢的分期法與史觀比較，歸納駱駝生東北新文學運動史的左翼史觀。第三，介紹駱駝生被取締後，於 1942 年作為供訴書一部分撰寫的〈滿洲プロレタリヤ文学運動史概論〉，兼及其與山丁、衣雲的史論比較，說明駱駝生及其同時代左翼作家「東北人書寫東北文學史」的共識與隱喻。第四，介紹駱駝生的抗日詩歌〈鐵的紀律，鐵的洪流〉，說明他如何具體示範了「我們需要的文學」。最後總結以上，闡述駱駝生的文學史論、反殖民詩歌及其意義。

關鍵字：滿洲文壇建設論、東北文學、普羅文學、歐陽博、秋螢、山丁

---

* 劉柳書琴，國立清華大學台灣文學研究所教授

What Literature We Need:
Luotuosheng and His Contemporary Critiques on History of Manchurian Modern Literary Movement

Liu,Liu Shu Chin[**]

Abstract

This paper examines Luotuosheng, a poet from Lushun writing about the history of new Manchurian literature in Tokyo. Luotuosheng (Zhong Tong-sheng, 1913-?), born in Laotieshan, Lushun, Kantoshu, was a standard-bearer of the new literature movement in Northeastern China in the 1930s. Advocating Proletarian Literature in Manchuria during the reign of Manchukuo, he is a typical writer of resistance in Northeastern China. His Debates on Literary Construction in Manchukuo, History of Manchurian modern literature, and poems reflect the features and power of anti-imperialism and decolonization. This paper attempts to highlight Luotuosheng's efforts between Dalian, Fengtian, and Tokyo in four aspects: First, it introduces the newly released historical document, "Critique on the History of Manchurian Modern Literary Movement" released by Luotuosheng in the later period of his study in Tokyo in 1941. Second, by comparing with Ouyang Buo and Qiu Ying's periodization and historical thinking, this paper induces Luotuosheng's leftwing historical thinking on the history of modern literature in Northeastern China. Third, this paper introduces "Introduction on the History of Proletarian Literature Movement in Manchuria," a work as part of his confession when he was arrested in 1942 and compares it with Shan Ding and Yi Yun's historical theories. It illustrates the consensus and metaphors of Luotuosheng and his contemporary leftwing writers in "the writing of the history of Northeastern Chinese literature by the locals in North Eastern China." Fourth, exploring Luotuosheng's anti-Japanese poem "Iron Discipline and Iron Torrents," this paper describes how Luotuosheng concretely demonstrates "the literature we need." In conclusion,

[**] Liu Liu-Shu-Chin, Professor, Institute of Taiwan Literature, National Tsing Hua University

this paper scrutinizes Luotuosheng's ideas regarding the history of literature, his poems of decolonization and their significance.

Key words: On Literary Construction in Manchukuo, Northeastern Chinese Literature, Proletarian Literature, Ouyang Buo, Qiu Ying, Shan Ding

一、前言

　　東北現代文學從 1910 年代萌芽，變革傳統文學，融匯中國新文學運動的刺激和世界文學的養份而茁壯，到了「滿洲國」殖民統治下的十四年未曾中斷，更碰撞激越出豐富的地域特色和另類現代性。誠如劉中樹等人說，「東北淪陷區的文學，是血與火的結晶，是在窒息狀態下的呼號，是戴著鐐銬的跳舞。」[1]又誠如劉曉麗所言，那是「異態時空下的文學」。[2]

　　本文觀察在東京寫滿洲新文學史的旅順詩人──駱駝生。駱駝生（仲同升、仲統生，1913-？）出生於日俄戰爭舊址附近的關東州旅順市老鐵山，1930 年代東北新文學運動的旗手，在「滿洲國」統治期間鼓吹「滿洲普羅文學」，是東北抵抗作家的一個典型。他提出的滿洲文壇建設論、滿洲新文學史、詩歌，都反映了反帝解殖的特色和力道。

　　「滿洲」最早為部族名稱，是「建州女真」的自稱之一。皇太極禁稱女真，代以「滿洲」擴大指涉，將被建州女真征服的海西女真和東海女真等部納入建州女真的徽號下，重塑「滿洲」共同體的身份認同。誠如趙志強的研究指出：「manju（滿洲）作為 jušen（女真）族所屬部落之一，在清太祖時期已然存在。迨其興起以後，『滿洲』之名常被用作國號，指代金國。至天聰九年（1635）十月十三日，清太宗皇太極更改族稱，以 manju（滿洲）取代 jušen（女真）。滿洲遂名聞遐邇。」[3]古今中外不乏使用部族（民族、政權的雙重性）名稱兼代地理稱謂之例，以滿洲族稱（Manchu）指代其分布的東北亞地理空間（Manchuria），除了滿族自身因素，近代亦受日、俄雙方面的影響，至清末「滿洲」一詞已普遍作為地域名稱，指稱東三省，民國之後通稱東北。周婉窈亦指出此一現象，並提及1920 年代日本加速擴張，稱呼中國東北地區為「滿洲」，使此詞更增加了帝國主義侵略的意涵。[4]偽滿建立後，東北的世居民族（滿族等）及各時期來自關內的中國移民，被歸類為「五族協和」之「滿系」，殖民官方在公開場合刻意提倡「滿洲」一詞，使之逐漸凌駕「東北」一詞，東北人被迫捲入這個「舊又新」的名詞，進行其所指、意涵和認同的競爭。駱駝生等東北作家使用的「滿洲」，並非日本人的用法，而是挪用當地世居民族的自稱，包含著一定的主體性意涵在內。

---

[1]　孫中田、逢增玉、黃萬華、劉愛華，《鐐銬下的繆斯──東北淪陷區文學史綱》（長春：吉林大學出版社，1999），頁 12。

[2]　劉曉麗，《異態時空中的精神世界：偽滿洲國文學研究》（上海：華東師範大學出版社，2008）。

[3]　「滿洲」一詞的政權（國號）與族群意義層面的討論，參見趙志強，〈滿洲族稱源自部落名稱：基於《滿文原檔》的考察〉，《清史研究》119（2020.05），頁 18。

[4]　周婉窈，〈歷史的統合與建構日本帝國圈內臺灣、朝鮮和滿洲的「國史」教育〉，《臺灣史研究》10.1（2003.06），頁 37-38。

　　駱駝生在大連、奉天和東京之間的努力，本文將由四個層面帶出：首先介紹新出文獻，駱駝生於東京留學後期的 1941 年，在一份商業雜誌上發表的〈滿洲新文學運動小史簡評〉之內容。其次，透過與歐陽博、秋螢的分期法與史觀比較，歸納駱駝生東北新文學運動史的左翼史觀。第三，介紹駱駝生被取締後，於 1942 年作為供訴書一部分撰寫的〈滿洲プロレタリヤ文学運動史概論〉，兼及其與山丁、衣雲的史論比較，說明駱駝生及其同時代左翼作家「東北人書寫東北文學史」的共識與隱喻。第四，介紹駱駝生的抗日詩歌〈鐵的紀律，鐵的洪流〉，說明他如何具體示範了「我們需要的文學」。最後總結以上，闡述駱駝生的文學史論、反殖民詩歌及其意義。

二、在東京寫滿洲的歷史：駱駝生〈滿洲新文學運動小史簡評〉

　　1941 年 1 月到 2 月，駱駝生在東京的《遠東貿易月報》上，發表了他在 1940 年 10 月完成的〈滿洲新文學運動小史簡評〉。[5]駱駝生全篇使用帶有歷史與地理指涉的「滿洲」，避用「滿洲國」一詞，以此表述他的在地人觀點。「滿洲」一詞有漫長的使用歷史，在「滿洲國」殖民體制建立後再次流行起來。在文學的場合，「滿洲文學」一詞逐漸取代了東三省、東九省時期的「東北文學」。「滿洲文學」，包含「南滿文學」、「北滿文學」等次級概念，至 1930 年代中期以後，對應於日本人使用的「滿系文學」稱呼，成為東北作家對東北文學的自稱。[6]

　　駱駝生是在東北作家定義東北文學的脈絡下，對「滿洲文學」進行歷史敘述與評價的嘗試者之一。1941 年 1 到 2 月，在二戰情勢升高、法西斯主義盛行的時期，他堅持以左翼文學史觀，在東京發表了一部滿洲新文學小史。這份文章目前尚未受到討論，因此本節不殫冗贅，梳理其重點。

　　〈滿洲新文學運動小史簡評〉（簡稱：〈小史〉），分三回連載，上回已佚，目前僅存中、下兩回，總計 7,220 字左右。駱駝生從 1928 年初到 1940 年底，概述東北新文學發展史從繁盛期、全盛期、建設期到競爭期的四個階段，並依哈爾濱、新京（長春）、奉天（瀋陽）、大連等地域，論列代表性的作家、作品、社團、雜誌、報紙副刊、文藝大事。佚文應包括（一）萌芽期、（二）發展期，以下介紹現存兩回的第三到六期論述：

5　駱駝生，〈滿洲新文學運動小史簡評（中）〉，《遠東貿易月報》4.1（1941.01），頁 45-46。駱駝生，〈滿洲新文學運動小史簡評（下）〉，《遠東貿易月報》4.2（1941.02），頁 44-45。文末自署脫稿時間為 1940 年 10 月。

6　山丁，〈漫談我們的文學〉，原發表於 1936 年大內隆雄在新京由滿洲書籍配給有限公司出版的《滿洲文學二十年》，轉引自大內隆雄，《滿洲文學二十年》，收錄於劉曉麗編，《偽滿時期文學資料整理與研究——研究卷·滿洲文學二十年》（哈爾濱：北方文藝出版社，2017），頁 198-199。

（三）、繁盛期概要（1928-1932）：

　　駱駝生所謂的第三期繁盛期，為 1928 年到 1932 年。在「暴風雨的前夜」、「滿洲歷史轉換期」的這階段，他著重指出全球經濟危機背景下的東北文學左傾。

他寫道：在「滿洲新文學運動的繁盛期」，世界經濟恐慌嚴重波動東北特有的（大豆）等全球性經濟作物，政治上軍匪跋扈，農村經濟陷於崩潰破產，群眾憤懣，知識份子轉而研究社會科學和文學。於此同時，文藝界從 1928 年受創造社倡導的「革命文學」影響，脫離「禮拜六派和章回派」的桎梏，走上「為社會大眾而從事藝術工作」的道路。

　　在文藝雜誌方面，1928 年奉天創刊的《關外》雜誌，在第 17 期豎起了「無產文學」的旗幟，闡述新文學應走的路徑，不幸遭政府勒令停刊。然而這一支普羅寫實主義文學運動沒有萎縮，繼續以奉天的《冰花》、《翻飛》、《現實》等曇花一現的小刊推進。只不過受限於半封建社會，雖有描寫勞農階級的作品，形式與內容上多為「模仿或改竄」，理論層面「東抄西襲」，藝術與現實的游離，使一些作家轉而投身真實的戰鬥。

　　待到 1930 年，宋樹人等創刊《遼風》、《勁草》，帶領青年學生從事民族主義、愛國文學的宣傳，但布爾喬亞的路線難有收穫。同年，吉林的火犁社發行《火犁》月刊，主張從實際生活來歷練作家的創作力，季瘦人、顧草布、田浪洲、劉大中、馮藹軒、張秋子為箇中驍將，強調實踐，目標明確，作品佳，且翻譯了蘇聯作品，是繼《關外》以後唯一的尖銳刊物，出版 11 期後遭查禁。

　　在作家作品方面，1930 年鐵蹄踐踏，作家生活無著因而日趨消沉，只有張露薇、白曉光、林霽融、季瘦人、笳嘯、黃旭、駱駝生等新人持續寫作，雖不成熟但數量超越了前期。單行本出版方面，有趙鮮文《昭陵紅葉》、林霽融《鮮血》、張露薇《情曲》等，但只有王一葉《錦瑟集》較佳。

　　在報紙副刊方面，有 1930 年春季大連《泰東日報》創辦的文藝週刊《潮音》，活躍者有微靈、煥文、野月、巴寧等，水準整齊；此外《東北商工日報・新野》、《東北民眾報・民眾文藝》，很受青年學生喜愛；微雨文藝社也借《東北民眾報》發刊《微雨》，但不及 1931 年王一葉於該報主編的《喇叭》。北滿《國民公報》有陳稚虞主編的《曙光》，《新報・新潮》副刊則有小峰、洛虹等作家，皆能取材社會問題，反映時代現實。然而，1931 年秋天「九一八事變」的砲火，卻轟炸出新的現實，各式創作主題，助長了滿洲文壇的全盛時代。

（四）、全盛期概要（1932-1934）：

　　駱駝生所謂的第四期全盛期，為 1932 年到 1934 年。在這階段他著重指出九一八事變導致東北新文學運動沉寂一年，之後哈爾濱文壇由極盛而衰落，滿洲文壇逐漸形成新京、

奉天、大連三個區域，各地社團、創作與理論再興，作家使命感出現，滿洲文壇能見度提升，出現了跨區域連結的盛況。

他寫道：在「滿洲新文學運動」的全盛期，作家到 1932 年春季終於在土匪四起、經濟破產、生活無著的農村，找到新的土壤，不得不走向「新的現實主義」這條路。

1932 年，「滿洲國」成立的第一年，因關東州行政較「滿洲國」寬鬆，大連的《滿洲報・星期副刊》成為關東州內、外作家發表的平台，傾瀉沉默積鬱，晦暗的現實促進了南北文藝界的溝通。

在文學社團方面，1932 年下半年起，滿洲文壇流行結社，在作品文末註記××社，但實際運作的只有冷霧社、飄零社、白光社。1933 年春，冷霧社借《奉天民報》創刊《冷霧》副刊，飄零社借《撫順民報》創刊《飄零》副刊，各社效仿。《奉天民報》上則有新社主編的《蘿絲》、寒寂社主編的同人雜誌《轆轤》，《盛京時報》也出現《煙囪》。小社團在副刊上開設園地，諭示了文壇的復興。駱駝生如此給予評價：《冷霧》是朦朧的靈感的發洩處，發行了 50 幾期；《飄零》充滿流浪者的悲哀與空虛，只發行 6 期；《蘿絲》多為生硬古老的理論文字；《轆轤》未脫章回體，約有 10 期；《煙囪》立場偏左，發行三期後改作《夜哨》。

在報紙副刊方面，1933 年春季，長春的《大同報》推出文藝週刊《夜哨》，由陳華主編，是一個「有組織的團體的活動舞台」[7]（按，指中國共產黨），投稿者有洛虹、三郎（蕭軍）、悄吟（蕭紅）、小蒨等，出了 20 幾期，對於滿洲文壇的建設有著相當功績。1933 年 7 月，大連《滿洲報・星期文藝》蛻化為《滿洲報・曉野》和《滿洲報・北國文藝》兩個週刊，前者專載批評與理論，後者專刊創作。編者為黃旭，作者群仍是星期副刊時期的張弓、笳嘯、希文、夢園、駱駝生等，稍後又有之君（陳大光）、孟素、渡沙加入，1933 年歷經一次筆戰後，兩刊又蛻變為《滿洲報・曉潮》和《滿洲報・北風》盛極一時。

1934 年春季，林郎、黑人、三郎、悄吟先後離開哈爾濱，前往上海，僅存的劉莉、山丁等人繼《夜哨》之後，在哈爾濱《國際協報》創設《文藝》週刊。《國際協報・文藝》多為《大同報・夜哨》的作家群，立場更加進步，滿洲文壇至此才出現幾篇「正確的理論文字」[8]，此外《哈爾濱公報・公田》也出現幾篇傑作。這兩個園地的主要作者都是夜哨派的作家。

在跨區連結方面，有評論家把滿洲文壇劃為哈爾濱群、奉天群、大連群，1934 年以前三個區域間存在鴻溝。1933 年，首先是奉天文壇和大連文壇出現連結，契機始於夢園在《滿洲報・曉野》評論《奉天民報・冷霧》的詩作，引發的全滿作家論戰（按，冷霧社左右翼大混戰，1933 年），參與的團體有冷霧社、白光社、蘿絲社、飄零社、《大同報・

7　駱駝生，〈滿洲新文學運動小史簡評（中）〉，頁 46。
8　同前註。

大同俱樂部》副刊等。1933 年底論爭以無結論告終，但參與的作家和理論家反省到基礎空虛，促使白光社出版《白光》、飄零社出版《飄零者》，儘管兩者仍不免「浪漫的悲狂」通病。1934 年，哈爾濱作家群瓦解後，劉莉、山丁嘗試與大連作家群合作，哈爾濱與大連文壇開始了連結，文壇趨於一體化。

　　全盛期的滿洲文壇熱鬧空前，作品相較以往充實。三郎和悄吟共同出版的《跋涉》，是「我們不能忘記的一個大收穫」[9]。包含三郎〈下等人〉、〈孤雛〉幾篇作品是「一個紀念碑」[10]，證明滿洲作家們已覺悟到藝術的社會使命，而毫不遲疑地前進。「這本《跋涉》不單決定了他們夫婦倆在滿洲文壇上的地位，同時還提高了滿洲文壇的聲價。」[11]

（五）、建設期概要（1934-1937）：

　　駱駝生所謂的第五期建設期，大約為 1934 年到 1937 年。在這階段他著重指出滿洲文壇建設論戰（1934-1935），使作家們體悟「封建割據之無益，大集團組織之必要」。[12]

　　他寫道：在文壇建設論戰方面，1934 年駱駝生在大連《關東報‧明日》副刊發表〈我們底需要〉，洗園也在大連的《泰東日報‧文藝》週刊發表〈北國文壇應有的新動向〉，呼籲團結，引發不少迴響。但是《泰東日報》未刊出這些文章，因此駱駝生又在《關東報‧明日》發表〈給志在文藝者〉，倡議籌組「漠北文學青年會」。[13]1935 年，駱駝生又在奉天的《民聲晚報‧文學七日刊》發表〈滿洲文壇建設芻議〉，提出文壇建設構想，共同發起人有秋螢、夢園、小蒨、木子、孟素、洗園、碎蝶、水玲、憶園、丙丁、醉楓、斯諦克等人，可惜因駱駝生離開關東報社，失去發刊平臺而成為泡影。

　　在雜誌方面，1934 年春季「滿洲國」改行帝政之後，日本人飯河道雄在奉天首創大型的綜合雜誌《鳳凰》，重視文藝，最早提供稿費，投稿者有鮮文、山丁、蘇菲、瑛子、文泉等，尹鳴〈小三的幸運〉、菲子〈老矗的話〉、山丁〈跑關東〉、文泉〈賭徒〉，具有新的寫實主義的力道。《鳳凰》只發行三期，卻刺激了于健生 1935 年主編的綜合商業雜誌《淑女之友》創刊，刊載小松〈月亮落了〉、〈愛的賭博〉、老含〈文藝春秋〉，以及蘇菲、楓子等人的佳作。同樣在 1935 年 10 月創刊的《新青年》，最初有協和會的後援，後來撤去，至今仍持續發行。1936 年，白虹主編的《新文化月報》在成雪竹主編下創設《滿洲文藝》副刊，投稿者有孟素、老蕭等，僅出二期。

---

[9]　同前註。
[10]　同前註。
[11]　同前註。
[12]　駱駝生，〈滿洲新文學運動小史簡評（下）〉，頁 44。
[13]　筆名與本名對應如下：秋螢（王秋螢）、夢園（趙夢園、小松）、小蒨（山丁）、孟素（王孟素）、洗園（勵行健）、碎蝶（陳因）。

在報紙副刊方面，1935 年前後《滿洲報》創設了《北風》和《曉潮》周刊，兼納各派，常投稿者有文泉、戈禾、駱駝生等，孟素的批評文字亦佳。孫虛生擔任《大同報‧滿洲新文壇》主編，倡議整理滿洲文壇但流於口號，投稿者有成雪竹、馬驥弟、梁小蒨、葉長青、曉翔等，曉翔〈寶祥哥底勝利〉的「意識」值得一提。

（六）、競爭期概要（1937-1940）：

駱駝生所謂的第六期建設期，大約為 1937 年到 1940 年。在這個階段文壇恍若倒退回黑暗中古，幸有《華文大阪每日》、《文選》、《作風》和《文藝叢刊》的螢火微光。

新京的《大同報》1935 年發表的「國民文庫」計畫是始作俑者，以官方獎金徵募的歌功頌德文章匯集出版，衍生其後的國策文學與應募文學。所幸 1937 年 3 月城島德壽主辦《明明》雜誌，編者為夢園，凝聚了疑遲、山丁、吳郎、百靈、孟原、古丁、田兵、大光、秋螢、史之子等理論和創作成熟的作家。可惜，《明明》出刊二卷後（1938 年 2 月），便因城島文庫創辦而停刊。[14]城島文庫第一集是古丁《奮飛》，第二集是疑遲《花月集》，第三集是小松《蝙蝠》，皆為短篇小說集，第四集是古丁的雜文《一知半解集》，第五集為百靈的散文詩《火光》，尚未擺脫「身邊小說」的層次。1938 年《新滿洲》創刊，以高額稿費吸引賣文者，應拿出報人（journalist）的理想和良心。

1938 年以後值得推許的刊物是，日本大阪每日新聞社創辦的《華文大阪每日》。它不只以滿洲為對象，更以廣大華文讀者為對象，文藝欄佔有五分之一至六分之一，致力於東亞文壇的建設。1939 年 2 月徵募 12 萬字的長篇小說，在「東亞青年作家」之間引起轟動，有 46 篇應募，田瑯的〈大地的波動〉、張金壽〈路〉分別獲得正選和副選，在已發行的 40 期中也不乏佳作。

滿洲文壇自 1939 年以降，作家合力出版單行本的風氣鼎盛，爭相尋找「後臺老闆」，造成黨派之分與出資者主導。

1939 年 6 月在新京發刊的《藝文志》，不明定宗旨，實為「御用品」[15]，第三期便以「皇紀二千六百年紀念特輯號」命名。同人為少虹、古丁、辛嘉、外文、王則、孟原、疑遲、非斯等，投稿者有石軍、夷馳（疑遲）、百靈、金音、君頤、袁犀、爵青、老穆等。《藝文志》抱著「寫印主義」，反正有人給錢印。其作法刺激了以奉天為中心的作家奮起，於 1939 年 12 月出版了《文選》，宗旨為不以「風、馬、牛」主義也能出版雜誌，並且要高出一籌。文叢刊行會出版《文藝叢刊》，第一輯是吳瑛的《兩極》，第二輯是山丁的《山風》；

14　此處為駱駝生筆誤，並非停刊，只是改由駒越五貞經營，發行到 4 卷 1 期（1938.09）。
15　駱駝生，〈滿洲新文學運動小史簡評（下）〉，頁 45。

詩歌叢刊四種，分別為古丁《浮沉》、小松《木筏》、百靈《未明集》、成弦《青色詩鈔》，另有小松《無花的薔薇》，由國民文庫出版。

1940 年奉天創刊了《作風》雜誌，第一輯為譯文特輯，尚未發賣。新京則有《詩季》詩刊創刊，但所刊之詩多朦朧難懂。新京創刊的《讀書人連叢》三輯有如「滿洲文壇的惡魔」[16]，是「國策派」回擊各方輿論的平臺，「以謾罵作為遮羞手段」[17]。《大同報・文藝》對滿洲文壇建設貢獻良多。這個時期，滿洲文壇形成新京（《藝文志》、《文叢》）、奉天（《文選》、《作風》）兩大分野。新京一派抱持「你奈我何」的態度，兩派雖未太多爭吵，但希望放下對峙，拿出作家的良心，各自從事文壇建設。

綜合上述，〈小史〉有一套東北人本位的評價基準與意識形態主張。駱駝生明確指出九一八事變帶給滿洲文壇的轉折性影響，改變了滿洲文學的既定軌跡，但他並不悲觀反而認為殖民地的殘酷社會現實，在某種意義上為社會寫實文學的全盛，提供了一種可能性。他透過評述提出我們的需要：需要建設文壇、需要普羅文學、需要有大集團的組織（譬如：漠北文學青年會）；而這些「需要」，都是為了避免讓滿洲文壇重蹈日本文壇的「轉向」覆轍。

駱駝生原就讀奉天三中，1928 年 9 月轉學到旅順第二中學校，該校為日本人在「關東州」建立的唯一中國人男子普通中學，學制五年，1931 年 4 月進入旅順工科大學預科。1930 年他已經是文壇一員。由此逆推，中學時期駱駝生的文學養分來源，可能來自 1928 年奉天《關外》雜誌提倡的普羅文學及其帶起的小型左刊；以及，1930 年以後大連《泰東日報》、《滿洲報》（特別是黃旭主編）的幾個副刊。1933 年到 1935 年，他參與論爭時已是一員戰將。在〈小史〉中，駱駝生細數 1928 年以來的文藝發展，肯定各種論爭有利於普羅文學主張的擴散和商榷。他推崇哈爾濱的北滿作家做出的扎實成績，認為其瓦解和成員的流亡雖改變了由哈爾濱、奉天、大連三分的局面並引發混亂，但亦重新形構了南滿、北滿文學的跨區競合。他評價蕭軍（三郎）、蕭紅（悄吟）的《跋涉》為東北作家不可或忘的普羅文學紀念碑，提高了滿洲文壇的能見度。他觀察日資報刊雜誌或出版計畫，對其營運目的與手段進行臧否，肯定《華文大阪每日》的視野與作法，否定《藝文志》、《大同報》國民文庫、《讀書人連叢》鼓吹國策文學、功利主義等敗北作為，呼籲拿出報人的良心、作家的良心，團結起來從事滿洲文壇的建設。

駱駝生企圖將文學史的整理與評述，作為理論的替代，以偽裝的形式，灌輸滿洲文壇健全發展的理想。他使用新的現實主義、新寫實主義、尖銳刊物、清楚的標誌、正確的理論、反映時代、藝術的社會使命、為大眾工作等中性詞彙，論列作家、作品、集團、刊物，檢視它們的考驗、傾向和積累。實際上，他鼓吹的新文學應走的道路，他定義「繁盛期」、

---

[16] 同前註。

[17] 同前註。

「全盛期」、「建設期」、「競爭期」的主體，就是——普羅文學、無產階級文學。直言之，駱駝生的「滿洲新文學運動小史」，就是「東北普羅文學運動史」。在「滿洲普羅文學」的發展與建設過程中，他欲駁斥和競爭的對象包括了「冷霧社左右翼大混戰」、「滿洲文壇建設論戰」期間的——民族主義脈絡下的愛國文學；以及 1936 年以後官方開始攏絡作家、統制文壇導致的——給錢就印的文學、鬻文者的文學、「國策文學」、「應募文學」等有礙滿洲新文學健全發展的因素。

三、偽裝的文學史：駱駝生的普羅文學史觀 V.S.秋螢的區域文學史觀

〈小史〉第五節為結論，駱駝生簡短而尖銳的提醒，反映其鮮明的東北人本位和反帝的民族主義思維：

> 總結滿洲文壇，若受制於政治形態，則難有新轉變。××派（藝文志派）以登上××文壇（日本文壇）為最高目的，可證諸朝鮮、臺灣文壇既往，可以說是××派（藝文志派）是在作夢。希望他們能打破迷津，記起我們是生長在哪一塊土地上。免得像××文壇（朝鮮文壇）落入無底的深淵。匆促的寫下這篇雜亂的文章，若滿洲文壇值得研究，但願能做諸位研究時的搜查目錄吧。[18]

引文中，第一、三個隱語××指「藝文志派」，暗諷作品剛被譯介到日本的古丁等人；第二、四個××指「日本文壇」。駱駝生直言不諱：在法西斯主義壓制下，首當其衝的日本文壇是東亞文壇中最早爆發轉向風潮而坍塌的一端。在它身上築起飛地，寄生其間的朝鮮境外文學、臺灣境外文學，經歷 1930 年中期以後的大彈壓大逮捕，作家們也早已被取締拘禁、解散驅逐。滿洲作家應該認清政治情勢，以建設自己的滿洲文壇為目標。

中日戰爭爆發之前，臺灣、中國、朝鮮的左翼作家，面對新的戰鬥體制，紛紛返鄉，改弦易轍，或匯聚上海等地，另行串連。為何駱駝生可以是一個異數，此時仍在東京對著滿洲作家隔空喊話？這與他執筆這篇小史時仍具有「滿洲國公費留學生」的身份有關，但更與他採用中文寫作，發表在商業雜誌的策略有關。本節將簡介《遠東貿易月報》這份刊物，進而比較同時期的滿洲文學史論述，釐清駱駝生〈小史〉的觀點和特色。

---

[18] 駱駝生，〈滿洲新文學運動小史簡評（下）〉，頁 45。括弧文字為筆者推測。1938 年 10 月武漢三鎮淪陷，是朝鮮文學人士走向親日法西斯道路的重要轉捩點。親日者主張必須接受這一新事態，把握契機從日本的統治中脫離，走向獨立，因此在這一時期走上了合作之路。參見，金在湧，《合作與抵抗：日本帝國主義統治末期之韓國社會與文學》（北京：社會科學文獻出版社，2014），頁 78-83。臺灣文壇則在盧溝橋事變後陷入沉寂、復甦與文壇權力關係的重整，但是臺灣人作家到 1945 年並未有過集體親日或轉向的現象。參見，柳書琴，青木沙弥香譯，〈文化徵用と戦時の良心：地方文化論、台湾文化復興と臺北帝大文政学部の教授たち〉，收於王德威等編，《帝国主義と文学》（東京：研文出版社，2010），頁 314-338。

　　《遠東貿易月報》的發行單位為遠東貿易社，位於東京市京橋區的繁華地銀座，1938
年1月創刊，主要讀者為在日華商，採用全中文形式。因發行於中日交戰期間，依據反共
反蔣的言論要求，以「謀求中日間一切妥善解決之辦法」為立場，曾宣稱「亞洲大陸籠罩
赤禍的恐怖，實是中華民族的一大危機，亦即使整個東亞和平感受極大的障礙」。[19]

　　事實上該刊並不政治化，以商業經營者需要的時局世情和文化介紹為主。[20]第一卷
（1938 年份）多介紹遠東主要商品的市場情況、國際大事、國內政情、產業發展及貿易
關係。第二卷（1939 年份）增設「餘興」欄，漫談日本文化的風雅高尚。第三卷（1940
年份）貿易欄位減半，新增「文化」、「史料」、「文藝小品」欄位，「文藝小品」包含散文、
小說、現代詩、漢詩。第四卷（1941 年份）隨戰事升高欄位愈見簡略，貿易文章減少，
時局形勢和文化介紹增加。

　　1940 年以後，《遠東貿易月報》從原先的經貿月刊，開始有了固定的文學欄。主編先
後由譚清虛、桝居五六、張鏡邨擔任，後期隱去編輯者姓名。執筆者有唐夢東、張懷明、
張季高、譚覺真、王立俠、張達明、程淵若等人，但多數使用筆名或化名，可能包括留學
生，以取材身邊故事或青春戀愛的散文、詩作為大宗。小說不多，淑娣（或王淑娣）、王
楚文、茵子等人的作品較成熟，但亦非深刻的作品，評論極少。罕見的是，1940 年 7 月
號一度刊出胡風的散文〈夏天〉，1941 年 1 至 2 月又連載了駱駝生的〈小史〉。《遠東貿易
月報》增設文學欄之後，匿名的編輯者重視文藝，與上海的文藝界有所連結，大膽起用駱
駝生的稿件。〈小史〉鮮明的普羅文學觀點，在戰爭期這份宣稱反共的刊物上，無論如何
都是大膽、突兀和耐人尋味的。

　　駱駝生從 1935 年 4 月到 1941 年 3 月留學東京六年，1941 年 3 月畢業前夕遭到取締，
短期拘禁後被驅離日本。他在東京工業大學的最後半年，撰寫的這篇小史，顯示寄生東京
的他，對東北境內的文學仍有一定把握。筆者發現，這與他參考了同時代其他文學史論著
有關。1934 年到 1944 年間嘗試「滿洲新文學」史料記錄或敘史工作的東北作家，還有王
秋螢、歐陽博、山丁、衣雲等人，以下簡單編列：

A　歐陽博，〈滿洲文藝史料〉，《鳳凰》2.3，1934.6。（已佚，但轉錄於大內隆雄《滿洲文
　　學二十年》）

B　秋螢，〈滿洲新文學的發展〉，《新青年》58-60，1937.7.20-8.20。

B-1　秋螢，〈滿洲新文學的蹤跡〉，《明明》6，1937.7。（資料庫無存）

B-2　秋螢，〈滿洲創作小顧〉，《新青年》61，1937.9。（資料庫無存）

---

[19] 以上依據資料庫提供的介紹，〈遠東貿易月報〉，「全國報刊索引」資料庫，https://reurl.cc/954qbj，瀏覽日期：
2021.10.8。

[20] 現存刊物到 1941 年 12 月為止發行的 4 卷 40 期，僅存 15 期，每期 57 頁至 60 頁，發行量不明。1938 年僅
餘 10 月號、1939 年僅餘 6 月號、1940 年僅餘 7 月號，1941 年 1 至 12 月皆存。從現存刊物來看，第 1 卷
第 10 號的編輯兼發行者為譚清虛，第 2 卷第 6 號後改為桝居五六。第 3 卷第 7 號標注主編為張鏡邨，其後
不再標注。

C　駱駝生，〈滿洲新文學運動小史簡評(中)(下)〉，《遠東貿易月報》4.1-4.2，1941.1-1941.2。

D　山丁，〈漫談我們的文學 1-3〉，《盛京時報》41-43，1942.1.1-1942.1.14。

E　衣雲，〈文壇十年印象記〉，《泰東日報》4-6，1942.3.10-4.3。

F　秋螢，〈滿洲文藝史話〉，《觀光東亞》9.10，1942.10。（已佚，但轉錄於大內隆雄《滿洲文學二十年》）

G　仲同升（駱駝生），〈滿洲プロレタリヤ文学運動史概論〉，《思想月報》1942 年 7 月號，1942.7。

H　王秋螢，《滿洲新文學史料》，新京：開明書局，1944.12。[21]（資料庫無存）

註：大內隆雄，〈滿系文學的展望〉，《滿洲文學二十年》，新京：國民畫報社，1944.10。

（1943.1 完稿）

　　十篇論述中最可能對駱駝生產生影響的，是歐陽博、王秋螢兩文，因此本節優先比較。

（一）、駱駝生與歐陽博的比較（編號 C／A 比較）

　　兩人的史觀極為接近。歐陽博〈滿洲文藝史料〉，敘史跨度為 1919 年 5 月至 1930 年 12 月，他稱為「滿洲文藝的初期」，不觸及事變爆發的敏感年，也避用東北文學一詞。

　　歐陽博，真實姓名不詳。[22]他著眼於五四運動影響下的東北文學，縱觀 12 年間北滿、南滿、全域的發展，這正是駱駝生從小學到中學的階段。

　　在分期上：歐陽博未分期，但描述了兩階段的演化：1、小市民文學萌芽期（1919.5-1925.5.30），背景為市民階層個人主義的覺醒，引發的小市民文學。2、新興文學發展期（1925.5.30-1930.12.32），背景為新興知識階層的思想啟蒙與××運動（按，左翼運動），引發的××××（按，革命文學）。

　　在文藝批評的標準上：歐陽博強調作家的意識形態、社會觀察力、寫作技巧、讀者屬性、文學流派等，駱駝生同樣重視作品的社會經濟基礎，進而注意發表及出版園地的自主性、文藝理論與評論是否建立等。兩人都抱持階級藝術論，歐陽博寫道：「我們知道，無論任何時代的藝術都反映了社會的階級構成，都與一定的階級相適應。」[23]他認為世界經濟大恐慌帶來的農村破產，導致滿洲經濟基礎動搖，刺激作家新的描寫；駱駝生也提到：「1929 年的前後正是滿洲的歷史轉變的前夜，世界經濟的恐慌，日益深刻，自然會影響

---

[21]　馮為群、李春燕等學者曾指出：王秋螢〈滿洲文藝史話〉原文有 4 萬字，分六部分。參見，馮為群、王建中、李春燕、李樹權著，《東北淪陷時期文學國際學術研討會論文集》（瀋陽：瀋陽出版社，1992），頁 223。

[22]　現有多種報刊資料庫中，他的發表只有這一筆。

[23]　原出處為歐陽博，〈滿洲文藝史料〉，《鳳凰》2.3（1934.06）。轉引自大內隆雄，〈滿系文學史的展望〉，《滿洲文學二十年》，收錄於劉曉麗編，《偽滿時期文學資料整理與研究——研究卷‧滿洲文學二十年》，頁 200。

到以幾種特產和世界發生了關係的滿洲，(中略)，這種社會氛圍反映，便是當時知識份子之鑽研社會科學和文學界之鮮明的轉向」[24]等等。

歐陽博把其後秋螢稱為「東北文藝」的這個階段，視為「封建社會沒落，布爾喬亞興起時期」[25]。他把在轉換期「意識形態變化」下產生的文藝作品，歸為四類：家庭戀愛作品、反抗舊政權的作品、充滿希望的作品、香豔哀情的作品。其中，「充滿希望的作品」，便是他避稱的普羅文學。他以「將新的生命力表現」、「充滿生機和活力的」、「包含新生力量的文章」、「帶有××色彩」、「很好地表現社會面貌」、「我們所追求的作品」、「新興文學」，[26]用來隱喻普羅文學。

歐陽博的文學史論早於秋螢（編號B）三年，重疊時段為 1919 年至 1930 年，文風與內容接近。不同之處在於：秋螢的史述開始於 1917 年，偏重文學訊息的蒐羅記載，歐陽博則重視對文學流派與作品意識形態的分析。

歐陽博的文學史論早於駱駝生七年，重疊時段為 1929 年至 1930 年，駱駝生的文學史論明顯受到歐陽博影響獨尊普羅文學。不同之處在於：歐陽博使用流暢明晰的白話文，駱駝生則慣用帶有東北方言語感的白話文。歐陽博處於改行帝制的「滿洲國」，行文謹慎，避稱普羅文學、革命文學等，駱駝生處於「大政翼贊運動」下的東京，尚能寫出。

（二）、駱駝生與王秋螢的比較之一（編號 C／B 比較）

王秋螢從 1937 年到 1944 年持續撰述滿洲新文學史，是那個時代最重要的文學史作者。他有多篇篇幅、詳略、分期繁簡、分期名稱不同的文章，反映其史論軌跡與大環境的尺度，最後在 1944 年 12 月於新京出版的《滿洲新文學史料》（編號 H）一書集大成。在筆者編列的五筆著述中，目前只尋獲編號 B〈滿洲新文學的發展〉（1937）和 F〈滿洲文藝史話〉（1942）可供比較。

首先，比較駱駝生〈小史〉與秋螢〈滿洲新文學的發展〉的異同。

1937 年秋螢〈滿洲新文學運動的發展〉，敘史跨度在 1917 年到 1937 年的二十年，將滿洲新文學分為四個時期，分別為：萌芽期（1917-1928）、拓展期（1929-1932）、普洛文學[27]與民族主義的愛國文學期（1932-1934）、事變初期的文藝復興期（1935-1937）。秋螢對「東北文藝」的起點設定，從胡適提倡的〈文學改良芻議〉、陳獨秀發表的「文學革命

---

[24] 駱駝生，〈滿洲新文學運動小史簡評（中）〉，頁 45。

[25] 原出處為歐陽博，〈滿洲文藝史料〉，《鳳凰》2.3（1934.06）。轉引自大內隆雄，〈滿系文學史的展望〉，《滿洲文學二十年》，收錄於劉曉麗編，《偽滿時期文學資料整理與研究──研究卷‧滿洲文學二十年》，頁 189。

[26] 同前註，頁 188-193。

[27] 普洛文學，為普羅文學的譯稱之一。

論」在東北引發白話文學出現的 1917 年談起，從雜誌、報紙副刊、單行本、新詩、文藝理論、文學集團等面向，廣泛記錄及評價。

　　駱駝生與秋螢的分期斷點不同，比秋螢多兩期，在 1929 年《關外》17 期以前的佚文部分，應採用了歐陽博的五卅運動斷點，區分出小市民文學期階段（萌芽期）和新興文學發展階段（發展期），突顯出普羅文學在滿洲萌芽的轉捩點。在日偽建立之後，則細分出 1932-1934 年的全盛期，標記滿洲樣態的普羅文學的高峰——由蕭軍、蕭紅《跋涉》一書締造的紀念碑。

　　駱駝生〈小史〉明顯參考了秋螢的〈滿洲新文學的發展〉，描述冷霧社左右翼大混戰及漠北文學青年會的敘述如出一轍。不同之處在於：第一，秋螢的論述容納了創立宣言、未來工作、《綠洲週刊》發刊構想，以及該會流變為「KT 文青」、「無名文研」等社團的說明。[28]第二，兩人雖重視普羅文學，但秋螢均衡照應普羅文學與愛國文學，他寫道：「一種是以無產階級的意識、鼓吹著階級鬥爭的文學；一種是帶著英雄主義的姿態，寫著以民族主義立場的文章。這兩種思潮，在當日有力的支配了當時的文壇。」[29]駱駝生則將愛國文學視為布爾喬亞文學，未予太多介紹和期待。作品方面，秋螢無分派系盡量蒐羅，駱駝生只重視現實主義作品，對藝術至上的作品給予低評。

　　透過比較可知：在 1932 年偽政權成立後，東北作家在報章雜誌上必須避稱「東北文學」一詞，改稱「滿洲文學」；但是秋螢、駱駝生等左翼作家卻藉由文學史的評述與分期，突顯 1932 年至 1934 年間的抵抗文學，爭取東北人作家作品在「滿洲文學」此一新名詞裡的詮釋權與占位。劉曉麗曾指出「東北抵抗文學」的形式有三種：反殖文學、抗日文學、解殖文學。[30]這是就抵抗文學的主題、內涵、形式、目標和策略而言，若就作品的意識形態和政治訴求又可分為左翼和右翼。秋螢使用的「愛國文學」，指的是「民國時期」在中國民族主義影響下的抵抗文學右翼。1920 年代後期，日本帝國主義在東北擴張，愛國文學已出現於東北各地文壇。普羅文學，則指中國共產黨指導與影響下的無產階級文藝，屬於反抗文學的左翼，以北滿地區哈爾濱文壇最具影響力，但亦包含理論性不足、尚在發展中的素樸寫實主義和鄉土文學。

　　秋螢對抵抗文學的左右翼兼容並蓄，與駱駝生的觀點相近，相異之處在於他更為宏觀地將東北普羅文學的開端，上溯到五卅運動擴及東北的時期。此外，我們必須考慮兩人即使立場相近，但因身處不同地區，檢閱尺度不同，導致的言論尺度與策略差異。秋螢身在「滿洲國」現地，不得不微言大義，從對立於國家的地方文學史或聯繫於中國的區域文學史著手，記錄滿洲新文學二十年間的萌芽、發展及抗爭意識。行文中他一邊讚

---

[28] 秋螢，〈滿洲新文學運動的發展〉，《新青年》60（1937.08），頁 31-32。

[29] 同前註，《新青年》58（1937.07），頁 54。

[30] 劉曉麗，〈反殖文學‧抗日文學‧解殖文學——以偽滿洲國文壇為例〉，收於李怡、毛迅編，《現代中國文化與文學》17 輯（成都：巴蜀書社，2015），頁 298-319。

揚愛國文學和反帝解殖作品，一邊向關內的中國文壇證明「滿洲新文學史絕不是空白的一頁」。秋螢希望以文學史敘述肯定並鼓勵東北作家前進，他從民族文學和普羅文學兩個脈絡廣泛蒐羅論列，甚至引出文本解說語體文應如何擺脫舊文學的膚淺與陳腐，可謂用心良苦。身在東京的駱駝生，將稿件寄生於商貿雜誌，藉此爭取發表空間，偷渡戰爭期罕見的激進言論。他依據無產階級革命的理論主張，言簡意賅地抒發民族革命未脫布爾喬亞階級的限制、民族文學帶有小市民文學的屬性等等評價，以此聚焦滿洲普羅文學出現的背景、歷程、經典作和里程碑，申說唯有普羅文學，才能帶給東北文壇健全發展的主張，顯示出戰鬥者的機智。

（三）、駱駝生與王秋螢的比較之二（編號 C／F 比較）

秋螢〈滿洲文藝史話〉發表於 1942 年，將滿洲新文藝分為三個時期：「東北文藝期」（1917.1-1932.3）、「建國後的文藝」（1932.3-1937.3）、「滿洲文藝」（1937.3-1941.10）。斷點為 1932 年日偽建立、1937 年 3 月《明明》創刊、1941 年 10 月雜誌整合與用紙管制之前。[31]

〈滿洲文藝史話〉為秋螢根據 1937 年〈滿洲新文學運動的發展〉一文的改寫，包含分期修改，以及尖銳敘述的柔化。他將「萌芽期、拓展期、愛國文學期」合併為「東北文藝期」，將「事變後文藝的復興期」改為「建國後的文藝期」。這個改變意謂著不可再突顯 1929 年到 1932 年高漲的普洛文學、民族文學，被迫以「建國」修辭清理遺民意識或反帝意識。經過五年的社會變化，從 B 文與 F 文，秋螢逐漸壓抑其抵抗史觀與分期法，忍從殖民主義的壓迫。在東京的駱駝生，則堅持 1917 年到 1941 年的六個分期，各期稱呼也以文藝本體發展定名。

儘管如此，秋螢〈滿洲文藝史話〉與駱駝生〈小史〉，已有一些敘述擁有共識，並被廣泛接受，舉例如下：

1、有關《關外》雜誌的評價：秋螢寫道：「第 17 期的《關外》，這期雜誌毫無顧忌地高舉無產階級文學的旗幟，在表明態度的同時，還指出了當時的文藝應該走的道路。」[32]駱駝生寫道：「第 17 期的關外，便很明顯地揭出了無產文學的旗幟，指示出了當時新文學應走的路徑。」[33]

---

[31] 1941 年 12 月，弘報處根據 1940 年頒布的《雜誌指導統治要綱》，開始對雜誌進行整合，擬將所有雜誌用紙量縮減三成，雜誌數量縮減至原來的三分之一。參見，劉春英、吳佩軍、馮雅編著，《偽滿洲國文藝大事記（上）》（哈爾濱：北方文藝出版社，2017），頁 289。

[32] 秋螢，〈滿洲文藝史話〉，《觀光東亞》9.10（1942.10）。轉引自大內隆雄，《滿洲文學二十年》，收錄於劉曉麗編，《偽滿時期文學資料整理與研究——研究卷‧滿洲文學二十年》，頁 182。

[33] 駱駝生，〈滿洲新文學運動小史簡評（中）〉，頁 45。

2、有關 1932 年到 1934 年小社的林立：秋螢寫道：「1933 年末期文壇上出現一種新的現象。即在發表作品的後面，有時會附上『某某』社的名稱。但這『某某』社既不是任何的組織，也沒有任何計畫。」[34]駱駝生寫道：「1932 年下半季，滿洲文壇上又有一種近乎滑稽的現象，就是大流行三三五五結一個社，在一個人發表作品時，結尾非記上××社不可。」[35]

兩文的差異則有：1、側重點不同。譬如：秋螢「建國後的文藝期」與駱駝生「全盛期」相比，可以發現駱駝生重在文壇團結，細述漠北文學青年會的倡議經過；秋螢則關注復甦後的報紙副刊以及蕭軍、蕭紅立下的典範。2、對刊物的評價不同。譬如：秋螢為《詩季》（1940-1941）同人，肯定這份刊物「在滿洲掀起了一股詩歌的高潮」，駱駝生則認為「所刊之詩，多朦朧難懂者」，而不甚肯定。3、敏感議題描述不同。譬如：有關九一八事變後的文壇，秋螢以抒情之筆輕描淡寫：「『九一八』事變第二年，在春風吹拂大地之時，文壇也逐漸復甦。（中略）荒蕪已久的藝術園地再次播下了新的種子。」[36]駱駝生則指出社經結構發展的關聯：「1932 年底春天，我們底作家終於在那土匪蜂起，經濟破產，生活無著的農村，找到了新的土壤，而開始播下新的文學種子了。」[37]4、1936 年以後的部分，秋螢的描述比在日本的駱駝生完整許多，但兩人都提到 1940 年作風刊行會詩歌連叢和文選叢刊等左派作家的重要園地。

本節透過交叉比較得知，滿洲新文學運動，是東北中國人反帝抗爭、文化抵抗的重要一翼。歐陽博、秋螢、駱駝生三人皆全篇不提「滿洲國」，比起「滿洲新文學」更常使用「滿洲文藝」一詞。其次，秋螢、駱駝生都受到歐陽博文章的影響，但駱駝生不只繼承其普羅文學史觀，也繼承其分期的精神，透過「分期」標示滿洲普羅文學的發展軌跡與各階段意義。1930 年代中期並肩發起「漠北青年文學會」的秋螢與駱駝生，因身處場域的不同，到 1941 年以後兩人的文學史論已有分殊。秋螢追求完整的地方文學史，對民族文學、普羅文學及其他個別的有益嘗試兼容並蓄，卻不幸隨著殖民統治的加強，逐漸無法明言抵抗作品的精神脈絡，述而不論。駱駝生延續其菁華，改寫若干的瑣碎記述，刪減對愛國文學的描述，在東京的言論條件下，堅持從階級藝術論對滿洲的普羅文學、非普羅文學和反普羅文學進行分判梳理，並賦予優秀作品經典地位。駱駝生代表了當時東北人作家撰述的文學史論之最左立場。他是否為共產黨員無資料可判斷，但是他的文學史分期斷點，反映了無產階級革命觀，故而他的文學史論，何嘗不是他對東北人反殖歷史的隱喻和策略演化的記錄？

---

[34] 秋螢，〈滿洲文藝史話〉，頁 184。
[35] 駱駝生，〈滿洲新文學運動小史簡評（中）〉，頁 46。
[36] 秋螢，〈滿洲文藝史話〉，頁 184。
[37] 駱駝生，〈滿洲新文學運動小史簡評（中）〉，頁 45-46。

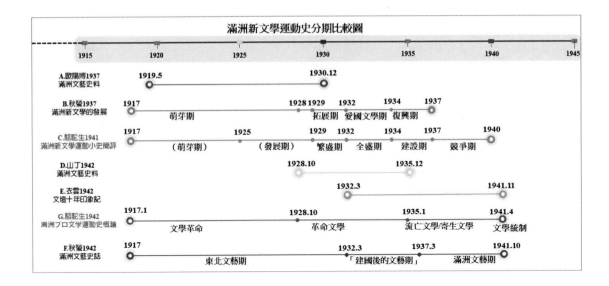

四、駱駝生的第二篇文學史論：〈滿洲プロレタリヤ文学運動史概論〉

　　大久保明男教授，是駱駝生研究的第一人。他提出的四篇論文，讓世人知道駱駝生出身於關東州旅順市老鐵山，在東北新文學運動與中日文藝交流上扮演重要角色。筆者根據他的考察，歸納駱駝生的生平如下：

　　駱駝生（1913.3-？），原名仲同升，又名仲統生、仲公撰。筆名駱駝生。中學時開始發表詩作。原就讀奉天三中，1928 年 9 月轉學到旅順第二中學校，與作家丙丁同校。1931 年 4 月進入旅順工科大學預科，1935 年 4 月考入東京工業大學附屬預備部紡織學科（三年），取得「滿洲國官費留學生」身份，1938 年 4 月進入大學本科（三年），1941 年 3 月畢業。1935 年他與丙丁在東京接觸中國左聯東京支部同人，發起以東北學生為中心的「漠北文學青年會」，但因政治現實未獲落實。1936 年 1 月駱駝生被迫脫離東京左聯及日本左翼文化活動，表面上參與留學生一律被編入的「滿洲國留日學生會」，並擔任「東京工業大學分會」總務幹事。事實上，從 1941 年他以「利用雜誌等向滿洲國人進行共產主義啟蒙活動」的罪名被取締推測，仍持續從事某種程度的反抗運動。駱駝生旅日時間大約 7 年，創作生涯大約 11 年，返國後據稱輾轉天津等地謀職，「文革」前夕居於北京，其餘生平不詳。[38]

---

[38] 參見，大久保明男，〈「滿洲国」の留日学生駱駝生と東京左連〉，《中国東北文化研究の広場》2（2009.3），頁 137-156。大久保明男，〈「滿洲国」の留日学生仲同升のこと──「滿洲プロレタリヤ運動史概論」について〉，《植民地文化研究》9（2010.07），頁 85-90。大久保明男，〈「滿洲国」留日學生的文學活動──以駱駝生為中心〉，王惠珍編，《戰鼓聲中的歌者──龍瑛宗及其同時代東亞作家論文集》（新竹：國立清華大學台灣文學研究所，2011），頁 349-378。大久保明男，〈駱駝生的文學夢──一個留日學生的文學活動與「滿洲國」文壇〉，《偽滿洲國的漢語作家和漢語文學》（哈爾濱：北方文藝出版社，2017），頁 14-40。大久保

　　駱駝生被捕的檔案，由大久保明男教授發現，記載於《思想月報》1942 年 7 月號，被捕時間是 1941 年 3 月。1942 年 5 月 12 日他被迫在東京刑事地方裁判所，「根據 1940 年到 1941 年的雜誌，對『滿洲國』共產主義的啟蒙活動」寫下供訴書。其中一部分被整理為〈滿洲プロレタリヤ文學運動史概論〉文件發布在《思想月報》上，提供思想警察了解「滿人左翼分子」的系譜。[39]

　　這份論述精闢的供述書，無異於一篇論文。它讓我們得以理解作者的微言大義——「滿洲新文學史」就是「滿洲普羅文學運動史」。它也證明，以文學史書寫建立普羅文學正典，從事共產主義運動，就是駱駝生被取締的原因。以下，比較〈滿洲新文學運動小史簡評〉（1941）到〈滿洲普羅文學運動史概論〉（1942），嘗試觀察編號 C 與 G 之間的變化。

　　〈滿洲普羅文學運動史概論〉（以下簡稱〈概論〉），首先綜覽一戰以後世界形勢影響下中國與東北的政治經濟變化，簡介中國新文學運動引介進入東北的情況，以及作家們擺脫模仿，摸索東北特色議題的過程。接著進入正題，分期介紹滿洲普羅文學的樣態。〈概論〉與〈小史〉資料與立場一致，但並非其日文版，兩者的差異在於：（一）、提出新的分期；（二）、提出文學流亡與文學寄生的概念；（三）、曲筆改為直書，清楚交代滿洲普羅文學發展的人物與系譜；（四）、宣告文學統制導致普羅文學消滅。以下分別介紹：

　　（一）、〈概論〉提出新的分期：敘史跨度為 1917 年 1 月至 1941 年 4 月，起點為胡適之提倡「八不主義」，終點為 1941 年 3 月弘報處公布《藝文指導要綱》、4 月滿洲文話會本部取消；中間以 1934 年 11 月蕭軍、蕭紅流亡上海作間隔，共分四期，有別於小史的六期。這四期分別是：文學革命到革命文學（1917-1928）、革命文學到流亡文學（1928-1934）、流亡文學到寄生文學（1935-1941）、寄生文學到文學統制（1941-）。

　　（二）、〈概論〉提出了境外／本土兩個文學場的概念：駱駝生以文藝思潮的轉換和文學場的存續鬥爭，取代文藝演化論作為新的分期概念。他提出「文學流亡」、「文學寄生」的口號，以兩個文學場的視野，描述滿洲普羅文學在 1934 年遭受打壓後出現的「方向轉換」，包括流亡、寄生、向右偽裝、轉向。在文學寄生方面，他提到左派作家寄生在《鳳凰》、《明明》等雜誌，也說明各種型態不一的寄生策略。《明明》的編輯夢園努力提供普羅文學發表園地，《華文大阪每日》也是左翼作家以隱晦的普羅文學、素樸寫實、浪漫物語，反映現實並賺取稿費之地。1940 年末，作風刊行會和文選叢刊會創設的獨立園地，使寄生情況一度改善，但之後又因思想的彈壓、物資統制、配給統制不得不停頓。

　　1935 年以後，滿洲普羅文學出現了文學流亡，但駱駝生避談他留學後也置身其間的境外文壇。只回顧自己為團結左翼作家，在主編《關東報・明日》期間提倡文壇建設的背景，以及發表〈文壇建設芻議〉一文，「站在共產主義的立場主張普羅現實主義，並為滿

教授發現，仲同升似曾短暫就讀早稻田大學，尚在追查中。

[39] 仲同升，〈滿洲プロレタリヤ文学運動史概論〉，收錄於大久保明男，〈「滿洲国」の留日学生仲同升のこと ——「滿洲プロレタリヤ運動史概論」について〉，頁 157-164。

洲普羅文學運動提示方向」[40]，後來反應不佳，是因為當時對「普羅文學不得不處於寄生狀況的事實缺乏認識所致。」[41]

（三）、〈概論〉改曲筆為直書，舉例如下：

1、文學革命到革命文學的階段（1917-1928）：

駱駝生明白指出《關外》、《冰花》、《翻飛》、《現實》等，「是滿洲普羅文學雜誌的濫觴」[42]。吉林《火犁》月刊，「是 1930 年唯一的普羅文學雜誌」[43]。1931 年《東北民眾報·喇叭》副刊，是「普羅文學專頁，延續了《火犁》的火苗」。[44]

2、革命文學到文學流亡的階段（1928-1934）：

1934 年大連《滿洲報》的副刊《曉潮》、《北風》改名，王秋螢、駱駝生等「左翼作家參加」。冷霧社引發的左右翼論戰，「在確立滿洲普羅文學理論方面扮演重要角色。」[45]駱駝生在〈小史〉裡以隱晦語銘記的作家與作品，至〈概論〉時卻反諷地，在不自由的情況下獲得了表述的自由。他開門見山，直書了這些作家在系譜中的位置和重要性。在大戰時空下，駱駝生的滿洲普羅文學地圖更為擴大，主體立場更鮮明。中國革命文學思潮的擴散、東北作家的模倣，到淪亡後真實而粗獷的社會寫實作品誕生，滿洲普羅文學在政權的天翻地覆下快速成熟。1934 到 1935 年發展至全盛以後，形成中國普羅作家望塵莫及的野生性格。這種與典範隨著文學流亡被以魯迅為中心的上海左翼文壇矚目，也隨著寄生右翼刊物的滿洲現地作家，形成東北社會寫實文學的回湧、擾動與擴散。

（四）、〈概論〉宣告普羅文學消滅：

駱駝生一方面暗諷文學統制政策的壓迫，一方面以滿洲普羅文學已成為歷史為自己脫罪，同時避免連累他人。

透過駱駝生在不同情境下所寫的兩篇文學史，可以看見他寄生商業刊物，利用一套當時作家都能理解的隱晦語，在境外發聲，延續東北人詮釋東北文學的企圖。〈概論〉不只照亮了〈小史〉的歷史隱喻，也使同時代其它身處滿洲境內，不得不使用更隱晦的替代性詞彙（譬如歐陽博），乃至必須「向右偽裝」分期觀點（譬如秋螢）的文學史作者，背後的苦心孤詣豁然明朗。

儘管披上的外衣有著地方文學或普羅文學的不同，左翼文學史觀是文壇上的主流這一點，還可以從山丁、衣雲的論述中獲得印證。

其次，介紹山丁的滿洲文學史論述。

---

[40] 同前註，頁 162。

[41] 同前註，頁 161-162。

[42] 同前註，頁 159。

[43] 同前註，頁 159。

[44] 同前註，頁 159-160。

[45] 同前註，頁 160。

　　山丁〈漫談我們的文學 1-3〉（1942.1.1-1942.1.14），發表於駱駝生的文章之後，但對於滿洲殖民政權建立後，普羅文學抬頭與發展的脈絡觀察相近。山丁的敘史跨度在 1928 年 10 月到 1935 年 12 月，略述五四運動和五卅運動的影響之後，便以 1928 年 10 月《關外》雜誌的創刊作為「我們的文學」[46]的開始。論述停止於 1935 年 12 月的理由，是因為他認為其後北滿文學已經毫無出色作品面世，由此也再次映照出左翼作家們心照不宣的共識與追求──必須寫出像《跋涉》那樣的普羅文學的紀念碑。山丁同樣只能以地方文學史觀的面貌呈現自己冰山一角的論述，這應該受到秋螢的啟示，反映了「滿洲國」境內被殖民者文學史敘事的終極尺度。山丁同樣避開敏感的意識形態批評，而著眼於滿洲文學的區域特色與融匯過程。他關注北滿、南滿的各自嘗試，對英、美、俄等不同傾向的世界文學的翻譯和採借，進而關注滿洲一體化文壇的形成，以及「滿洲文學」一詞的出現。

　　接下來，介紹衣雲的滿洲文學史論述。

　　衣雲〈文壇十年印象記〉（1942.3-4）。[47]敘史跨度在 1932 年 3 月至 1941 年 11 月（按，太平洋戰爭爆發前）。在改隸十年歷史回顧的契機下，他採用了地方文學史的外衣，客觀介紹各派發展，但不提「滿洲國」，也不歌功頌德，在字裡行間以「具有時代性的作品」、「邁向現實文藝」、「向大眾邁進」、「進步的烙印」、「熱情吶喊的理論文字」等隱語，肯定批判性的寫實文學。值得注意的是，他特別為駱駝生在《關東報》提出的文壇建設論記下其貢獻：

> 《關東報》的「明日」可與「文藝週刊」並稱的優秀刊物，前後發表了駱駝生的〈我們的需要〉和〈給篤志文藝者〉一篇充滿熱情吶喊的理論文字，因之激起了多方的同情與反應，於是文壇建設的呼聲也日高一日了。同年夏季，奉天有《民聲晚報》的成立，不久有「文學七日刊」在該報誕生，編者為趙孟園氏。該刊好似偏重於理論及批評，對創作除有阿雷一篇〈逃荒者〉外，很少刊登，執筆者有之君、駱駝生、黃曼秋等人，多是活躍於滿洲上的作家們。[48]

駱駝生主要創作為詩和評論，當時的文學史論，極少論列現代詩，這是除了秋螢之外，極少數從論爭的脈絡，提起駱駝生是「滿洲活躍作家」的文獻。

　　駱駝生的文壇建設論，對後續其與戰友秋螢、山丁等人形成的普羅文學史觀有密切關聯，可惜〈我們的需要〉等兩篇論述已經無存。所幸，駱駝生在滿洲文壇建設論爭中的角

---

[46] 山丁，〈漫談我們的文學〉，轉引自大內隆雄，《滿洲文學二十年》，收錄於劉曉麗編，《偽滿時期文學資料整理與研究──研究卷‧滿洲文學二十年》，頁 198。

[47] 衣雲，本名張慶吉(1919-?)，遼寧鐵嶺人，1936 年開始文學創作。作品曾發表於《大同報》副刊、《興亞月刊》、《青年文化》等。1939 年後以筆名木人、牧音，在《康德新聞》副刊與《泰東日報》副刊，發表一些攻擊時弊的雜文。參見，陳玉堂編著，《中國近現代人物名號大辭典》（杭州：浙江古籍出版社，1993），頁 441。劉慧娟編著，《東北淪陷時期文學史料》（長春：吉林人民出版社，2008），頁 92。

[48] 衣雲，〈文壇十年印象記〉，《泰東日報》4，1942.3.17。

色與主張，大久保明男也有一番闡述。他指出：駱駝生率先於 1934 年主張作家要團結起來，有組織有計畫地去從事文學運動，引發島魂、渡沙、老命等人在《滿洲報‧曉潮》加以反駁，他們認為駱駝生忽略了高壓的社會現實。駱駝生則在 1935 年《民聲晚報‧文學七日刊》連載〈滿洲文壇建設芻議〉，正式提出以普羅文學建設文壇的主張，爾後積極介紹日本普羅文學的動向和東京左聯的消息，譯介了德永直〈1934 年活動的普羅派新進日本作家〉等日本動態，也介紹祖國詩人雷石榆的詩集《砂漠之歌》。但澄浮等人仍認為不宜強把普羅文學移植到滿洲文壇，對此駱駝生發表了〈寄滿洲文學朋友〉，說明討論將給我們的文壇帶來生機，便未再堅持己見，文壇建設論爭至此告一段落。[49]至於駱駝生發起的這場論爭帶來的良性影響，則有劉恆興深細地闡述：左右翼作家透過論爭的對話，逐漸發掘文學、主體與社會關係的思考途徑，並對文壇遭受政治重壓的不良發展，以及未來可預見的艱苦逐漸有所共識。[50]

　　透過與歐陽博、王秋螢、山丁、衣雲的比較，駱駝生史論的現實關懷與實踐目的更加清楚，整體而言具有幾個特點：

　　1、「滿洲」而非「滿洲國」的本土時空觀：滿洲在〈小史〉中被視為一個地理範疇與文化區域的主體，文學史論的基礎。述史時間不唯始於 1932 年「滿洲國」殖民政權之成立，更上溯到 1917 年八不主義、五四運動、五卅運動的影響階段。

　　2、文學本位的分期法：將「東北易幟」（1928 年 12 月）、偽滿建立（1932 年 3 月）、偽滿改行帝制（1934 年 1 月）、中日事變（1937 年 7 月）等歷史變局置於次要，以文學事件為主要的分期原則。採用 1925 年 5 月五卅運動、1928 年 10《關外》創刊、1932 年 3 月「滿洲國」成立、1934 年 11 月蕭軍、蕭紅出走、1937 年 3 月《明明》創刊等時間斷點，彰顯滿洲新文學對外吸收借鑑、左傾、到達高峰、左翼作家流亡、作家轉向或寄生、文學納入統制等軌跡。

　　3、滿洲作家本位的視角：不採納「非」滿洲本土族群的文學，在此範疇下，概括哈爾濱、長春、奉天、大連各地區的作家作品及文藝思潮，觀察他們各自主張、特色、中國新文學運動的吸收、蘇聯文藝的譯介，以及內外流動、跨域競合，造成的相互吸納與延異變容。

　　4、無產階級藝術觀：以社會主義寫實的普羅文學為典範，從下層結構的變化，進行文壇健全程度的檢視與作品優劣的分析；與此同時，兼容素樸寫實和鄉土文藝等尚在發展中，或迫於時勢向右偽裝或寄生右翼雜誌的作品。對左翼文學的定義，包括普羅文學、社會主義寫實、新的寫實主義等光譜或代稱。

[49] 大久保明男，〈駱駝生的文學夢──一個留日學生的文學活動與「滿洲國」文壇〉，頁 28-31。
[50] 劉恆興，〈文學、主體與社會：「滿洲國」文壇建設論爭的起源與發展（1935-1936）〉，《文與哲》30(2017.06)，頁 129-175。

5、滿洲作家使命論：以比較觀點，呼籲作家勿踏上日本左翼文壇崩壞覆轍，勿以為朝鮮、臺灣作家登上東京文壇的作法持續可行。以文學史論述，鼓吹滿洲作家從過去認清現在和未來，團結起來建設「我們的文壇」。詳細描述滿洲文壇中的普羅文學創作脈絡和理論建構，並將它放置到各派文學力量消長的背景中去說明，希望作家延續和深化社會主義寫實文藝在幾次文藝爭論中的位置與訴求，持續發展「滿洲特色的普羅文學」。

6、滿洲新文學建設論：主張滿洲文壇的建設必須採用左翼路線，創作左翼文學和理論就是建設滿洲文壇。重視文藝的健全發展，抵抗政治干涉與意識形態教化，提防文化商業與作家籠絡，批判國策派、國幣派（接受官方金援者）、追求高稿費的投機者。認為滿洲新文學至 1940 年仍未成熟，且在通俗雜誌、御用雜誌的夾殺下缺乏轉機，戰爭導致之文藝統制更加深日本殖民地普羅文學的困境。

五、我們需要什麼樣的文學：
駱駝生的抗日詩歌〈鐵的紀律，鐵的洪流〉

駱駝生創作的高峰期，在 1934 年到 1937 年間。值得注意的是，他在〈小史〉和〈概論〉裡，對自己在東京從事的文藝活動一律不談。事實上，他抵達東京之後，就在東京的中國小型左翼報刊上發表，寄生於東京文壇的中國作家圈裡。1935 年，誠如大久保明男的研究，他密切參與中國左聯東京支部活動，透過東京支部認識了中國各地作家，也與日本、臺灣的作家交流。[51]

1935 年，他嘗試以東京的滿洲留學生為中心，連結滿洲本土作家，組織「漠北文學青年會」。根據丙丁的回憶，青年會的籌組緣於一次與「祖國兄弟姊妹」的交流。[52]當時在奉天的秋螢，則在兩年後利用文學史料整理的名義，很技巧地把 1935 年 11 月他參與發起的青年會決議公開宣傳了一番。他提到工作方向包括：「闡明在我們漠北文壇上，文學是將怎樣進展，和向什麼方向進展」等，工作計畫則有六點：第一、接受文學遺產；第二、介紹和翻譯文學；第三、虔誠於創作；第四、嚴正於批判；第五、注重指導的理論文學；第六、尊重責任心，不准任意更換筆名。[53]

最後，青年會雖未成立，但成員卻持續朝上述方向實踐。在文學史書寫方面，已如前述。在譯介中國文學方面，駱駝生翻譯出身廣東的雷石榆的詩集《砂漠之歌》，內容傳達日本窮人和弱勢群體的現實情況，抒發被踐踏的祖國現況和詩人的抵抗生活。在譯介臺灣

---

[51] 大久保明男〈「滿洲國」留日學生的文學活動——以駱駝生為中心〉，頁 349-378。
[52] 丙丁，〈憶駱駝生〉，《東北文學研究史料》3（1986.09），頁 148。
[53] 秋螢，〈滿洲新文學運動的發展〉，《新青年》58，頁 54。

文學方面，翻譯呂赫若榮登《文學評論》1935 年新年號的小說〈牛車〉，並寄回《滿洲報》加以介紹。[54]

劉恆興以「滿洲文壇建設論爭」為中心的考察，發掘了駱駝生兩個不為人知的筆名——沉默、老邁，從中發現更多他的論述文章，同時指出他使用東北方言翻譯的精心考量——為東北文壇的建設引入臺灣文學作借鑑。他指出：「仲公撰對於呂赫若書寫殖民社會現代化問題所使用自然白描的筆法，有較深理解，也較能掌握作品中面對現代化分工和階級分化所造成時代與社會壓迫，乃至由此浮現的社會改革思想。」[55]他認為：駱駝生使用東北方言進行翻譯，比後來的胡風譯本，更接近原作精神，對後續滿洲文藝理念的發生與提倡也確實發生了影響。在臺灣寫實主義小說的啟示下，大連文壇的主流風格出現變化：「以『不言自明』自然主義筆法彰顯對社會現實的批判，取代原有『任其自然』的風格」。[56]前者指普羅文學中的現實主義、報告文學，或迫於時勢向右偽裝或寄生右翼雜誌的作品；後者指通俗的、講古式的平淺紀實。

1935 年抵達東京後，持續寄稿回滿洲的駱駝生，更靈活地把握了「不言自明」的形式和偽裝，積極寄生於東京文壇的跨國普羅作家提攜網絡之中。他與中國左聯支部合作，與臺灣作家交流，使不同政體下的殖民地青年在帝國中心開啟橫向連繫，也使他在日本文壇的譯介下，再次接觸到他仰慕的蕭軍、蕭紅等東北流亡作家的作品與文藝動態。最重要的是，他試圖將在東京看到的殖民地文學和中、日左翼文學，透過組織「漠北文學青年會」的跨境組織，或中日普羅文學作品的翻譯，移植到東北本土。

在駱駝生的隱喻式修辭裡，對社會議題的白描、不言自明的自然主義，就是普羅文學被禁壓時期的轉換策略——報告文學。筆者推測，駱駝生曾兩度撰文提出「我們的需要」。第一篇〈我們底需要〉，1934 年發表於《關東報·明日》，已佚；但該文的倡議促成了 1935 年 11 月駱駝生、秋螢、洗園、山丁等人發起「漠北文學青年會」，會旨之一就是：「闡明在我們漠北文壇上，文學是將怎樣進展，和什麼方向進展！」[57]第二篇〈我們需要什麼樣的文學〉，1937 年從東京寄稿到《新青年》，因使用化名「孫瀛」而不為人知。[58]

〈我們需要什麼樣的文學〉是一篇 2,500 字左右的短篇評論，重點如下：

> 我們青年打算做一個青年，是需要文學的，尤其是需要新文學。什麼是新文學——反映現實的文學便是新文學。我們底時代是什麼時代？大戰爆發的前夜。歐洲在戰

---

[54] 呂赫若著，沉默（仲公撰）譯，〈牛車〉，《滿洲報·北風》，10 版，1935.4.23-1935.7.9 連載。

[55] 劉恆興，〈〈牛車〉在「滿洲國」——論呂赫若小說的首次譯介與大連文壇〉，《台灣文學研究學報》27（2018.10），頁 39-82。

[56] 同前註，頁 74。

[57] 秋螢，〈滿洲新文學運動的發展〉，《新青年》60（1937.08），頁 32。

[58] 孫瀛，經查全國期刊索引、愛如生中國近代報刊庫、CADAL、抗日戰爭與近代中日關係文獻資料平臺等等多種報刊資料庫，未見其他發表，可知為一次性的筆名。筆者推測，駱駝生他使用了相似篇名、「身在東瀛」的筆名、「1937 年 6 月 24 日，東京」等暗語，對東北境內的讀者暗示自己身份。

爭底旋渦中，那是一種什麼戰爭？是法西斯蒂我們和共產主義的鬥爭。歐戰影響又直接地支配我們全國（滿洲國）三千萬民眾。我們大眾是過著戰爭影響下的生活。這便是我們底社會，我們底社會是博鬥的，競爭的社會！現實主義的文學能給大眾以意識生活的支持力！我們需要闡明大眾生活底真相的文學，我們需要指導大眾生活的文學！我們所需要的文學是大眾文學，大眾文學最適合於時代、社會的表現工具，要首推報告文學。報告文學在我們滿洲國，還沒有成為文學底中心問題。寫作大眾報告文學應注意：1、須選擇富有刺激性的題材；2、須通俗化、普遍化。低級趣味、卑劣意識，在大眾文學（現實主義文學）是最排斥的，最忌諱的。[59]

　　孫瀛喊出：我們需要新文學、需要闡明大眾生活底真相的文學、需要指導大眾生活的文學、需要大眾文學、需要報告文學，這些主張與駱駝生的文學史論相輔相成，和漠北文學青年會的目標相符，歸納起來不外乎一個需要——我們需要以普羅文學建設滿洲文壇。〈我們需要什麼樣的文學〉顯示，駱駝生到 1937 年 7 月之前，仍寄稿回大連、奉天；並且，重唱 1934 年與洗園等人在滿洲文壇建設論中公開呼籲的主張，援用日本普羅文壇崩壞後的轉換戰略，以「報告文學」等口號延續「滿洲普羅文學」的提倡。

　　根據白春燕的研究，左翼系譜的「報告文學」主張出現於 1930 年代的日本，是為了因應「滿洲事變」之後治安維持法激化、普羅文化運動遭鎮壓、作家入獄被迫「轉向」、合法活動不再可能的背景。1935 年 5 月德永直在《普羅文學》雜誌自我批判過去對於大眾文學戰線的支持，宣稱此後應當採用「報告文學」等新的形式，進而與貴司山治提倡利用傳統說書、通俗小說、歷史小說等形式之「實錄文學」進行多次論爭。德永直的報告文學堅持唯物論的現實主義，亦即社會主義現實主義，他的主張影響了同時期的日本殖民地和中國作家。1935 年下半年，《文學案內》為了讓朝鮮、中國、臺灣的人民感受到日本內地人的親近感，鼓勵作家共同參與日本文學的建設，在 1935 年 10 月號設置了「新的報告」專欄，邀請朝鮮的張赫宙、中國的雷石榆、臺灣的楊逵介紹各地文學現況，此後楊逵也在臺灣提倡「報告文學」。[60]筆者推測，1935 年 4 月開始在東京工業大學就讀的駱駝生，正是在日本文藝大眾化論爭下受到啟發，以翻譯最新登上日本文壇的臺灣小說為其中一個行動，呼籲東北作家籌組社團，加入這個以「報告文學」為契機帶起的，左翼文壇的國際主義戰線連結。

　　駱駝生所譯〈牛車〉的發表與〈我們的需要〉及青年會的宣言同年。他在東京與東京左聯支部相遇，乃至對臺灣文學〈牛車〉的閱讀，使殖民地青年在帝國中心（「一宇」內

---

[59] 孫瀛，〈我們需要什麼樣的文學〉，《新青年》58，頁 43-45。

[60] 白春燕，《普羅文學理論轉換期的驍將楊逵：1930 年代台日普羅文學思潮之越境交流》（台北：秀威經典，2015），頁 42-51、92。

部）完成橫向連接。駱駝生試圖將東京看到的殖民地壓迫與左翼文化抵抗經驗內化，成為東北作家的戰略。

　　駱駝生漢譯的詩集《砂漠之歌》內容分兩類：日本窮人和弱勢群體，以及被踐踏的祖國和詩人自身寫照。詩歌〈明日〉雖然發表於《詩歌》第 1 卷第 2 期（1935 年 6 月之後），但寫作於 1934 年春的大連，改定於 1935 年春的東京。駱駝生將該詩添在漢譯詩集《砂漠之歌》的序後形成互文。〈明日〉展示了對戰勝《砂漠之歌》中所表達的黑暗的信心和樂觀。其創作的時間對應〈我們的需要〉及青年會的宣言發表的年份，改定的時間在 1935 年 4 月 20 日，正在〈滿洲文壇建設芻議〉連載剛剛開始之時。此時詩人在帝國中心完成了殖民地左翼連接，認為找到了師法的對象，對「滿洲」文壇的建設改造抱有極樂觀的期望。[61]

　　伴隨滿洲文壇建設的展開，駱駝生發表了對新井徹〈遊就館〉一詩的翻譯。[62]遊就館為靖國神社內的戰爭博物館，該詩具有鮮明的反戰反軍國主義立場。駱駝生試圖聯合與援奧日本左翼文化力量，以譯詩形式完成對日本殖民和帝國秩序的內在批判，並向華語受眾暴露日本帝國內部的階級裂痕與權力縫隙，以形成鼓舞。這與前詩〈明日〉形成了一種對比和策應。

　　綜合這些譯作和詩歌可見，駱駝生站在東亞國際視野的角度，批判「日滿同盟」的「準戰時社會」對滿洲民眾造成的壓迫，並說明在這樣的現實下「新文學能有什麼功能和價值」，「滿洲社會為什麼需要這種普羅文學的路線？」那麼，他又如何用創作去落實——揭示真相、指導大眾生活、支撐大眾的反帝意識呢？我們可以從筆者發掘的以下這首，他投稿到上海的詩歌〈鐵的紀律，鐵的洪流〉（參見附錄一）略加了解。

　　1936 年 5 月 30 日，五卅慘案紀念日，駱駝生寫下〈鐵的紀律，鐵的洪流〉。這首詩在同年 10 月 25 日，被刊載在上海的《東方文藝》雜誌。〈鐵的紀律，鐵的洪流〉用敘事詩的形式，揭露日軍在東北農村的屠村暴行，在白描法的基調上，利用對話體，表現關東軍、滿洲國軍隊、義勇軍、村民等不同利害群體。透過底層人民與外來殖民者權力不平等或無法達成的對話，形成立體交叉的批判力道，以及一幅暴力美學的殘酷史證。

　　詩中描繪滿洲國的翻譯官帶著「友邦」的軍隊（關東軍），聲稱「保護」村民，對付被稱為「土匪」、「胡子」的義勇軍及其探子，沿義勇軍走過的村落屯駐掃蕩。夜裡，大軍將牲畜糧食劫掠烹煮，村民與狗只能瑟縮在屋裡任其飽嚼；天明，大軍喝令所有村民集合，無預警地執行日軍與官兵的可怕「勾當」——屠殺村民，以人頭充數，充當圍剿不到的東北抗日義勇軍。農民被集合於雪地，悉數被槍殺，軟綿綿有如一條條羔羊。這種掃蕩，從西村到南莊，由南莊到北村，所過之地盡無生機。終於來到北村，村民聽到官兵將到，認

[61] 駱駝生，〈明日〉，《詩歌》1.2（1935.06），頁 5-6。
[62] 新井徹作，駱駝生譯，〈遊就館〉，《詩歌》1.3（1935.08），頁 6-7。

為抵抗是唯一的出路，決定與義勇軍作手足弟兄，並將主降者當場槍殺。最後，全村成為死守的義勇軍，以「鐵的紀律」形成「鐵的洪流」，誓死與日軍和滿洲國軍抗爭到底。

〈鐵的紀律，鐵的洪流〉援引不少東北方言和口語入詩，地方色彩濃烈，如「你瞅瞅我，我瞅瞅你」、「俺怕」、「柳子」（小偷）、「老母豬砲」[63]等詞彙充滿濃鬱的東北風，東北人的風韻神采，形神兼備。「雪，是一片白，月亮也凍碎了」[64]既是時間的補白，也與後文的「黑龍江」、「高粱」（按，高梁）、「義勇軍」[65]及遍綴全詩的東北方言口語，共同指向了事件爆發的地理空間，成為在全面抗戰前作為抗戰先鋒的東北的地理指涉。凍碎的月亮「一半還殘留在碧藍的天心／一半早碎成了無數的流星」，以象徵的筆法表達出「九一八」後東北民眾的流亡離散，亦是「中國」山河破碎與詩人心境的喻寫。

東北義勇軍，是滿洲淪陷初期，以部分東北軍、警察大隊、收編的胡匪、農民的祕密會社、知識分子和青年學生，自發組成的抗日武裝力量。1935 年據「共產國際七大」提出的「反法西斯統一戰線」，中共八一宣言相應提出抗日民族統一戰線。為加強抗日武裝力量間協調，1936 年 2 月中國共產黨滿洲省委員會依共產國際指令，將抗日義勇軍陸續改組為東北抗日聯軍（「抗聯」、「東北抗聯」），抗日武裝力量獲得壯大。關東軍憲兵司令部為此採取「治安肅正」政策，於 1936 年 4 月 10 日發佈《滿洲國治安肅正計畫大綱》，希望三年內「領導日滿憲警擔任治安肅正工作，以期徹底肅清、鎮壓在滿共產黨」[66]，其第一年度「肅正」計畫開展尤烈，主要針對「國境地區」、「國防及工業重要地」、鐵路沿線、縣城和主要城市附近兩天路程之地區、「匪化地區及可壓縮匪團的遊擊區」、省、縣城附近地區，以被視作重點的濱江、吉林、間島、三江地區。[67]

正如日官所言：該政策針對的所謂「匪團」，「莫如稱作反日軍更恰當」。[68]實際上日偽軍警「肅正」對象不只限於「匪團」義勇軍，對平民也大施淫威，進行慘無人道地屠殺迫害。在該政策下，日偽先後開展了對東邊道地區武力鎮壓、奉撫地區軍事圍剿和平頂山慘案，以及針對東北全境的「一齊討伐」。如 1935 年到 1936 年 3 月實行「冬季肅正」期間，再次圍剿共殺抗日人員 5,999 人，打傷 5,431 人。[69]〈鐵的紀律，鐵的洪流〉創作於 1936 年 5 月 30 日，所記錄的正是 1935 年到 1936 年 3 月實行的「冬季肅正」期間，及緊隨其後的 1936 年 4 月「治安肅正計畫」啟動後，軍警對東北民眾所犯的歷史暴行。

---

[63] 駱駝生，〈鐵的紀律，鐵的洪流〉，《東方文藝（上海）》2.1（1936.10），頁 89-92。

[64] 同前註。

[65] 同前註。

[66] 中央檔案館、中國第二歷史檔案館、吉林省社會科學院編，《東北「大討伐」》（北京：中華書局，1991），頁 207。

[67] 同前註，頁 209。

[68] 滿洲国史編纂刊行会，《滿洲国史》各論（東京：滿蒙同胞援護会，1971），頁 301。

[69] 姜念東、伊文成、解學詩、呂元明、張輔麟，《偽滿洲國史》（長春：吉林人民出版社，1980），頁 197-200。

　　駱駝生在留學日本以後，主要的發表場域以中國左翼作家聯盟東京支部的刊物為主，以中文詩歌和**翻譯**為主。《東方文藝》為上海東方文藝社發行的左翼文學月刊，該刊提倡文藝的大眾化、通俗化，刊載了大量揭露社會黑暗的文學作品，如王亞平的詩《沙丘》，王任叔的小說《陰沉的天》，柯靈的散文《狗難》等。同時，介紹世界名作家及其作品、報告世界新文藝思潮、提高創作水準為主旨（第 1 卷第 4 期《編後記》），曾譯載世界著名作家的作品，如托爾斯泰的《幼年》，普希金的《獻給西伯利亞的囚徒們》，以及高爾基、法捷耶夫、羅曼・羅蘭、巴比塞等人的作品。第 1 卷第 2 期闢有「普式庚特輯」，第 4 期闢有「追悼高爾基特輯」。為該刊撰稿的大多是左翼作家，張香山等人撰寫了多篇文章介紹蘇聯的新現實主義文學、農民文學以及日本的左翼文藝運動，為中國新文學的發展提供借鑑。[70]〈鐵的紀律，鐵的洪流〉則以「冬季肅正」的經驗，提供中國讀者真實案例。

　　1931 年蘇聯小說《鐵流》經曹靖華翻譯出版，與魯迅所譯小說《毀滅》一起引起極大反響。[71]《鐵流》描述蘇俄內戰中庫班流域紅軍撤退後，白軍屠殺當地民眾；歷經血的教訓，民眾克服苦難粉碎重圍，在跋涉中覺醒，最後如「鐵流」奔湧衝破封鎖，終於與主力紅軍會師。〈鐵的紀律，鐵的洪流〉從標題到內容，均與小說《鐵流》形成左翼文藝話語的呼應。兩個作品間充滿文本間性（Intertextuality），詩歌記錄了東北民眾在關東軍和「滿洲國」的「治安肅正」大掃蕩中進行屠村，周邊村落的居民在血的教訓中投奔抗日義勇軍／抗聯，走上武裝鬥爭之路。

　　軟弱善良的村民如同羔羊被屠戮，是被逼走向反抗之路的原因，也是對比，昭示出唯有抵抗才有出路。駱駝生藉此詩揭示——滿洲語境下被汙名的「匪」的抵抗性本質與意義。隨著詩人在滿洲文壇建設爭論的失意、日本對滿洲和華北殖民、侵略腳步的加劇，以及中國國內抗日輿論升高，可以感受到詩人的情緒越來越憤怒，世界性的普羅文學視野和滿洲革命前夜的景觀，也越來越鮮明。

---

[70] 以上根據徐錦鈞的研究，他還指出：《東方文藝》，1936 年 3 月 25 日創刊，同年 10 月 25 日第 2 卷第 1 期終刊，共出版 7 期，侯楓任編輯兼發行人。郭沫若曾在該刊發表對國防文學的看法和一些短篇小說，主要撰稿人還有鄭伯奇、穆木天、丘東平、蒲風、張天翼、楊騷、周而複、柳倩、安娥等。參見，徐錦鈞，〈東方文藝〉，收於馬良春、李福田編，《中國文學大辭典》3（天津：天津人民出版社，1991），頁 1359。

[71] 《毀滅》作者為蘇聯作家法捷耶夫，講述了蘇俄內戰爭中遠東地區遊擊隊的故事。刊載〈鐵的紀律，鐵的洪流〉的該期《東方文藝》上刊有法捷耶夫另一篇描寫遠東的作品〈地震：一篇關於遠東生活變革的蘇聯短篇故事〉。〈鐵的紀律，鐵的洪流〉與〈地震：一篇關於遠東生活變革的蘇聯短篇故事〉發於同刊，易使人聯想到魯迅以三閒書屋名義於 1931 年印行的《鐵流》與《毀滅》兩書，進一步令人產生詩歌與小說《鐵流》關係的聯想。

六、結論

　　駱駝生為實踐「滿洲文壇建設」的理想，1933 年參與冷霧社論戰，1934 年提出滿洲文壇建設論，又在 1935 年赴東京後參與籌組「漠北文學青年會」，在旅日中國人作家或「滿洲國」留學生中，一直活躍到中日事變前。戰雲湧動，滿洲的殖民統治逐漸酷烈，反帝反戰的地下鬥爭也日益激化。駱駝生投稿在上海的詩歌，以不言自明的方式宣揚——面對殖民者屠刀，唯有武裝鬥爭奮起反抗一途的主題。東北作家群抗戰期間在上海、北京的創作，帶動全國性的抗日救亡文學。駱駝生的詩歌直白尖銳，利用東京或租界城市稍為寬鬆的輿論空間，在國際性的反法西斯運動的創作網絡中發聲。出身旅順的詩人，在東京寫下詩歌，越境發表在上海；或在東京翻譯日本的普羅文學，寄稿回滿洲國本土；這和他在東京寫下的文學史論同樣，是一種見證，一種流亡，也是一種寄生和繼續前進，有如飛地，有如櫥窗，是本土延伸的喉舌，發出更激烈的吶喊。

　　駱駝生在〈小史〉的結論，呼籲滿洲文壇勿重蹈日本文壇轉向的歧途，他和他的普羅作家朋友們，嘗試了各種抵抗文藝的戰略。通過比較分析，我們得知駱駝生、歐陽博、秋螢、山丁、衣雲的共通點，都是以史為器，繼承文學遺產；以史代論，發揮理論和批評的功能；以史為路，指導文壇前進方向。所不同的是，駱駝生所撰寫的滿洲新文學運動史，就是滿洲普羅文學運動史。他是在不自由的情況下，仍以境外書寫的空間戰略，與隱喻修辭和匿名寫作，高唱滿洲普羅文壇建設的喇叭手。普羅文學是滿洲新文學主潮，是他的一貫主張，即使在最惡劣的情況，他也已洞察並接納——滿洲文藝不惜寄生右翼刊物，無懼流徙關內的作法，只要滿洲的新文學能夠支持滿洲民眾的抗日意識，能擴散「滿洲國真相」的傳播。

　　駱駝生，民族別不詳。他的出生地——老鐵山，是旅順口區日俄戰爭戰場之一。當地幾個重點史蹟，至今仍是著名景點。位於老鐵山西南角的老鐵山燈塔，曾在甲午戰爭和日俄戰爭時期，先後被日軍接管。老鐵山市區東北方的水營師會見所，原是一處民宅，風起雲湧中成為日俄戰爭停戰協議的簽署所。[72]此外，還有一座孤立的奇巖——臥駝礁。老鐵山岬磯濱上的這塊礁石，如大漠上一隻遺落了時空的駱駝，脫隊在被歷史紋身的燈塔下方，海湧呼號狂捲澎湃之處。筆者推測位於黃海、渤海分界線的駱駝礁，就是駱駝生筆名的由來，象徵著他對出生地的認同，以及中日甲午戰爭和日俄戰爭在其身心上的銘刻；也與他的其餘筆名「沉默」、「老邁」所寄寓的無聲奉獻、奮蹄不休、迎難而上的駱駝品格相疊合；更與其在 1935 年籌組的「漠北文學青年會」的漠北意象遙相呼應。他推崇《跋涉》，

---

[72] 木之內誠、平石淑子、大久保明男、橋本雄一，《大連・旅順歷史ガイドマップ》(東京：大修館書店，2019)。

翻譯《砂漠之歌》，在滿洲與東京之間促進文藝交流，「沙漠」逐漸延伸其現實批判意味的意象指涉。被馴養的駱駝常被用於長途運輸，具有堅忍不拔、默默奉獻的品質，映照了滿洲作家精神與肉體的跋涉，寄寓駱駝生與同時代左翼作家運輸新文學、普羅文學、世界文學，在東亞組織反帝反戰文藝隊伍的夢想。飄零於帝國統治下的滿洲荒野，在法西斯主義盛行期奔走，沙漠之舟寄生蒼溟，頗有以「盜火的普羅米修斯」自詡的意味。駱駝生半現半隱的歌聲與足跡，湧盪了同時代左翼作家的心情，他們「異口同聲」的文學史，是為故鄉東北輸送進步思潮、推進左翼文學、進行文化抗爭的暗夜進行曲。

　　駱駝生具有鮮明的滿洲本位意識，但是在嚴格意義上，他的滿洲新文學論等同於滿洲地域漢族或漢語新文學，與當時多數論者同樣沒有意識到「滿洲」地域內的跨族與跨語視角。這一方面固然是作者的經驗和能力所限，使其關於滿洲地域和滿洲新文學的歷史論述，必然呈現出我族中心主義（Ethnocentrism），忽略東北多元的民族文學發展的進程與差異，造成另一種本質化和霸權的問題。這不能不說遺憾地削弱了他左翼文學主張的基進力量及其道德合法性，但這是當時東北作家普遍的視野，在嚴酷的外部殖民情境下有些苛責了。畢竟滿洲本位與我族中心的契合，在面對日本殖民主義時不失為一種有效的文化抗爭策略。

附錄一：駱駝生〈鐵的紀律，鐵的洪流〉[73]

「友邦底指導官，要和大家講話；
你們都要集合在村西頭兒的空地裏！
快！快快地！」
這是一個翻譯官來傳的大令，
滿村的老小，都謊了神，
都抱著一顆噗咚噗咚的心，你瞅瞅我，我瞅瞅你，都怔著眼睛。
小三說：「爸爸，俺怕！」
英子說：「媽，洋鬼子硬割嘴！」
老人說：「悄悄地！小孩子知道些什麼！？」
王五說：「他媽的，八成是搜查柳子。」
李三說：「柳子，昨天晚上早跑了！」

雪，是一片白，月亮也凍碎了──
一半還殘留在碧藍的天心
一半早碎成了無數的流星。
穩約斷續的鎗聲，也漸漸地沈入了寂靜。
一個大浪打過了船身，平靜裏又爆發了雷霆！
突然襲來了大隊的人馬，好像海嘯，山崩！
狗是給鎖在深黑的屋子裏，
小孩子縮成一團，不敢作聲！
東天雖然變成了魚肚白，但是聽不到雞鳴，
忽然大門口外，傳來了砰砰的敲門聲，
哦！原來還一對剿匪的官兵──
「媽的，老子們是來保護你們，
雜種！還不趕快起來歡迎？！
若不然，院裏一定藏著胡子，
大隊開來一齊要你們底狗命！」

---

[73] 駱駝生，〈鐵的紀律，鐵的洪流〉，《東方文藝（上海）》2.1（1936.10），頁 89-92。

碗裏盛的是母鷄，公鷄早已殺光，
一槽一槽的肥豬，肉大兵把昨夜的死友全忘。
奧田大隊長，啃著厚嘴唇兒，
喝了一口繙譯官捧過來的高粱，
高橋參謀官，瞇著小眼睛說短論長，
談著昨夜裏的激戰一場，
胡子都脫逃了，一個也沒有陣亡，
我們又犧牲了多少，胡子是多麼猖狂！
畜生們，真是神出鬼沒
到底兒，是藏在了什麼地方。
繙譯官，故意地先放了一個冷笑，
他就指著那周圍的民房，說：
「提起鎗來就是胡子，放下來就裝善良。」
參謀官，點了點頭，大家俯耳商量；
一串串的外國話，誰知道是說什麼勾當？！

這兒便是村西頭兒的一個空場，
雪地上的老小，誰個敢嚷！
太陽射到雪上，閃著耀眼的金光，
在周圍的刺刀上，挑著人們底希望！
一絲絲的希望，一絲絲的渺茫！
為什麼候了很久，不見什麼隊長？
當著現在，他又有什麼話要講？
哦！講話又為什麼抬來了機關鎗？
各個小隊長的眼裏，燃燒著貪婪的賊光！
一顆顆的心靈，由戰慄又變成了硬疆！
死神底黑翼，在頭上拍開了翅膀！
突然爆長〔按，炮仗〕似的鎗笑，炸彈似地呼娘！
一群野獸，狂嘯著奔下山崗，
黑龍江底洪流，捲起了巨浪！
啊！銀色的雪地上，鋪滿了軟條條的羔羊；
點點的殷仁，抱著雪，消失了人們底希望！

消息馬上傳到了北村，王家莊，
退下來的義勇軍，給他們帶來了恐慌：
昨兒早上洗空了西村，今兒早上又是南莊，
官兵和「友軍」，馬上又會開到這一方；
全村底男人們，又聚在一處商量。
義勇軍，雖然屯扎在東首的山崗，
但是，他們知道官兵決不敢攻上；
友軍只能找到村民代替，
因為他們不敢不服從官長。
王老伯說：「只要我們早些迎接……
張之叔說：「只怕我們招待得不周
趙玉修說：「我們若肯領著他們去打胡子的時候……
周大畏說：「去吧！打什麼胡子？
　　　　　　他們說我們就是胡子，
　　　　　　洗了我們就是剿好了胡子……
趙老六說：「對了，橫豎我們是一個死，
　　　　　　我們幹什麼，他媽的，還費心思！
　　　　　　王老伯家裏還有十桿抬鎗，
　　　　　　張之叔家裏還有五支老母豬砲，
　　　　　　趙大叔家裏到也有……
趙玉修搶著說：「那可使不得！」激鎗令……
兵！周大畏底眼一瞪，結果了趙玉修底命，
馬上站了起來，握著手鎗，挺著胸—
「文〔按，父〕老弟兄們，不要還發糊塗了！
害了我們的，決不是義勇軍！
他們是我們底弟兄，我們底朋友！」
一群小夥子，齊聲喊道：
「我們是他們底足，他們是我們底手！」
「官兵麼？我們兩下裏，也沒有恨與仇！
我們要殺死的，只是官長與走狗！」
一群小夥子，又齊聲和道：
「我們要殺的，只是官長與走狗！」
「我們要安排好了步哨，豫備堅守，
「他們露了腦袋，我們就瞄準了他們底頭！

「小夥子們，各去站好各底部署已經到了時候，
「記住！鐵的紀律，鐵的洪流！」
呼聲將漲破了全村──
「記住！鐵的紀律，鐵的洪流！」

　　　　　　　　　　　　　　　　　一九三六，五，三〇。

主要參引文獻

一、中文

（一）、專書

大內隆雄著，高靜譯，《滿洲文學二十年》，哈爾濱，北方文藝出版社，2017。

大久保明男，《偽滿洲國的漢語作家和漢語文學》，哈爾濱，北方文藝出版社，2017。

木之內誠、平石淑子、大久保明男、橋本雄一，《大連・旅順歷史ガイドマップ》，東京，大修館書店，2019。

中央檔案館、中國第二歷史檔案館、吉林省社會科學院編，《東北「大討伐」》，北京，中華書局，1991。

白春燕，《普羅文學理論轉換期的驍將楊逵：1930 年代台日普羅文學思潮之越境交流》，臺北，秀威經典，2015 年。

姜念東、伊文成、解學詩、呂元明、張輔麟，《偽滿洲國史》，長春，吉林人民出版社，1980。

馬良春、李福田主編，《中國文學大辭典》3，天津，天津人民出版社，1991。

孫中田、逄增玉、黃萬華、劉愛華，《鐐銬下的繆斯──東北淪陷區文學史綱》，長春，吉林大學出版社，1999 年。

陳玉堂編著，《中國近現代人物名號大辭典》，杭州，浙江古籍出版社，1993。

馮為群、王建中、李春燕、李樹權編，《東北淪陷時期文學國際學術研討會論文集》，瀋陽，瀋陽出版社，1992。

滿洲国史編纂刊行会，《滿洲国史》各論，東京，滿蒙同胞援護会，1971。

劉慧娟編著，《東北淪陷時期文學史料》，長春，吉林人民出版社，2008。

劉曉麗，《異態時空中的精神世界：偽滿洲國文學研究》，上海，華東師範大學出版社，2008。

劉春英、吳佩軍、馮雅編著，《偽滿洲國文藝大事記》（上），哈爾濱，北方文藝出版社，2017，

（二）、專書論文

大久保明男，〈「滿洲國」留日學生的文學活動：以駱駝生為中心〉，王惠珍編，《戰鼓聲中的歌者：龍瑛宗及其同時代東亞作家論文集》，新竹，國立清華大學臺灣文學研究所，2011，頁 349-378。

柳書琴，青木沙弥香譯，〈文化徵用と戰時の良心：地方文化論、台湾文化復興と臺北帝大文政学部の教授たち〉，《帝国主義と文学》，東京，研文出版社，2010，頁 314-338。

劉曉麗，〈反殖文學・抗日文學・解殖文學──以偽滿洲國文壇為例〉，《現代中國文化與文學》17，成都，巴蜀書社，2015 年，頁 298-319。

（三）、期刊論文

大久保明男，〈「滿洲国」の留日学生駱駝生と東京左連〉，《中国東北文化研究の広場》2（2009.03），頁 137-156。

大久保明男，〈「滿洲国」の留日学生仲同升のこと──「満洲プロレタリヤ運動史概論」について〉，《植民地文化研究》9（2010.07），頁 85-90。

丙丁，〈憶駱駝生〉，《東北文學研究史料》3（1986.09），頁 148-153。

仲同升，〈満洲プロレタリヤ文学運動史概論〉，《植民地文化研究》9（2010.07），頁 157-164。

周婉窈，〈歷史的統合與建構日本帝國圈內臺灣、朝鮮和滿洲的「國史」教育〉，《臺灣史研究》10.1（2003.06），頁 33-84。

秋螢，〈滿洲新文學運動的發展〉，《新青年》58（1937.07），頁 46-56。

秋螢，〈滿洲新文學運動的發展〉，《新青年》60（1937.08），頁 29-35。

孫瀛（駱駝生）〈我們需要什麼樣的文學〉，《新青年》58（1937.07），頁 43-45。

新井徹作，駱駝生譯，〈遊就館〉，《詩歌》1.3（1935.08），頁 6-7。

趙志強，〈滿洲族稱源自部落名稱：基於《滿文原檔》的考察〉，《清史研究》119（2020.05），頁 17-24。

劉恆興，〈文學、主體與社會：「滿洲國」文壇建設論爭的起源與發展（1935-1936）〉，《文與哲》30（2017.06），頁 129-175。

劉恆興，〈〈牛車〉在「滿洲國」──論呂赫若小說的首次譯介與大連文壇〉，《臺灣文學研究學報》27（2018.10），頁 39-82。

駱駝生，〈明日〉，《詩歌》1.2（1935.06），頁 5-6。

駱駝生，〈滿洲新文學運動小史簡評（中）〉，《遠東貿易月報》4.1（1941.01），頁 45-46。

駱駝生，〈滿洲新文學運動小史簡評（下）〉，《遠東貿易月報》4.2（1941.02），頁 44-45。

駱駝生，〈鐵的紀律，鐵的洪流〉，《東方文藝》2.1（1936.10），頁 89-92。

（四）、報紙‧網路

山丁，〈漫談我們的文學 1-3〉，《盛京時報》41-43，1942.1.1-1942.1.14。

仲同升（駱駝生），〈満洲プロレタリヤ文学運動史概論〉，《思想月報》，1942.7。

衣雲，〈文壇十年印象記〉，《泰東日報》4-6，1942.3.10-4.3。

呂赫若著，沉默（仲公撰）譯，〈牛車〉，《滿洲報‧北風》10 版，1935.4.23-1935.7.9 連載。

〈遠東貿易月報〉，「全國報刊索引」資料庫，https://reurl.cc/954qbj，瀏覽日期：2021.10.8。

「アジア歴史資料センター」資料庫，https://www.jacar.go.jp/，瀏覽日期：2021.10.8。

《泰東日報》，https://reurl.cc/emXNML，瀏覽日期：2021.10.7。

中國現代文學　第四十期
2021 年 12 月 73-92 頁

「北方化為烏有」之後
——論雙雪濤、班宇的東北敘事[*]

梁海[**]

摘要

　　雙雪濤和班宇的東北敘事，以共同體內部視角，去審視在社會轉型中，國企工人群體及其文化被時代遺棄後，每一個個體在重構他們身份認同中的遭遇，還有他們尋找情感和歸屬的意願，被尊重的渴望以及自我實現的需求。在他們的文本中，講述者絕大多數都採用第一人稱，以「子一代」的身份講述父輩或自己的故事，回眸那些頹敗廠區的斑斑鏽跡，竭力勾勒出現實的底板，卻又不同於傳統現實主義的筆法，他們的敘事總是會在情節的反轉、人物的架構中隱藏著哲學的悖論，讓我們在那些掙扎於生存底線的下崗工人身上，感受到現實生活的沉重，以及人們面對這種沉重爆發出來的心理和精神的「炸裂」。由此，讓我們思考，當「北方化為烏有」之後，我們是否還有必要去挖掘埋藏在蹺蹺板下那些無名者的名字？如果有，我們又應當以怎樣的方式去記憶去書寫？

關鍵詞：雙雪濤、班宇、東北敘事、身份認同

---

[*]　本文系國家社科基金「文化記憶視域下新世紀文學的東北敘事研究」（21BZW154）階段性研究成果。
[**]　大連理工大學人文與社會科學學部教授，遼寧省作家協會特聘評論家。

After "The North Disappeared"
——On Northeast Narratives by Shuang Xuetao and Ban Yu

Hai Liang[***]

Abstract

Shuang Xuetao and Ban Yu's Northeast narratives intentionally adopt a perspective from the within, a shared community of the state-owned enterprise workers who were forsaken by the times, yet exert painstaking efforts to reconstruct their identity, to seek meaning and belonging, and to long for respect and self-realization during the great transformation of (post)industrial society. In Shuang and Ban's literary texts, the typical and retrospective first person narratives showcase the identity of "the son generation" who tells the stories of their parents or themselves, look back at the rust on those obsolete factories, and outlines the bottom lines of the hostile reality. Unlike the traditional realist writing, Shuang and Ban's works always hide philosophical paradoxes behind the reversal of the plot and the structure of the characterization. That allows us to see through the laid-off workers struggling to survive the heavy burdens of life and to confront both psychological and spiritual "explosion" from the within. Thus, it causes us to think: whether it is necessary for us to reveal the names of those unknown workers buried under seesaws after "the North disappeared"? If the answer is yes, in which way should we remember and articulate?

Key words: Shuang Xuetao, Ban Yu, Northeast Narrative, Identity

---

[***] Hai Liang, Professor, Faculty of Humanities and Social Sciences, Dalian University of Technology.

一、前言

　　近年來，雙雪濤、班宇、鄭執等三位東北作家的文學創作，格外引人注目。儘管他們開始文學創作的時間不同，路徑不同，但他們是以群體形象受到關注的。的確，三位作家有著諸多的相近之處。一方面，他們年齡相仿，都出生於 1980 年代中期，都是瀋陽人，鐵西區的「鏽化地帶」深深烙印在他們的童年記憶裡，也成為他們「搶眼」的文學起跑線。雙雪濤《平原上的摩西》、班宇《冬泳》、鄭執《生吞》等這些奠定他們在文學界地位的作品，都是以鐵西區為背景的東北敘事。另一方面，他們的創作手法不約而同地呈現出一定的相似度，比如懸疑敘事，比如「子一代」的敘述視角，比如現實主義底色與先鋒敘事的雜糅，等等。他們被冠之以「新東北作家群」[1]、「鐵西三劍客」[2] 等不同稱謂，他們的作品在《收穫》發表，斬獲諸多文學獎項。《當代作家評論》、《創作與評論》等學術期刊還組織評論，專門探討雙雪濤的文學創作。同時，他們的影響並非小眾，他們有著較為廣大的讀者群，《刺殺小說家》（雙雪濤）、《我在時間盡頭等你》（鄭執）、《逍遙游》（班宇）都被改編成電影，部分還在賀歲檔上映。可以說，他們在短時間內集中爆發的令人炫目的東北敘事，構成了一個文學事件。

　　在文學式微的今天，這個文學事件的出現是值得我們深度思考的。王德威、孟繁華、張學昕等著名學者，以及黃平、叢治辰、劉岩等 80 後青年批評家都關注到了這一文學現象，並從不同角度做了評述。孟繁華是最早關注雙雪濤文學創作的批評家之一。2014 年他在《西湖》雜誌發表〈從容冷峻的敘事，超驗無常的人生——評雙雪濤的短篇小說〈大師〉和〈長眠〉〉，從當下「80 後」作家群的創作趨勢談起，指出雙雪濤的小說具有「感傷主義情調」和「對超驗無常事物的想像能力」。[3] 王德威從東北地域視角切入，對雙雪濤的短篇小說集《平原上的摩西》做了深入探討，指出「《平原上的摩西》關乎的不只是東北工人生存境遇的問題，而更是東北人信仰和危機的問題。」[4] 這種立足於東北敘事的地域研究視角，在「80 後」學者黃平、劉岩等人那裡得到了充分展開。劉岩從具體問題出發，以雙雪濤《平原上的摩西》為例，探討了懸疑敘事為何成為近年講述當代中國老工業

1　黃平在〈「新東北作家群」論綱〉（《吉林大學社會科學學報》1（2020.01），頁 174-182。）一文中提出「新東北作家群」這一概念。「新東北作家群」概指雙雪濤、班宇、鄭執等一批近年來出現的東北青年作家，稱之為「群」，在於他們分享著近似的主題與風格。

2　2019 年 10 月 24 日《人民日報》發表題為〈曾經的東北作家群，如今的「鐵西三劍客」——他們，在同一文學時空相逢〉的文章，指出「近幾年，雙雪濤、班宇、鄭執 3 位 80 後作家不約而同的出現，把『鐵西』變成了一種獨特的文學題材。『鐵西三劍客』的出現代表著新東北作家群的再次崛起。」

3　孟繁華，〈從容冷峻的敘事，超驗無常的人生——評雙雪濤的短篇小說〈大師〉和〈長眠〉〉，《西湖》8（2014.08），頁 106。

4　王德威，〈豔粉街啟示錄——雙雪濤〈平原上的摩西〉〉，《文藝爭鳴》7（2019.07），頁 36。

區的主要敘事形式問題。[5]黃平更是以「激進」的姿態，發表了《「新東北作家群」論綱》，率先提出了「新東北作家群」的概念，指出「如果說 20 世紀 30 年代『東北作家群』回應的主題是『抗戰』，那麼當下『新東北作家群』回應的主題是『下崗』。『新東北作家群』所體現的東北文藝不是地方文藝，而是隱藏在地方性懷舊中的普遍的工人階級的鄉愁。」[6]當然，這一概念提出也遭遇了一些質疑的聲音。比如叢治辰就明確表達對「新東北作家群」這一概念不同看法。[7]同時，他在〈父親：作為一種文學裝置──理解雙雪濤、班宇、鄭執的一種角度〉一文中，提出了從「東北」之外，研究三位作家的思路。[8]叢治辰的觀點得到了張學昕的呼應。張學昕在論及班宇短篇小說指出，「鐵西三劍客」的命名「無疑是繼續沿襲上世紀下半葉『潮流化』地命名作家現象的慣性、套路，是對作家寫作個性化的抹殺。」同時，他認為地域不是研究班宇的唯一視角。「班宇的文本，是『東北敘事』，又不惟『東北敘事』。不妨說，它們所提供給我們是時代整體性的心理、精神和靈魂的苦澀檔案。」[9]

　　在我看來，這些不同的視角，不同的論點，恰恰顯示了學界對這幾位作家的關注。誠然，每一位個體作家的確都有其鮮明的個性，但是，對於一個文學事件的探究，東北敘事或許更易於挖掘這一文學事件背後的深層內涵。所以，本文的研究依然延續對東北敘事的探究，但落腳點在「北方化為烏有」[10]之後，即審視作為「父一輩」的工人階級，在下崗之後，為尋求社會身份認同所經歷的困惑、痛苦、彷徨、淪落，乃至不甘、抗爭與追求，從而進一步揭示共和國長子在時代重大變革中留存的創傷記憶。我認為，身份認同或者身份重構是這些年輕的東北作家創作中極具現實意義的思考。1992 年之後，日常生活和文化的所有結構和內容都被「南巡」喚起的商業化大潮席捲而去，而市場擴張的重要內容表現為非國有化，那些曾經以國家主人翁自居的國有企業工人，忽然淪為了失業的邊緣人，於是，他們對身份這一抽象概念的精神焦慮，必然會引發我們對「承認的政治」的反思。正如學者趙靜蓉所指出的：「到今天為止，身份認同已不單單是個理論概念了，它還象徵了一系列重大的社會事實，以及人類對於未來社會生活的某種願景。」[11]本文將以此作為重點探討的問題。由於鄭執東北敘事中涉及這方面的內容相對較少，本文將以雙雪濤和班宇的小說作為主要研究文本，暫不涉及鄭執的創作。

5　參見劉岩，〈雙雪濤的小說與當代中國老工業區的懸疑敘事──以〈平原上的摩西〉為中心〉，《文藝研究》12（2018.12），頁 15-24。
6　黃平，《「新東北作家群」論綱》，《吉林大學社會科學學報》，頁 176。
7　參見叢治辰，〈何謂「東北」？何種「文藝」？何以「復興」？──雙雪濤、班宇、鄭執與當前審美趣味的複雜結構〉，《中國現代文學研究叢刊》4（2020.04），頁 3-33。
8　參見叢治辰，〈父親：作為一種文學裝置──理解雙雪濤、班宇、鄭執的一種角度〉，《揚子江文學評論》4（2020.07），頁 67-75。
9　張學昕，〈盤錦豹子、冬泳、逍遙游──班宇的短篇小說，兼及「東北文學」〉，《長城》3（2021.05），頁 159-167。
10　《北方化為烏有》系雙雪濤所著短篇小說，刊於《作家》2（2017.03），頁 115-121。在小說中，作者以「北方」喻指行將消散的工人階級有機社群。
11　趙靜蓉，《文化記憶與身份認同》（上海：生活・讀書・新知三聯書店，2015），頁 17。

二、身份認同：對無名者的關注

　　出生於 1980 年代初中期的雙雪濤和班宇，初諳世事便遭遇了東北老工業基地的下崗大潮，巨大的社會變動必然會成為他們童年記憶中最刻骨銘心的部分。況且，作為年輕的寫作者，個體經驗無疑是最好的寫作素材，正如雙雪濤所說：「我只能寫我自己熟悉的生活。」[12]他在回憶那段東北往事時說：「東北人下崗時，東北三省上百萬人下崗，而且都是青壯勞力，是很可怕的。那時搶五塊錢就把人弄死了，這些人找不到地方掙錢，出了很大問題，但這段歷史被遮蔽掉了，很多人不寫。我想，那就我來吧。」[13]班宇也說：「我對工人這一群體非常熟悉，這些形象出自我的父輩，或者他們的朋友。他們的部分青春與改革開放關係密切，所以其命運或許可以成為時代的一種注腳。」[14]由此可以看出，他們東北敘事最重要的一部分講述的就是國企改制那個創傷時刻對下崗工人命運的改寫。

　　實際上，以瀋陽鐵西區為背景的東北敘事並非始自雙雪濤和班宇。近些年來，以東北下崗群體為表達物件的影視作品頻頻出現，張猛《鋼的琴》、刁亦南《白日焰火》、張大磊《八月》等，都講述了發生在「鏽化地帶」的故事，並贏得了海內外各類電影獎項。早在2003 年，王兵執導的紀錄片《鐵西區》，便在長達 9 個小時的時間裡，向我們全方位展示了瀋陽鐵西區。這個曾經是中國歷史上規模最大的重工業區在影片中是沒有美感的：破敗的工廠、淩亂的車間、生銹的機器，骯髒雜亂的貧民窟裡，人們談論著下崗、買斷工齡，以及未來渺茫的出路。東北作為共和國的長子，在中國共產黨建國之後的相當長一段時間裡，以工人階級老大哥的身份，彰顯著工業化想像所帶來的期待國富民強的美好願景。「鐵人王進喜」、「工業學大慶」這些響亮的口號，喊出的是「石油工人一聲吼，地球也要抖三抖」[15]的革命浪漫主義激情和壯志。然而，在改革開放大潮的洗禮下，東北老工業基地明顯沒有跟上時代的步伐，曾經的工人老大哥也由時代英雄淪為社會底層的邊緣人。1990年代，上千萬工人的下崗大潮給東北這片土地染上了一層頹靡的鐵銹色，曾經代表著國家意志的一個階級轟然坍塌了，那種以追求平等為醒目標識的工人階級文化在市場經濟面前，全面退敗。從工廠走出的工人們不再是熟練的車工、電工，而是變成了業餘樂隊的歌手、蹬倒騎驢的車夫、殺豬的屠夫、學校的更夫、小店老闆、混跡於歌廳和麻將館的閒散

---

[12] 趙藝，《「80 後」文學的變局──雙雪濤小說論》（上海：華東師範大學，2019），頁 25。

[13] 許智博，〈雙雪濤：作家的「一」就是一把枯燥的椅子，還是硬的〉，《南都週刊》21-23 版，2017.6.3。

[14] 朱蓉婷，〈班宇：我更願意對小說本質進行一些探尋〉，《南方都市報》A16 版，2019.5.26。

[15] 這是大慶油田鑽井工人王進喜在 1960 年代發出的豪言壯語。1964 年毛澤東接見美國記者愛德加・斯諾時，斯諾問：「對當前反華大合唱，你有什麼要告訴世界的？」毛主席說：「我們先不說什麼。東北新聞的大油田一個鑽井工人說『石油工人一聲吼，地球也要抖三抖。』可不得了，我們一發言，世界就有人受不了。」這句話成為特殊歷史時期中國人的代言。

人員，淪為社會轉型期被拋棄的碎片化、原子化的存在。在這個價值觀發生巨大變化的新時代，令他們痛苦和困惑的，不僅僅是貧困，畢竟工人階級從未獲得過物質上的富足，即使在他們最輝煌的時候亦是如此。然而，在「激情燃燒的歲月」[16]，貧困是他們的政治資本，艱苦奮鬥是他們的倫理準則，相互幫扶是他們賴以抵禦貧困的有效方法。遺憾的是，所有這些工人階級的文化在市場經濟面前變得一文不值。所以，令他們最為痛苦不是貧困，而是工人階級作為一個共同體的瓦解，以及由此導致的身份認同的缺失。在電影《鋼的琴》中，製造鋼琴成為這群碎片化個體重溫舊夢的一種方式，正如導演張猛所說：「陳貴林發起的失落階級的最後一次工作，他們在工作的過程中找到了工作的快樂。」顯然，這種快樂不是來自工作本身，而是因為他們又變成了曾經的工友，獲得自我身份的一次認同。英國學者霍布斯鮑姆說過：「在一個其他所有東西都在運動和變化，其他所有東西都不確定的世界裡，男人和女人們都在尋找他們可以有把握地歸屬於其中的團體。」[17]人作為社會動物，其存在的根本價值便在於確立自我的社會身份，而一旦這種個人所屬的群體階層失落，必然摧毀個體的穩定感、安全感和歸屬感。由此可以看出，上述影片之所以引發了被稱之為「東北文藝復興」浪潮的社會關注，主要的原因就在於，真實再現了下崗工人的生存境遇和精神樣態。這一點，無疑影響了雙雪濤、班宇的東北敘事。雙雪濤曾談到過他的創作受到《白日焰火》的影響[18]。班宇也明確表示自己受到過《鐵西區》的影響。他們的東北敘事以文字的形式呼應了《鐵西區》、《鋼的琴》中的影像，他們同樣是想用自己的文字再現這一段歷史。

在另一層面，雙雪濤和班宇的創作，又與影像中的東北敘事有著很大的不同。王兵《鐵西區》的創作初衷，是要以羅蘭·巴特所說的「零度寫作」方式為我們客觀再現事實，即「寫作，就是使我們的身體在其中銷聲匿跡的中性體。」[19]在此，只有鏡頭下的真實，除了真實，就是冷峻，沒有任何評判，就是要單純地呈現東北老工業基地在 1990 年代那蒼涼的剪影。然而，這種高度真實卻在另一層面，「以孤立封閉的工業生產及其簡單再生產的空間」，塑造了「東北＝老工業區」的認知謬誤。[20]這種認知謬誤極易陷入消費社會景觀化的泥沼，似乎鏽跡斑斑的廠區、凌亂骯髒的豔粉街就是東北城市的全景畫卷。從這一角度上來看，雙雪濤和班宇東北敘事便有了特別的意義。作為東北人講述的東北故事，他們以

16 《激情燃燒的歲月》是 2001 年由康洪雷執導的電視連續劇。主要講述新中國成立初期革命年代，一位軍人對妻子忠貞不渝的愛和激情。作者以此熱播電視劇的片名喻指中國大陸充滿革命浪漫主義激情的 1950 年代。
17 【英】齊格蒙特·鮑曼著，歐陽景根譯，《共同體》（南京：江蘇人民出版社，2003），頁 13。
18 雙雪濤、三色堇，〈寫小說是為了證明自己不庸俗〉，《北京青年報》B05 版，2016.9.22。
19 【法】羅蘭·巴特，〈作者的死亡〉，羅蘭·巴特著，懷宇譯《羅蘭·巴特隨筆選》（天津：百花文藝出版社，2005），頁 294。
20 參見劉岩，〈雙雪濤的小說與當代中國老工業區的懸疑敘事——以〈平原上的摩西〉為中心〉，《文藝研究》12，頁 15-24；劉岩，〈世紀之交的東北經驗、反自動化書寫與一座小說城的崛起——雙雪濤、班宇、鄭執瀋陽敘事綜論〉，《文藝爭鳴》11（2019.11），頁 23。

共同體內部的視角，過濾掉了消費主義時代景觀文化強加在東北工人頭上的集體想像，以「子一代」的親緣目光去審視他們的父輩在國企工人群體面臨瓦解的危機時刻所遭遇的身份困惑和精神危機，寫出了這個曾經的主流群體在被邊緣化之後，對社會身份認同的強烈渴望。為此，他們奮起抗爭，以各種慘烈的方式來宣告人格不可侵犯的尊嚴。每一個個體對身份認同的努力與抗爭，在文本中如同一個個發散性的原點，鉤沉出社會轉型期政治經濟文化的樣貌，提供給我們時代整體性的精神檔案。

雙雪濤的第一篇小說《翅鬼》虛構了一個長著翅膀的異類種族，他們不斷地反抗壓迫，希望有一天能夠自由飛翔，最終用生命換來了自由和尊嚴。文本開篇的第一句便是：「我的名字叫默，這個名字是從蕭朗那買的。」[21]以色列學者阿維夏伊‧瑪格麗特曾指出：「記住她的芳名，不如說依賴於人害怕被遺忘而需要記住名字的事實。」[22]可以說，名字的意義便在於為了證明自身的存在，為了不被遺忘，為了在時間的長河裡最大可能確認自我的意義。在《翅鬼》最初的創作構思中，「雙雪濤在又大又薄的信紙上隨意寫著自己想到的詞語，『井』、『峽谷』、『翅膀』、『宮殿』，但這些詞語並沒有產生有效的靈感啟動，直到一個叫做『名字』的詞語出現」[23]才打開了《翅鬼》的故事靈感。不僅如此，在《翅鬼》的文本中，雙雪濤也是借小說人物之口，反復強調名字的重要性。

> 你有了名字，等你死的那天，墳上就能寫上一個黑色的「默」字。走過路過的就會都知道，這地方埋著一堆骨頭，曾經叫「默」，這骨頭就有了生氣，一般人不敢動它一動，你要是沒有名字，過了不多久你的墳和你的骨頭就能被踩成平地了，你想想吧，就因為沒有名字，你的骨頭就會被人踩碎粘在腳底，你不為現在的你著想，你也得為你以後的骨頭著想。[24]

> 那個我和蕭朗挖的出口，現在長出了一棵梨樹，好大的一棵。我看到那棵樹便想起來蕭朗跟我說的兩句話，一句是：「你有了名字，等你死的那天，墳上就能寫上一個黑色的『默』字。」另一句話是他在修井的苦役最後一天跟我說的，他用狡猾的眼睛看著我，好像一切都已經盤算好了，他說：「再見吧，默。」[25]

文本中的這些文字反復訴說著名字的重要性，名字是證明自身存在的依據，是維繫死後尊嚴的「名片」。記住名字，不是對自身肉體或者靈魂不朽的企盼，而是對消失和被遺忘的恐懼。可以說，《翅鬼》中開篇以名字出場似乎具有了一定的預言性，預示了雙雪濤

---

[21] 雙雪濤，《翅鬼》（桂林：廣西師範大學出版社，2019），頁 5。

[22] 【以】阿維夏伊‧瑪格利特著，賀海仁譯，《記憶的倫理》（北京：清華大學出版社，2015），頁 17。

[23] 趙藝，《「80 後」文學的變局——雙雪濤小說論》，頁 12。

[24] 雙雪濤，《翅鬼》，頁 6。

[25] 同前註，頁 164。

的寫作之路，那就是，為無名者發聲，尋求身份認同，捍衛生命尊嚴。正如他在《翅鬼》的再版序言中所說：「到現在為止，這句話還是我寫過的最得意的開頭，因為它不但使我很快寫完了這部六萬字的小說，也使我寫出了後來的小說，它是我所有小說的開頭。」[26]可以說，對「名字」的思考幾乎成為雙雪濤寫作中一以貫之的敘事策略。其中，《蹺蹺板》是具有代表性的一篇，以懸疑敘事的方式探討了記住名字的倫理。文本依然是第一人稱敘述，「我」女朋友劉一朵的父親劉慶革病重住院，在彌留之際告訴「我」一個驚天秘密：他曾經殺死了工廠的看門人甘沛元，就埋在廠區樓前的蹺蹺板下。劉慶革與甘沛元是發小，作為廠長的劉慶革在工廠改制時，讓甘沛元買斷下崗，由於害怕甘沛元報復，所以殺死了他。這裡有一處值得思考的細節描寫，本來病中的劉慶革已經忘記了發小的名字，經過一番努力的回憶，才在「乾瞪」這一帶有侮辱性的綽號中想起了他的名字。[27]在此，我們或許無法斷定劉慶革的遺忘到底是病理性的，還是心理性的，但是他最終回憶起甘沛元名字的情節，無疑帶有一種隱喻色彩，暗示劉慶革和甘沛元依然存在於一個記憶共同體當中。正因為如此，當「我」發現甘沛元實際上並沒有死，被謀殺的是一個無名工人之際，在情節的巨大反轉中，雙雪濤為我們提供了真相的一種可能：甘沛元這個可有可無的看門人，在機構重組中本該下崗出局，但因為他是劉慶革的發小，便不僅保住了飯碗，還時常受到劉慶革救濟。而代替甘沛元被埋葬在蹺蹺板下的則是一位沒有名字、身份不明的工人。在我看來，這個無名者的屍體或許正是那些被話語遮蔽的歷史記憶的形象隱喻。

　　雙雪濤這種對無名者的關注，對身份認同的渴求，在本質上是對下崗工人群體的一種緬懷和致敬，正如英國學者鮑曼所說，「正是因為共同體瓦解了，身份認同才被創造出來。」[28]雙雪濤將為那些不配擁有名字的人找尋名字和尊嚴，視為自己文學創作的使命。在雙雪濤小說集《飛行家》的封面上赫然寫著「為那些被侮辱被損害的人，為我們人性中珍貴的瞬間，留下一些虛構的記錄。」其實，班宇也是如此。他們在自己的文學世界裡，記錄了那些渴望獲得名字的人們，在「生死場」中的狼奔豕突。他們有的放棄反抗，臣服於自我認同的消解；有的以悲壯的抗爭重構自我身份；有的則選擇了逃離，甚至死亡，以一種決絕的姿態彰顯人性的尊嚴。正是這樣一個個個體建構起了東北老工業基地下崗工人的群體塑像。

26　同前註，頁 2。
27　雙雪濤，《飛行家》（桂林：廣西師範大學出版社，2017），頁 10。
28　【英】齊格蒙特‧鮑曼著，歐陽景根譯，《共同體》，頁 13。

三、悲憫：面對沉淪的一種目光

在我看來，雙雪濤和班宇在講述他們父輩們的故事時，內心一定是複雜的。我們很難一眼就看穿他們敘述的真相。他們竭力勾勒出現實的底板，卻又不同於傳統現實主義的筆法，他們的敘事總是會在情節的反轉、人物的架構中隱藏著哲學的悖論，讓我們在那些掙扎於生存底線的下崗工人身上，感受到現實生活的沉重，以及人們面對這種沉重爆發出來的心理和精神的炸裂。《空中道路》（班宇）中的李承傑是變壓器廠的工人，負責開吊車，他有思想有理想，讀過《日瓦戈醫生》，設想過「開發空中資源，打造三維世界」，建設空中道路，「讓車上的人在空中滑行，半個城市盡收眼底」。[29]這種帶有濃鬱浪漫主義的設想，無疑是彰顯著工人階級鼎盛時期改造世界的激情與力量，同時，也是李承傑個人對自我價值實現的欲望。「我會開吊車，那麼我可以作為一個中轉站的司機，你要去太原街，好，上車吧，給你吊起來，半空劃個弧形，相當平穩，先掄到鐵西廣場，然後我接過來，抓起來這一車的人，打個圈，掄到太原街，十分鐘，空中道路，你看著空無一物，沒有黃白線和信號燈，實際上非常精密、高效，暢通無阻，也不燒油，頂多費點兒電，符合國際發展方向。」[30]李承傑堅信他的設想早晚有一天會在城市上空鋪開。然而，迎接他的並不是「空中道路」，而是他從來未曾料想到工廠的改制。「工廠先是賣給一群人，許多人被裁掉，剩下的需要競聘，重新簽訂用工合同；工廠後來又轉讓給一個人，更多的人失去工作，變得無所事事。」[31]李承傑也被通知下崗，為了生存，只能去為私人老闆安裝鋁合金窗戶，在一次意外之後悄然離世，而他曾經的豪情和理想也永遠被埋葬。在此，班宇讓我們看到，在驚心動魄的社會轉型期，李承傑的悲劇是必然的命運。他那洋溢著浪漫主義情懷的工作理想，是那樣虛無縹緲，是沒有任何現實基礎的憑空臆想，甚至可以說是脫離現實的荒誕規劃，這也從一個側面顯現了李承傑無論是工作規劃、思維方式還是知識結構，都無法適應改革開放和資本全球化邏輯。他註定要為一個時代寫下微不足道的悲劇注腳。

顯然，像李承傑那樣在社會轉型期被時代拋棄的國企工人，已經無法找到構建自我身份的基點，從而只能無奈地放棄生活信念，成為沒有社會身份的邊緣人。同時，工人階級賴以生存的社會結構體系的改制，必然導致支撐這一體系的價值觀念失效，由此形成一個巨大的道德真空地帶，泥沙俱下。班宇〈工人村〉系列便以碎片化的拼貼展現了這塊道德真空地帶上，生計的艱難與無奈，精神與信仰的危機，道德的塌陷，由此共同繪製出工人

---

[29] 班宇，《冬泳》（上海：三聯書店，2018），頁 128-129。
[30] 同前註，頁 128。
[31] 同前註，頁 132。

村社會關係和人文生態的晴雨錶。〈工人村〉由「古董」、「鴛鴦」、「雲泥」、「超度」、「破五」幾個章節構成，故事各自獨立，又由「工人村」這一空間將各章節中的人物網羅到一起，彼此之間有著千絲萬縷的聯繫。在第一篇「古董」中，班宇以頗具黑色幽默筆調，讓我們看到「工人村」的今昔落差。「工人村位於城市的最西方，鐵路和一道佈滿油污的水渠將其與外界隔開。顧名思義，工人聚居之地，村落一般的建築物，上個世紀五十年代開始興建，只幾年間，馬車道變成人行橫道，菜窖變成蘇式三層小樓，倒騎驢變成了有軌電車，一派欣欣向榮之景。」[32]在那個「咱們工人有力量」的時代，工人村講述的是，實現國家工業化的強有力的民族國家敘事。然而，「進入八十年代後，新式住宅鱗次櫛比，工人村逐漸成為落後的典型，獨門獨戶的住宅被認為更接近時代。一門幾戶的工人村舊居，剛入住時相敬如賓，時間長了，矛盾顯現，油鹽水電等不起眼的小事，相互之間也能打得不可開交。更有甚者，父母輩明爭暗鬥時，兒女被卻暗結珠胎，仇恨的種子進一步散播，一筆算不清的糊塗賬。」[33]班宇在今昔對比中，將工人村如今一系列破敗的意象連綴起來，將物理空間的壓抑內化為心理空間的異化。隨著消費主義時代的到來，強調集體主義的工人文化面臨了尷尬的處境，光榮的歷史與現實的落寞形成了巨大的反差，而物質的匱乏更進一步導致了道德的淪喪。在工人村裡開古董店的老孫，下鄉收貨時，被刁蠻的村民軟硬兼施，花 500 元收購了落款為「東溝村第一副食」的陶罐。受騙的老孫並沒有氣餒，而是很快完成了角色轉換，由「受害人」轉變為「施害人」，同樣昧著良心將陶罐推銷給信任自己的老者。不難看出，這種人與人之間的相互欺詐不僅來自生存的壓力，同時，也是市場經濟等價交換原則所引發的拜金主義所致，集體主義時代工人群體內單純的生產關係被金錢關係所取代，為了錢可以不擇手段。正如老孫發出的感慨，「我們也不怕，反正我們也是鬼，紅了眼睛的窮鬼，誰能把誰怎麼的吧。」[34]《鴛鴦》中劉建國和呂秀芬夫婦下崗後，先是推著鐵皮車在街邊賣水餃，後又加入直銷團隊兜售小商品，但兩次創業均以失敗告終。迫於生計，二人在姐夫趙大明的幫助下，開了一家可以提供特殊服務的足療店。趙大明利用自己的員警身份，暗中幫助足療店非法接客，事後卻定期向呂秀芬夫婦索要高昂的保護費。在此，源於血緣與家族的親情早已蕩然無存，人與人之間的關係只剩下赤裸裸的等價交換，甚至是借助於權力資本的壓榨。《超度》中，下崗後當了道士的董四鳳、李德隆夫婦，為古董店老孫家導演了一出造夢的鬧劇。人造的美夢與現實的噩夢相互交織，李德龍做法事所誦的經文表面上看起來極其可笑，荒誕不經：「過去的恩恩和怨怨，前塵往事如雲煙；有些故事還沒講完，那就拉倒吧；那些心情在歲月中，它難辨真和假。」[35]但細細品味，這難道不是李德龍在哀悼自己的命運嗎？班宇以雜糅式的狂歡話語言，營造了

---

[32] 同前註，頁 174。
[33] 同前註，頁 174。
[34] 同前註，頁 182。
[35] 同前註，頁 217。

與現實不和諧的錯位感，由此所有的欺詐、狡黠，甚至卑鄙，都化作這個邊緣化的下崗群體在失去身份之後，以一種沉淪的方式發出的道德雜音，在嘈雜而變異的俗世生活空間裡發酵，生發出卑微無奈的人生。

這些卑微者很容易讓我們聯想到趙本山小品中所塑造的，被視作大眾文化娛樂賣點的狡黠粗俗的東北人形象。但是，雙雪濤、班宇並沒有沿用這種景觀文化的敘事模式。相反，他們以共同體內部成員的目光，打量著他們的父輩，飽含著悲憫和溫情。他們不是糾纏於道德約束力的裂隙，而是更願意以同病相憐的心態看待掙扎在生存困境中的「同類」，報以更多的寬容和理解。《肅殺》（班宇）開篇就寫道：「我爸下崗之後，拿著買斷工齡的錢，買了台二手摩托車拉腳兒。」[36]這輛摩托車是「我爸」維持一家生計的唯一資本。肖樹斌是「我爸」的老乘客，他總是搭乘「我爸」的「摩的」去看瀋陽海獅足球隊的主場比賽。兩人一來二去處得像朋友一樣。同為下崗工人的肖樹斌，夢想著讓兒子成為足球運動員，送兒子去了體校，可行業的潛規則榨幹了他所有的積蓄，「不塞錢就不讓上場」，生活的重擔壓得他喘不過氣。一次，肖樹斌借探望生病的「我媽」的機會，「從褲兜裡掏出皺皺巴巴的五十塊錢」，在「我爸」感動之餘，借走了摩托車，從此一去不復返。幾個月後，「我」和「我爸」終於找到了肖樹斌：

> 肖樹斌在橋底的隧道裡，靠在弧形的一側，頭頂著或明或暗的白光燈，隔著車窗，離我咫尺，他的面目複雜，衣著單薄，叼著煙的嘴不住地哆嗦著，而我爸的那輛摩托車停在一旁。……我相信我和我爸都看見了這一幕，但誰也沒有說話，也沒有回望。[37]

這無疑是一個令人溫暖的結局，使人想到一顆心或許對生活沒有幻想，卻依然善良。那些身處底層為生計奔波的人們，也許沒有什麼高尚的道德，甚至有些卑鄙。面對他們，不同於魯迅的「哀其不幸怒其不爭」，班宇表現出了一種博大的悲憫。班宇說：「悲憫反而是沒有距離感的，憐憫這個詞或許有，但悲憫沒有。悲憫是同情，而非可憐，是我也身處其中，束手無策，而非作壁上觀，絕塵而去。」[38]這種悲憫源自共同體內部成員之間對切膚之痛的感同身受，所以，當文本的最後，肖樹斌站在橋底的隧道，「看見載滿球迷的無軌電車駛過來時，忽然瘋狂地揮舞起手中的旗幟，像是要發起一次衝鋒」。對於肖樹斌而言，他已經喪失了所有的社會身份，唯有足球這種能夠引發榮譽感和歸屬感的大型體育活動，才能讓他重新找到心靈的歸屬。實際上，何止肖樹斌，那些與肖樹斌一樣的下崗工人都將足球場視為一種類似精神圖騰的存在。車上的球迷看見肖樹斌手中瘋狂揮舞的旗幟，

36　同前註，頁 49。
37　同前註，頁 69。
38　丁楊，〈班宇：記憶也是寫作技巧的一部分〉，《中華讀書報》A10 版，2019.7.25。

他們群情激憤，「有人開始輕聲哼唱對歌，開始是一個聲音，後來又有人怪叫著附和，最終變成一場小規模的合唱，如同一場虔誠的禱告：我們的海獅劈波斬浪，我們的海獅奔向前方，所有的瀋陽人都是兄弟姐妹，肩並肩手把手站在你的身邊。」[39]球場代替了工廠，重現了這個群體曾經擁有的熱情、活力和對生活的希望，成為他們確立自我身份的場域，凸顯出那些缺席的、消逝的、被排擠到邊緣的東西，正是這些東西讓他們再一次凝聚成一個群體。於是，在這個群體內，階級情義足以消弭一切道德汙點，留下的只有令人溫暖的悲憫。在此，班宇以「低機位元視角」讓那些為生存而掙扎的卑微者有了接受仰視的尊嚴，一如《大師》（雙雪濤）中的父親，一生都沉浸在棋盤的設計佈局裡，以此來作為印證自我價值的證明。但是，當十年前的對手找上門來比試棋藝的時候，父親卻放棄了本來能贏的棋局。令人體味到「同是天涯淪落人」的同情心和悲憫情懷。[40]小說結局的反轉出人意料，卻也意味深長。或許，雙雪濤背離了基於現實的敘事邏輯，賦予人物理想的色彩，然而，這樣的結局更讓我們感受到俗世人生的溫暖力量。

四、抗爭與逃逸：為了生命的尊嚴

　　雙雪濤、班宇筆下的工人群體，也並非完全都臣服於自我身份的消解，他們中有許多人在被想像中重構自己的身份。這些習慣於生活重壓的人們，始終逆來順受，然而，當外界的壓力超越了他們承受極限，他們也會爆發出驚人的抗爭。《盤錦的豹子》（班宇）中，孫旭庭是新華印刷廠的工人，技術過硬，愛廠如家，妻子臨盆還在廠裡加班工作，是廠先進工作者。憑著愛崗敬業的精神，他組織工友將廠裡買來的偽造德國印刷機組裝起來，忙得沒日沒夜，但功勞簿上寫的卻是廠長的名字。孫旭庭一無所獲，卻並無怨言。由於好說話，在廠裡分房時，從四樓被擠兌到了頂樓，他再一次忍了。但命運並沒有因為他的善良和忍耐而善待他。在一次作業中，他被自己組裝起來的劣質印刷機捲進半條胳膊，因公致殘，無法再做一線工人，只能轉而去做銷售。又由於業績不佳，鋌而走險販賣盜版光碟，最終被工廠開除。為了生存，他用大半生的積蓄，兌了一個彩票站，淪為買彩票的小店主。而此時早已離他而去的妻子，因為做生意虧空，跑回來偷偷將他的房子抵押出去。面對命運對他一次又一次的重拳出擊，孫旭庭一次又一次地忍耐，就像是一粒無足輕重的石子，無論被踢到哪裡，都能夠溫順地重頭再來。但就是這樣一粒沉默的石子，在追債人上門收房的時候，終於將一生的積怨爆發了出來：

---

[39] 班宇，《冬泳》，頁 69-70。

[40] 參見雙雪濤《平原上的摩西》（天津：百花文藝出版社，2016），頁 69-72。

（孫旭庭）吭當一把推開家門，挺著胸腔踏步奔出，整個樓板為之一震，他趿拉著拖鞋，表情兇狠，裸著上身，胳膊和後背上都是黑棕色的火罐印子，濕氣與積寒從中徹底散去，那是小徐師傅的傑作，在逆光裡，那些火罐印子恰如花豹的斑紋，生動、鮮亮並且精純。孫旭東看見自己的父親拎著一把生鏽的菜刀，大喝一聲，進來看啊，我操你媽，然後極為矯健地騰空躍起，……像真正的野獸一般，鼻息粗野，雙目佈滿血跡。[41]

　　文本至此才真正地破題：盤錦豹子。這只「豹子」不僅是因為孫旭庭滿身火罐印子的形似，更是發自這個向來逆來順受的下崗工人的靈魂吶喊。身體上黑棕色的火罐印子，是小徐師傅的愛在他身體上的烙印，也是一種對未來美好生活的期許，正是這種力量給予了他反抗的動力，他要在失去所有的情況下贏得做人的尊嚴。讀到這裡，我們的靈魂也被「盤錦豹子」的吼聲所警醒。孫旭庭一無所有，只剩下身體的軀殼，自然性成為他獲取社會認同的唯一籌碼。所以，最終挽回孫旭庭尊嚴的，不是人的理性，而是「獸性」。或許，只有在最絕望的時刻，人才會將生命中最原始的「獸性」噴薄而出，以「獸性」去維護人性吧，細細想來，這是何等的悲壯，何等的震撼！實際上，早在 2000 多年前，亞裡斯多德就將人定義為一種社會動物，人生活在政治秩序、共同體和集體中，所以，孫旭庭那樣不顧一切的抗爭，在本質上同樣是一種爭取社會歸屬性的行為。然而，這種抗爭的結局註定是悲劇性的，畢竟，一個勢單力薄的個體怎麼可能向整個社會宣戰呢？

　　閱讀〈盤錦豹子〉給予我的是心靈震撼。我深深感受到班宇對現實生活進行文學整合的能力。儘管故事的言說與個體的悲劇結局都是時代轉型這個宏大敘事的話語，但班宇始終貼著人物寫，以細部修辭的爆發力為我們詮釋了人與時代、人與外部環境、人與人、人與自我之間的隱秘聯繫。這一點，我們在《平原上的摩西》（雙雪濤）中得到了回應。雙雪濤以一個懸疑故事的外殼承載了對共同體內一群人命運的思考。文本由莊德增、蔣不凡、李斐、傅東心、莊樹、孫天博、趙小東等幾個人物在不同章節中分別講述，這種「羅生門」式的形式並非是為了偵破一樁離奇的案件，而是從不同人物的視角拼貼出了社會轉型時期東北老工業基地的樣貌，成功凸顯了下崗工人共同體中個人與個人、個人與群體的交互性，比如，莊樹與李斐、李守廉與李斐、傅東心與李守廉、李斐與孫天博等，他們相互給予對方一種與命運抗爭的精神動力。作為文本中的核心人物，李守廉並沒有作為一個敘述者參與講述，但基於他人的目光，我們看到了李守廉身上那種令人敬畏的不屈從於命運的硬漢氣質。沒有逃脫下崗命運的李守廉，「始終在保衛那些淪落到社會底層的下崗工人，從接到下崗通知的當天起，就一而再地反抗欺辱。」[42]在他身上積聚著工人階級努力工作、勤勞樸實、互助合作的文化精神，所以，明知女兒會陷入無法

41　班宇，《冬泳》，頁 44。

42　黃平，〈「新的美學原則在崛起」──以雙雪濤〈平原上的摩西〉為例〉，《揚子江評論》3(2017.06)，頁 15。

上學的困境,他也要借錢給孫育新;明知自己會受到牽連,也要伸出援手去解救傅東心的父親。正是出於正義感,他屢屢將自己陷入暴力事件的中心。然而,他從未萌發犯罪的動機,但命運卻毫不留情地將他捲入殺人案。即便如此,他並未向命運低頭,他以自己認定的正義和善良的方式,保護家人,守護生存的尊嚴。作為唯一一個不是文本敘述者的重要當事人,他的沉默或許正是對處於失聲狀態的工人階級的隱喻。在此,我無法斷定李守廉是否是摩西的化身,背負著帶領族人走出苦難的使命。但是,在李守廉的身上,我們看到,為了生存,人們做出了怎樣本不必要的、偶然的行為和選擇,以此來捍衛個體的尊嚴,煥發出一種悲壯的力量。這種力量如此莊嚴而神聖,一如《出埃及記》傳遞給我們的一樣。

我認為,〈盤錦豹子〉和〈平原上的摩西〉儘管講述了兩個完全不同的故事,但它們的異曲同工之處在於揭示了在舊有的生活秩序幾近崩潰之際,在「新」與「舊」衝突的失序環境竟然意外地提供了展現人自然本性的場域。無論是孫旭庭野性吶喊,還是李守廉主動將自己拋入暴力事件的中心,都是人類在絕境中不顧一切對抗理性最本能的反應,他們以悲壯的方式實踐了個體本身的意義和價值。當然,面對絕境,並不是所有的人都會選擇這樣慘烈的方式。實際上,面對抗爭導致的悲劇,更多的人選擇了出走或者逃避。我認為,出走或逃逸是雙雪濤和班宇的小說中出現頻次非常高的事件,尤其是下崗後的「父一輩」,逃逸似乎成為他們面對生活重壓的生存方式。〈大師〉、〈盤錦豹子〉、〈雙河〉、〈光明堂〉、〈渠潮〉等都寫到母親或父親,離家逃逸。對於這種違背了基本的家庭倫理、親情倫理,以及責任擔當的行為,雙雪濤和班宇並沒有予以尖銳地譴責,而是以悲憫和寬容的情懷寫出這些生活在社會底層的人們,以生存為第一要務的現實倫理。在此,我們再一次感受到「子一代」溫暖的目光。正是在這樣的目光注視下,出走或者逃逸在他們的筆下竟也生出了希望。《飛行家》(雙雪濤)中的李明奇 1980 年代初期在軍工廠工作,製造降落傘,他頭腦靈活,有理想,敢想敢幹。他大膽改進工藝,「我弄的降落傘雖說只是改了一個小部件,但是作用不算小,主要是開傘比過去更快,整體也降了分量,雖說比美國人的沉一點,不過已經接近。沒人敢試。我就自己試了一次。」[43]由此,李明奇也成了廠先進。父親臨終的遺言「做人要做拿破崙,就算賣西瓜,也要做賣西瓜裡的拿破崙」[44]成為他人生的座右銘。正因為如此,儘管時運不濟,李明奇始終都沒有放棄他的理想——製造飛行器。為此,他偷過工廠的零件,借過錢,「失敗之後他又做過好多買賣。搗騰過煤,開過飯店,去雲南販過煙,還給蟻力神養過螞蟻。」[45]這個在一般人眼中無法實現的夢想,成為李明奇一生執著的追求。最終他決定離開羈絆他的現實社會,乘著自己打造的熱氣球,「飛過打著紅旗的紅衛兵,飛過主席像的頭頂,一直往高飛,開始是筆直的,後來開始向著斜上

---

[43] 雙雪濤,《飛行家》,頁 143。
[44] 同前註,頁 149。
[45] 同前註,頁 172。

方飛去，終於消失在夜空裡，什麼也看不見了。」[46]儘管我們不知道李明奇將飛向哪裡，但他以超越的姿態飛出了現實，去迎接他的理想。正像他的妻弟高旭光所說的，「就算李明奇最後失敗了，也沒什麼大不了，人生在世，折騰到死，也算知足。」顯然，李明奇的出走是不滿於現實的一種自我超越，也正是在這樣的超越中實現了對自我身份價值的肯定。實際上，在雙雪濤的很多文本中，我們都能找到李明奇的身影。像〈跛人〉中的劉一朵，〈天吾手記〉中的安歌，還有〈翅鬼〉中那些渴望飛翔和逃離的翅鬼們。儘管他們的旅程一開始就是彷徨無措的，前途也充滿了不確定性，但劉一朵描繪的去「世界上最大的廣場上放風箏」[47]，或許正是那些在生活重壓下的人們最浪漫的理想，也是他們心中的超越現實之地，寄託著他們對人生美好的期許。

如果說，雙雪濤東北敘事中的出走表達的是一種浪漫主義情懷，是人們對自我身份價值認同的積極探尋；那麼，班宇筆下的出走則更多的是面對生存境遇無奈的逃逸，在絕望中透出沉重的虛無感。《逍遙遊》講述的是一個身患絕症的女孩與朋友一起出遊的故事，儘管是一次極其短暫的旅行，但隱含著女孩逃離現實生活的渴望。主人公徐玲玲身患重病，每週要去醫院透析兩次，為此，母親不僅賣了房子為她治病，而且因為過度憂患，竟先她而去。徐玲玲無奈之下只能投奔已經離婚的父親，她明白自己是父親的累贅，為了排遣心中的苦悶，實際上也是出於對現實的逃避，徐玲玲決定在有限的生命中，與譚娜、趙東陽兩個好友相伴，一起去一趟秦皇島看看大海。但是，這三個被時代拋棄的年輕人的旅行並不美好，自然美景讓徐玲玲感受到的不是對美好生活的留戀，而是對重返現實的恐懼。譚娜和趙東陽夜晚的偷歡，更加劇了她視自己為他人負擔的自卑心理。所以，在孟姜女廟門口販賣手工剪紙的那位長相普通，穿著落伍的巧女，在她眼中竟是如此浪漫，似乎馬上要飛升起來。「她滿身的紅色紙屑，輕盈、細碎，紛紛揚揚地落了下來。我們繼續往廟外走，她到門口就停下來，抬頭看天，像是剛剛破繭而出，抖落軀殼，還不知要飛去什麼地方。」[48]然而，在現實生活中，又有哪裡可以逃逸呢？在文本的最後，徐玲玲的處境依然是令人絕望的，最終被吞沒在悄無聲息的黑暗中。或許，活著本身就是沉重，所謂「逍遙遊」實在是對現實的一種反諷。

與《逍遙遊》相比，《冬泳》中的逃逸似乎更加沉重。主人公「我」是新華電器廠的工人，為人仗義，卻常依靠暴力解決問題，以暴力的釋放挽回自我認同的挫敗感。「我」身形矮小，「穿鞋勉強一米六五」[49]，受教育程度、工作條件、經濟收入都遜於常人；「我」的女友隋菲離異且喪失了生育能力。顯然，以世俗的標準，他們兩人都不是理想的婚戀對象。兩人之間也談不上一見鍾情，只是類似抱團取暖，搭夥作伴。但即使如此，他們竟在

---

[46] 同前註，頁 176。
[47] 雙雪濤，《平原上的摩西》，頁 111。
[48] 班宇，《逍遙遊》（瀋陽：春風文藝出版社，2020），頁 127。
[49] 班宇，《冬泳》，頁 77。

偶然事件的影響下遭遇了無法預料的悲劇。這一方面是因為「我」因情緒失控打死了來討要生活費的隋菲前夫，而且，更為可怖的是，「我」發現「我」在一年前因為下棋引發爭執，導致隋菲的父親溺水身亡。兩樁命案讓「我」無法承受內心的壓力，最終選擇以自殺的方式逃避悲劇命運。表面上看，這場人生悲劇似乎是命運偶然的安排，但實際上其中潛藏著必然性，借用《間距》（雙雪濤）中那個自由寫作者瘋馬的話就是「表面是個錯誤，內在是一種必然」。[50]實際上，這也是班宇和雙雪濤共同的寫作策略，他們不是對現實生活進行臨摹，而是將現實的複雜性糅合為一種非日常的、虛幻的情境，言說著某種象徵的寓意。由此，通過生活的真實與神秘的力量共同傳遞出一種精神的隱痛，讓我們感受到，工人群體在失去組織保障後，暴力成為自我保護的重要手段，但暴力反抗的最終結局往往是無可避免的悲劇。在文本中，「我」以死亡結束了暴力的迴圈，也讓生命在死亡的對立面被賦予了應有的尊嚴。文本的最後，「我」的靈魂掙脫了肉體，死亡在那一刻獲得了無限的詩意：

> 我赤裸著身體，浮出水面，望向來路，並沒有看見隋菲和她的女兒，雲層稀薄，天空貧乏而黯淡，我一路走回去，沒有看見樹、灰燼、火光和星系，岸上除我之外，再無他人，風將一切吹散，甚至在那些燃燒過的地面上，也找不到任何痕跡，不過這也不要緊，我想，像是一場午後的散步，我往前走一走，再走一走，只要我們都在岸邊，總會再次相見。[51]

海德格爾曾說：「死人的不再在世卻還是一種存在，其意義是照面的身體物還現成存在」，[52]可以說，死亡創造了生命的意義，肉體的逃逸換取了靈魂的尊嚴。在雙雪濤和班宇的許多文本中，人物的死亡並不意味著故事的結局，故事恰恰是在一個個生命的輪回中講述著生活無限的可能性。

五、結論

我們看到，雙雪濤和班宇的東北敘事都將個體生命作為他們的書寫對象。雙雪濤曾在一篇題為〈冬天的骨頭〉的演講中提到，他只想寫一個人和一個人的命運，而班宇則是渴望書寫「人在歷史中的巨大隱喻」。[53]當然，每一個個體都不是一個關於抽象的「人」的概

50　雙雪濤，《飛行家》，頁 102。
51　班宇，《冬泳》，頁 108。
52　【德】馬丁・海德格爾著，陳嘉映等譯，《存在與時間》（上海：生活・讀書・新知三聯書店，2014），頁274。
53　曾璐，〈班宇：小說要勇於嘗試，抵達語言和事物的最深處〉，《羊城晚報》A12 版，2019.4.15。

念，他們都深陷於一個時代的社會生活中。有時候，個人就是一個時代的濃縮。雙雪濤、班宇正是在一個個下崗工人身上，去審視在社會轉型中，國企工人群體及其文化被時代遺棄後，每一個個體在重構他們身份認同中的遭際，還有他們尋找情感和歸屬的意願，被尊重的渴望以及自我實現的需求。由此，讓我們思考，當「北方化為烏有」之後，我們是否還有必要去挖掘埋藏在蹺蹺板下那些無名者的名字？如果有，我們又應當以怎樣的方式去記憶去書寫？我想，這是雙雪濤和班宇東北敘事最具現實意義的地方。

主要參引文獻

一、中文

（一）、專書

羅蘭・巴特著，懷宇譯《羅蘭・巴特隨筆選》，天津，百花文藝出版社，2005。
班宇，《冬泳》，上海，三聯書店，2018。
班宇，《逍遙遊》，瀋陽，春風文藝出版社，2020。
馬丁・海德格爾著，陳嘉映等譯，《存在與時間》，上海，生活・讀書・新知三聯書店，2014。
阿維夏伊・瑪格利特著，賀海仁譯，《記憶的倫理》，北京，清華大學出版社，2015。
趙靜蓉，《文化記憶與身份認同》，上海，生活・讀書・新知三聯書店，2015。
齊格蒙特・鮑曼著，歐陽景根譯，《共同體》，南京，江蘇人民出版社，2003。
雙雪濤，《飛行家》，桂林，廣西師範大學出版社，2017。
雙雪濤，《平原上的摩西》，天津，百花文藝出版社，2017。
雙雪濤，《翅鬼》，桂林，廣西師範大學出版社，2019。

（二）、期刊論文

王德威，〈豔粉街啟示錄──雙雪濤〈平原上的摩西〉〉，《文藝爭鳴》7（2019.07），頁 35-39。
孟繁華，〈從容冷峻的敘事，超驗無常的人生──評雙雪濤的短篇小說〈大師〉和〈長眠〉〉，《西湖》8（2014.08），頁 22-23。
黃平，〈「新東北作家群」論綱〉，《吉林大學社會科學學報》1（2020.01），頁 174-182。
黃平，〈「新的美學原則在崛起」──以雙雪濤〈平原上的摩西為例〉〉，《揚子江評論》3（2017.06），頁 12-18。
張學昕，〈盤錦豹子、冬泳、逍遙游──班宇的短篇小說，兼及「東北文學」〉，《長城》3（2021.05），頁 159-167。
劉岩，〈雙雪濤的小說與當代中國老工業區的懸疑敘事──以〈平原上的摩西〉為中心〉，《文藝研究》12（2018.12），頁 15-24。

劉岩，〈世紀之交的東北經驗、反自動化書寫與一座小說城的崛起——雙雪濤、班宇、鄭執瀋陽敘事綜論〉，《文藝爭鳴》11（2019.11），頁 22-31。

叢治辰，〈何謂「東北」？何種「文藝」？何以「復興」？——雙雪濤、班宇、鄭執與當前審美趣味的複雜結構〉，《中國現代文學研究叢刊》4（2020.04），頁 3-33。

叢治辰，〈父親：作為一種文學裝置——理解雙雪濤、班宇、鄭執的一種角度〉，《揚子江文學評論》4（2020.07），頁 67-75。

中國現代文學　第四十期
2021 年 12 月 93-108 頁

父之名：論鄭執小說

黃平*

摘要

　　論文梳理了近年來書寫東北的代表作家之一鄭執 2007 年至今的創作歷程，分析鄭執的寫作如何從「青春文學」轉向「東北書寫」，並將「青春文學」和「東北書寫」理解為「80 後」一代先後繼起的兩種寫作範式，討論二者的轉換所深刻折射出的時代的變化。在此基礎上，論文提出對於「東北書寫」應有兩種分析框架：社會分析與精神分析。論文最後一節，借助精神分析理論解讀鄭執的代表作〈仙症〉。細讀〈仙症〉中的人物如何討論象徵秩序的能指鏈條，並最終展現出對於東北的精神治療及其不可能。東北最後的尊嚴，是拒絕被「治癒」。

關鍵詞：鄭執、東北、〈仙症〉、精神分析

---

*　黃平，華東師範大學中國語言文學系教授。

"The Name of the Father" (Nom-du-Père): Understanding Zheng Zhi's Writing

Ping Huang[**]

Abstract

The article considers Zheng Zhi (1987-), one of the representative writers focusing on Northeast China, and examines Zheng's creative writing from 2007 to the present in terms of his significant and symptomatic shift from "The Youth Literature" to "The Northeast Writing." The author understands "The Youth Literature" and "The Northeast Writing" as two successive paradigms for the generation born in the 1980s, and illustrates the great transformation reflected by the shift between the two methods of literary imagination. In so doing, this paper proposes two analytical frameworks for the study of "The Northeast Writing": social analysis and psychoanalysis. The last section of the article scrutinizes Zheng Zhi's "Hedgehog" (Xianzheng 仙症), his award-winning short story, from the perspective of mental syndromes and psychoanalytic theory. It teases out the characters' entanglements with the signifier chain of the symbolic order, as well as the spiritual treatment of The Northeast and its impossibility. The last dignity of The Northeast is the refusal to be "cured."

Key words: Zheng Zhi, Northeast China, "Hedgehog", syndrome, psychoanalysis

[**]　Ping Huang, Professor, Department of Chinese Language and Literature, East China Normal University

一　鄭執的寫作前史

在雙雪濤（1983-）、班宇（1986-）、鄭執（1987-）這一批「新東北作家群」作家中，鄭執常常被認為是最晚開始寫作的。這大致是基於〈平原上的摩西〉（《收穫》2015 年第 2 期）、〈逍遙遊〉（《收穫》2018 年第 4 期）、〈仙症〉（2018 年「鯉・匿名作家計畫」首獎）這三部代表作的發表順序，也是基於大家關注到的鄭執的作品量，〈仙症〉獲獎之前鄭執從未在文學期刊上發表過作品。然而這一印象並不準確，忽略了鄭執在寫於 2018 年下半年的〈仙症〉之前十多年的寫作前史。如果一定要考證登上文壇的時間，鄭執是最早的一位。他之前的寫作，以及之後的變化，症候性地顯示出「80 後」文學從青春文學以來的轉變。「80 後」一代作家中，鄭執非常典型地折射出文學史的運行軌跡。

鄭執第一部出版的作品是長篇小說《浮》，由作家出版社在 2007 年 9 月出版，該書在出版之前曾以〈我們是不是很無聊〉為題發表於搜狐的私人頻道，在當年獲得 360 萬的點擊率，引發關注。據鄭執在該書自序中介紹，小說開始創作於高三下半年（2005 年春），完成於 2007 年夏天。長期關注「80 後」文學的白燁先生為該書作序，將其視為「80 後」一代和青春寫作「最為耀眼的一顆新星」[1]。鄭執當時的寫作，確實帶著明顯的青春文學的風格：「《浮》這本書承載著我人生的前半段青春，一段朝氣蓬勃、彷徨無奈、稍縱即逝的衝動歲月，一抹鮮豔又摻雜了暗淡的混亂時光」[2]。《浮》和當時韓寒那一脈絡的青春文學很相似：以高中校園生活為故事，從一個才華橫溢、驕傲叛逆的少年視角出發，以俏皮而充滿譏諷的文字，講述不羈的青春與應試教育體制的衝突。[3]鄭執就此在自序中直言不諱：「我的確是個離經叛道的人，我離的是四書五經，叛的是歪門邪道……《浮》這本書也是一本離經叛道的書，離的是一本正經，叛的是微不足道。」[4]。

「離經叛道」的青春文學，在韓寒時代曾經很成功。我們都知道韓寒出自首屆「新概念作文大賽」，而「新概念作文大賽」之所以出現的一個重要背景，就是 1997 年的「語文教育大討論」。在世紀之交，對教育體制展開冷嘲熱諷，其實很難說是「叛逆」，至少就「青春文學」來說是代表性的潮流之一。當時鄭執的出版方，似乎有意打造第二個韓寒，在鄭執第二部小說《別去那個鎮》（2010 年）的腰封上，直接使用「可超韓寒」，這樣的宣傳，

1　白燁，〈「拔青」時節的真切寫照〉，《浮》，（北京：作家出版社，2007），頁 1。
2　同前註，頁 5。
3　鄭執自己將《浮》概括為：「《浮》講述的故事是關於一個聰明又自大、善良又倔強、個性鮮明又才華橫溢的少年在一所聲名顯赫、紀律嚴明、思想和教育體制頑固的名校中自己跟自己的戰爭」。參見鄭執，〈自序〉，《浮》，（北京：作家出版社，2007），頁 6。
4　同前註，頁 5-6。

當時的媒體報導也將鄭執與韓寒作為比較。[5]但問題在於，在《浮》等作品問世的時段，韓寒這一脈絡的青春文學在發生明顯的變化，韓寒以其 2008 年前後的雜文寫作為代表，有效地徵用自媒體（新浪博客）以及自由化、市場化媒體的力量，將寫作從青春、校園、教育轉向社會批判。在青春文學轉型的時刻，鄭執的寫作未逢其時，他出色的文學才華，並沒有產生太大的影響。他在 2007 年出版《浮》到 2017 年出版《生吞》之前，儘管陸續出版《別去那個鎮》（2010）、《我只在乎你》（2013）、《從此學會隱藏悲傷》（2015，雜文集）、《我在時間盡頭等你》（2016），但影響未及預期，銷量也不如人意。

　　在上述作品中，值得注意的是《我只在乎你》，這部長篇出現了兩個重要的元素：「父親」和「東北」。小說以瀋陽為背景，穿插交代了蘇敬鋼與蘇涼父子兩代人的命運。叢治辰對此有過分析：「鄭執的《我只在乎你》將這樣一種意圖結構呈現得尤為明顯，他直接採用了雙線敘事，讓『父親』與『兒子』的青春相互交疊，彼此印證：同樣桀驁不馴意氣風發，又同樣遭到世界的痛擊。不同的時代為這些男人提供的壓抑或有不同，但是壓抑本身卻並無二致，正是在同樣遭受壓抑的境遇中，『兒子』理解了『父親』。」[6]不過，《我只在乎你》的敘述，依然帶有青春文學的痕跡，整體上還是一個青春文學式的東北故事。

　　《我只在乎你》已然預示著鄭執未來寫作的轉型，這一轉型的直接起因，來自鄭執家庭的變故。在《我只在乎你》後記中，鄭執談道：「這本書是獻給我父親的，他去世據此書出版時日，剛好三年整。三年中，發生過很多事，令我整個人改變巨大」。[7]2009 年初鄭執的父親去世，當時鄭執在香港浸會大學社工系讀大三，他選擇休學一年回到瀋陽老家陪伴母親。他在〈還可以遊啊〉一文中回憶過當時的境況：「因家境大變，一年後再次回到香港，驚覺自己已負擔不起當時較為昂貴的學雜費用，寫作賺到的那一點錢僅夠維持基本開銷。為免母親憂心，我選擇自食其力，但非常反勵志的現實是，我根本無力自食：想打工，香港政府不允許留學生打工，抓到就遣返；想創業，沒商業頭腦，試做過小生意，把手頭最後那點錢也賠光。」[8]

　　在父親去世之前，鄭執有著恣意而閃耀的青春歲月。他是瀋陽最好的中學東北育才學校的驕子，是遼寧省高中生英語才藝大賽的第一名，還是校園裡的十大歌手，也寫得一手好書法。父親的去世以及隨之而來的生活的困頓，對於鄭執乃至於這一代東北作家來說，是一個象徵性的時刻：正是在自身遭遇困境的時刻，才能理解父親，理解作為失敗者的下崗一代。「80 後」文學的熱點，之所以發生從「青春文學」向「東北書寫」的轉移，一個歷史前提是青年群體中失敗感的彌散。青春文學興起的歷史前提，是市場化以來在一種成

5　唐雪薇，〈80 後鄭執欣賞韓寒〉，《北京娛樂信報》第 8 版，2010.7.9。

6　叢治辰，〈父親：作為一種文學裝置——理解雙雪濤、班宇、鄭執的一種角度〉，《揚子江文學評論》4（2020.8），頁 69。

7　鄭執，〈後記〉，《我只在乎你》（北京：作家出版社，2013），頁 325。

8　鄭執，〈還可以遊啊〉，《從此學會隱藏悲傷》（江蘇：江蘇鳳凰文藝出版社，2015），頁 11。

功學氛圍中，對於個人主體性的樂觀想像。這一高度個體中心的文學想像分成兩個分支：一支走向情緒化的自我傾訴，這種自戀化的敘事強化了個體中心主義；一支走向符號化的資本景觀，這種資本化的敘事吸納了以自我為中心的個人，並將其編織進市場秩序之中。但隨著市場化激進以來高房價、過勞（「996」現象）、失業（「三十五歲」現象）等社會問題的浮現，正是在 2016 年房價高漲之際（之前的高漲更多體現在一線、新一線城市的房價上），2017 年之後從雙雪濤開始東北書寫受到越來越多的關注。從 1983 年的郭敬明到同樣出生於 1983 年的雙雪濤，兩個同齡作家先後出道差了接近二十年，這背後體現出文壇風尚與社會心理的深刻變化。父親這一代人的去世，並不意味著子一代開始理解父親——只有當子一代體會到失敗感時，才能理解作為失敗者的父親。

父親去世後的幾年，鄭執一度去借了高利貸，直到 2013 年的跨年夜，鄭執還清了拖欠近兩年的高利貸，本息港幣二十萬，這筆錢來自《我只在乎你》的影視版權。這個時候的鄭執已經從香港浸會大學中文系畢業（從社工系轉到了中文系），並在 2012 年進入香港皇冠出版社任文學編輯。2014 年考入臺灣大學戲劇系研究所，赴臺北就讀戲劇專業的研究生，後因在 2015 年回北京投身編劇，從台大肄業。可以看出，以父親去世為時間節點，鄭執的生活開始變得破碎，他在經歷兩種彼此交叉的漂泊：現實層面上在港臺地區的漂泊；寫作層面上在文化工業之中的漂泊。但是父親的去世不是一種結束，而是一種召喚，召喚一種新文學的出現。「父親」將反復出現在鄭執後來的寫作之中，鄭執無論怎樣漂泊，始終在不規則地圍繞著「東北」、圍繞著「父親」這個原點運動。2016 年鄭執徹底搬回北京，鄭執的歸來，意味著他在文壇上的二次登場，他將開始迎來寫作上的成熟。他成熟期的作品，從面向東北失敗者的《生吞》開始。

二　從「青春文學」中分裂出「東北書寫」

既是告別，也是開始，《生吞》成為鄭執寫作生涯第一個十年里程碑意義上的作品。這部小說約 17 萬字，2017 年 4 月開始於每週二、四、六在韓寒主編的「ONE」（電子雜誌）連載，並於同年 10 月在浙江文藝出版社出版。鄭執找到了一個絕佳的故事，巧妙地容納了以下三種小說元素：類型文學、青春、東北。很難說《生吞》僅僅是某一類的作品，這部小說的成功，依賴於這三種元素在小說內部的有機融合

《生吞》首先是一部類型小說。小說圍繞「鬼樓奸殺案」這一案情展開：2003 年 2 月 15 日，這一月的正月十五，在瀋陽鐵西區遼沈中路 33 號樓這棟爛尾樓前的大坑裡，警方發現了一具裸體女屍，死者是一位二十歲不到的漂亮女孩，腹部刻有一個神秘的火炬圖案。十年之後，2013 年的冬天，同一個案發現場又發現了一具類似的女屍，腹部依然刻著十年前的圖案。顯然，十年前警方判定的兇手未必是真凶，經辦的老刑警馮國金心中湧

起波瀾。同一時間，馮國金的女兒馮雪嬌在賓館的床上給王頓也就是敘述人「我」講起新出現的案情，王頓回憶給他和馮雪嬌、秦理、黃姝、高磊這五個同學的青春歲月，其中黃姝就是十年前的死者，而秦理的哥哥秦天被當時的警方判定為兇手……。

《生吞》由一系列案件串起：1999 年的「8‧3」大案，秦理的父親秦大志搶劫棉紡廠運鈔車被槍斃；2003 年的洗浴中心砍人事件；2003 年的「鬼樓奸殺案」，秦理哥哥秦天被指認為真凶；2013 年重演的「鬼樓奸殺案」……圍繞「鬼樓奸殺案」這一案件，從馮國金這個人物出發，《生吞》可以被讀成中國式的社會派推理小說，也是新世紀以來有代表性的懸疑作品，展現出鄭執在港臺地區成熟的文化工業體系中受到的編劇歷練。不過這種寫作不惟鄭執所獨有，會有讀者注意到，包括著名的〈平原上的摩西〉在內的「新東北作家群」的小說，往往徵用社會派推理這一類型作為小說的外殼。這裡一個大的歷史背景是東北因「下崗」所導致的舊有社會秩序的崩解，這一點和松本清張等社會派推理小說的歷史興起有相似之處。

但更有意味的是鄭執等人對於類型小說的運用與西方的不同。無疑，由於司法制度等方面的明顯差異，推理題材在當代語境中面臨本土化的壓力，往往與公安小說結合並轉化為刑偵題材，我們的刑偵題材一定程度上還承擔著現實主義小說的功能。但是這種表面上的不同不是最重要的。對於西方推理小說而言，比如在福爾摩斯探案集這樣的作品中，福爾摩斯與其說是熱愛那些光怪陸離的東西，不如說他愛的是通過理性主義來為其祛魅。福爾摩斯的「天才」，是把理性主義擴大到他所調查的那些表面上深不可測、充滿神秘的事件中，發現事物之間的關聯，最終使得這些光怪陸離之事歸於日常。「福爾摩斯通往日常的途徑既產生了神秘，同時又解除了它的神秘。」[9]在這個意義上，福爾摩斯小說的興起，與大英帝國與以理性為核心的現代性在全球的擴張同步，並非偶然。

而鄭執筆下的社會推理派小說，不是從理性出發，而是包裹著一種鬱積的情緒。這並不僅僅是因為鄭執的社會派推理小說將沉重而殘酷的現實生活帶入小說世界，像東野圭吾的小說一樣以「懸疑」為表像來呈現情緒的迷茫；更重要的是，鄭執的小說是在精神分析意義上展開，其寫作處理的核心主題是「壓抑」。這和青春文學聚焦的「委屈」有關，但遠遠不是青春文學這種情緒化的文學能處理的。筆者將《生吞》視為青春文學的一個歷史節點，在這部作品中，青春文學清晰地展現出自身如何分裂，並經由這一分裂向東北書寫轉化。

在具體的敘述形式上，《生吞》沿著兩種視角、兩條線索展開：其一是馮國金的線索，採用全知視角，通過案情冷冽地展現出東北的酷烈，這條線索的特點是重敘述，聚焦於情節，敘述較為快速；另一條線索是王頓的線索，採用王頓視角也即從「我」的視角，通過回憶傷感地展現出王頓與黃姝、秦理等人從 1999 年初秋黃姝轉學到和平一小到 2003 年王

---

[9]　本‧海默爾著，王志宏譯，《日常生活與文化理論導論》（北京：商務印書館，2008），頁 10。

頓他們即將從育英中學畢業的青春歲月，這條線索的特點是重描寫，聚焦於內心，敘述較為緩慢。

王頓這條線索上的敘事，是我們熟悉的青春文學敘事，假設《生吞》的故事就是以王頓回憶的方式展開，也並無不可，但這將極大地降低《生吞》的藝術品質。《生吞》的核心衝突，不是發生在人物內部的情緒的衝突，而是社會的衝突。小說中被「生吞」的黃姝和秦理，漂亮、聰明、心地善良，他們之所以成為受害者，很大程度上源自他們缺乏家庭的保護。秦理的父親是殺人犯，黃姝的父親離婚後去了南方，母親因參加邪教精神失常離家出走，秦理和黃姝被小學同學們嘲笑為「殺人犯和精神病結婚嘍」[10]。

《生吞》展現出子一代的命運和父一代的際遇密切相關，青年人的命運處在一種結構性的關係之中。就像馮國金在故事最後的慨歎，「當時哪怕有一家大人出面，也不至於到最後那樣」[11]。在這個意義上，馮國金的視角，一方面是警方的視角，另一方面也是父輩的視角——黃姝和秦理，都是沒有父親的人。小說中和「鬼樓奸殺案」平行表現的另一起案情，也即小說開篇講的老金女兒被強暴跳樓一案，也是源自這個女孩的家庭無法給予她足夠的保護。小說同樣借馮國金這個父輩的視角講到，「她媽老早年就跟人跑了，她爸下崗，修自行車養活她，現在也得進去，這孩子誰管啊？」[12]與之比較，青春文學的個人，是原子化的個人，社會關係極少進入到人物世界之中。這不是說在青春文學中家庭背景對於人物命運沒有影響，以郭敬明《小時代》為例，正是因為顧裡的父親是富豪，她在林蕭、南湘、唐宛如這個「時代姐妹花」小團體中才居於中心角色。這個小團體的一個遊戲是「女王加冕」，就是當顧裡生氣的時候，林蕭、南湘、唐宛如模擬傳遞一頂皇冠，恭敬而溫順地為顧裡加冕，而顧裡安之若素，神態自如。畢竟，其他朋友的生活，是由顧裡所代表的力量所組織起來的。當「時代姐妹花」遭遇情感挫折的時候，其治癒的方式，是聚集在顧裡的陸家嘴豪宅裡，在巨大的衣帽間裡挑選一件件名牌服裝來安慰自己。這不惟顧裡所獨有，《小時代》中另一處描寫更有意味：「兩個街角的拐彎，顧裡搞得頭昏腦脹。宮洺此刻仿佛有點兒清醒了過來，他終於會說話了，雖然他只會說那麼一句：『千萬別吐在車上，這車是我爸的！』——由此可見，這句話絕對來自他理性的最深處的恐懼，也許就算他整個人已經昏迷了，他依然會在昏迷中高喊：『這車是我爸的！』」[13]但是「父親」是被青春文學有意抹去的，所以在《小時代》之中，顧裡的父親永不出場。

當世紀之交以來的青春文學製造的幻覺逐漸破滅，青春文學在分裂出一種新的敘述，這一敘述就是東北書寫。在字面上看「青春文學」是關於時間的，而「東北書寫」是關於空間的，所以「青春文學」往往被理解為青年文學，而「東北書寫」往往被理解為地域文

---

[10]　鄭執，《生吞》（浙江：浙江文藝出版社，2017），頁 66。
[11]　同前註，頁 202。
[12]　同前註，頁 16。
[13]　郭敬明，《小時代 2.0：虛銅時代》（武漢：長江文藝出版社，2010），頁 205。

學，這兩種理解都是錯誤的。「青春文學」和「東北書寫」是「80 後」一代先後繼起的兩種寫作範式，二者的轉換深刻折射出時代的變化，這一變化就是新自由主義所構建的原子化個人的破滅。在這一破滅後，個人被回置到社會結構中予以理解。值得注意青春文學對於時間的處理，青春文學本質上沒有時間，由於青春文學的新自由主義理論基礎是時間的普遍化，歷史時間在青春文學中變得空洞了；作為對照，在東北書寫中，從雙雪濤《平原上的摩西》開始，事件的時間節點具體到年月日，像編年史一樣清晰，社會史被拉進到小說之中——當人物的際遇無法被自身決定，而是一種結構性的產物時，社會史必然回到小說之中。

更有意味的是「父親」的回歸。社會史向文學的回歸，意味著我們不再碎片化地把握生活的片段，而是以歷史性的眼光探尋起源。在這個意義上，「父親」的位置變得非常重要。在《生吞》中，王頔多次講起他的父親，他的父親是重型機械廠的下崗工人，下崗後在街邊推著「倒騎驢」賣炸串。王頔對於父親的回憶飽含深情：

> 廠子倒閉，下崗以後，我知道他最懷念的還是上臺領獎的瞬間，那是屬於他一生不復再有的輝煌，直到我那張獎狀最後一次成全他，我偷偷凝視了他那雙手很久，除了被熱油濺燙的疤痕，十個指甲縫裡是永遠洗不淨的辣椒面跟孜然。自己結婚以後，我曾無數次在睡前回憶他短暫的一生，他的一生雖然大部分時間敗給了貧窮，但他的靈魂沒有敗給黑暗，起碼他身體裡的白，到死都沒服軟過。[14]

我們到此來到了以往對於，「新東北作家群」的標準結論了，這種結論既見於筆者以往的研究，也見於各類媒體上的理解：子一代的東北青年作家重新理解父親，講述東北的下崗往事，寫出了父輩的尊嚴。這種社會分析式的結論當然是成立的，如同「革命」之於拉美文學，「下崗」對於東北文學是一個母題。但走到這一結論依然不夠，對於東北書寫，不僅有社會分析，還要有精神分析。在精神分析的維度上，鄭執的〈仙症〉是近乎完美的典範文本。正是〈仙症〉的出現，使得我們對於東北書寫的分析，不僅可以在意識層面展開，而且可以在無意識層面展開。而當我們進入東北書寫的無意識層面，或許能發現更多的秘密。

三　對於「東北」的精神分析

作為鄭執的成名作，〈仙症〉的故事框架，像一個精神分析的案例：治療精神病人王戰團。通過小說，我們能整理出主人公王戰團病歷一樣的人生：

---

[14] 鄭執，《生吞》，頁 184。

王戰團，1947 年出生，1966 年當兵。

1970 年和「我」的大姑認識並結婚。同一時期，王戰團初戀女友因父母被政治牽連以及婚姻不幸，跳井自殺。

在 1970 年代初的政治運動中，在夢裡痛罵船長和政委，被批鬥。在部隊裡發病。

辦理病退，回瀋陽一飛長當工人。

兒子王海洋、女兒王海鷗先後出生，趙老師開始給王戰團看病。

1987 年，「我」出生。

1997 年，「我」因口吃去北京看病

1998 年夏天，王戰團的女兒王海鷗和李廣源戀愛。

2001 年夏天，在瀋陽街頭指揮一隻刺蝟過馬路（小說開場）；同一天，趙老師做法矯正「我」的口吃，「我」認罪（小說結尾）

2003 年秋天，王戰團兒子王海洋車禍去世。葬禮後一個月，王戰團腦梗死於精神病院。

在〈仙症〉中有兩個精神療癒的物件：王戰團和我。王戰團是臆想，而「我」是口吃。他們兩人擁有同一位精神分析師：趙老師。作為東北民間的法師，趙老師給王戰團看病，將他的臆想指認為自殺的女友鬼魂糾纏。趙老師的辦法是請出仙人牌位，上寫著「龍首山二柳洞白家三爺」：

> 趙老師第二次到大姑家，帶來兩塊牌位，一高一矮。矮的那塊，刻的是那位女債主的名字，姓陳。高的那塊，名頭很長：龍首山二柳洞白家三爺。趙老師指揮大姑重新佈置過整面東牆，翹頭案貼牆墊高，中間放香爐，後面立牌位，左右對稱。趙老師說，每日早中晚敬香，一牌一炷，必須他自己來，別人不能替。牌位立好後，趙老師做了一場法事，套間裡外撒盡五斤香灰，房子的西南角鑽了一個細長的洞，拇指粗，直接通到樓體外。一切共花費三百塊，其中一百是我奶出的。那兩塊牌位我親眼見過，香的味道也很好聞，沒牌子，寺廟外的香燭堂買不著，只能趙老師定期從鐵嶺寄，十五一盒。[15]

「白家三爺」何人？狐、黃、白、柳、灰五大仙門，狐狸、黃鼠狼、刺蝟、蛇、鼠，供奉「白家三爺」就是供奉刺蝟。在精神分析的意義上，「請仙」這一社會活動構成了一種「語言」，有其自身的內在規則與符號系統，核心的「能指」就是「白家三爺／刺蝟」。圍繞著這一套語言符號，形成王戰團一家對於現實的理解。然而王戰團拒絕進入這一拉岡所謂的「話語環路」（circuit of discourse）之中，也即拒絕「受制」（subjected）於這一象徵秩序，拒絕成為這一象徵秩序中的「主體」（subject）。在這場戲劇般的儀式結尾，作家寫下了反諷的一筆：

---

[15] 鄭執，《仙症》（北京：北京日報出版社，2020），頁 16。

全程王戰團都很配合，墊桌子，撒香灰，鑽牆眼兒，都是親自上手。趙老師臨走前，王戰團緊握住她的手說，你姓趙，你家咋姓白呢？你是撿的？趙老師把手從王戰團的手裡抽出，對大姑說，要等全好得有耐心，七七四十九天。[16]

　　有意味的是，在鄭執的另一篇小說〈他心通〉中，結尾同樣複現了對於象徵秩序的拒絕。[17]〈仙症〉中的「白家三爺」這一能指，只是將這種象徵秩序的荒誕性暴露到了極致。王戰團對待「刺蝟」的態度，和其他人物比較更像是一個正常人。他之所以吃了一隻刺蝟而激怒了趙老師，是因為他按照女婿介紹的民間偏方治腿疾：「王戰團說，它能治我的腿，下個月你大姐婚禮，我瘸腿給她丟人」[18]。在這一刻王戰團是理性清明的父親，對於子女懷有深情。但王戰團不得不是精神病人，他將「父之名」（Nom-du-Père）──「白家三爺」這一能指──排除在象徵界之外。而趙老師之所以是「正常」的，是因為她嚴格遵守「父之名」的秩序，「白家三爺」這一能指牢牢地佔據著「父親」的位置。故而當她得知王戰團吃了一隻刺蝟後勃然大怒：「那頭吼得更大聲，你知道保你家這麼多年的是誰嘛！你知道我是誰嘛！老白家都是我爹，你老頭兒把我爹吃了！」[19]

　　王戰團展現出自我經由認同而形成及其不可能：他面對的是一面破碎的鏡子。在這一刻，作家借王戰團這個人物，在精神分析的意義上寫出了「東北」的悲劇性。「東北」的破碎，在社會分析的意義上可以被歸結為「下崗」；在精神分析的意義上，是──經由「下崗」的創傷──自我意識與自我之間的障礙。東北文藝就被卡在這一錯位中，一開始是趙本山、范偉意義上的喜劇，這條脈絡最終發展到〈野狼Disco〉的反諷（粵語與東北話兩種語言，舞者與失意者兩種身份）；之後到來的是鄭執這一批作家，他們直面這一障礙，並在這一歷史的裂谷中最終遇見自己。

　　這可能是〈仙症〉最為卓越之處：疊印地展現出對於父輩與子一代的精神分析，並最終完成對於「東北」的精神分析。王戰團的悲劇，也即「東北」的悲劇，能否可以被「白家三爺」這種荒誕的能指所解釋（下崗是因為東北工人懶惰之類說辭不過是這類能指的種種變形之一）？鄭執的回答是不能。由此，對於東北書寫來說，班宇式的歷史寓言轉為鄭執式的精神分析，王戰團這樣的人物，呈現出非常高的精神硬度。

　　但對於子一代而言，父輩的拒絕轉為子一代的接受。〈仙症〉反寫了精神分析的公式：不是恐懼父親，而是恐懼成為父親。「我」在一開始是「口吃」的，作為對照，讀者會回

---

[16] 同前註。

[17] 在〈他心通〉中，父親去世後辦了一場宗教色彩的葬禮，但「我」最終拒絕了這一象徵秩序，並惡作劇式的以「非法集會」的名義向警方報警。參見鄭執，《仙症》，頁69-95。在《你能找到回家的路嗎》這篇散文中，鄭執回憶過父親的葬禮：「送葬在外地，一處佛教信眾的私人道場，三天裡過程很曲折，萬事由我媽二十年的老友、一位虔誠的居士妥當安排，我跟我媽都信她。除我們三人，在場都是素未平生的三百位居士，齊聲誦經，場面壯觀祥和。」參見鄭執，《從此學會隱藏悲傷》，頁6。

[18] 鄭執，《仙症》，頁23。

[19] 同前註，頁25。

憶起《生吞》中的秦理同樣幾乎喪失了語言能力。「口吃」意味著「我」的異在，意味著「我」對於先於主體的語言結構的拒絕。故而，毫不意外，王戰團和「我」之間，似乎有一種神秘的親近感，「這一家子，就咱倆最有話說」[20]。小說有一處很耐琢磨的細節，王戰團為「我」修電視天線：

> 王戰團說，你看見那根天線沒有，越往上越窄，你發現沒？我說，咋了？王戰團說，一輩子就是順杆兒往上爬，爬到頂那天，你就是尖兒了。我問他，你爬到哪兒了？王戰團說，我卡在節骨眼兒了，全是灰。我不耐煩。王戰團說，你得一直往上爬。[21]

　　鄭執乃至於這一代「新東北作家群」的寫作，並不是僅僅在寫東北下崗工人，而且也是在寫子一代告別下崗、告別東北。[22] 很難用「東北」或「下崗」來完整地解釋為什麼在純文學市場並不景氣的今天，鄭執乃至於雙雪濤、班宇這一批作家的寫作，在最近幾年引發了如此廣泛的熱議。在以往的包括筆者在內的研究中，更多地是在社會分析的層面上分析這一代作家對於東北的懷念，以及重新擦亮作為失敗者的父輩的尊嚴。在精神分析的意義上，子一代作品中的懷念與逃離、尊嚴與恐懼是同時發生的。失敗者的尊嚴，是一種被「死亡驅動」所銘刻的尊嚴，也即從能指鏈中的滑脫——在本質上，是「創傷」拒絕被象徵化。相反，「生命驅動」意味著與能指的聯結，「認罪」意味著與象徵秩序的能指鏈的聯結。在小說的結束（實際上也是小說的開始，兩個場景是同一天），父輩選擇去死，子一代選擇去生。面對著趙老師這位精神分析師的木劍，面對著吃了「刺蝟」這一「罪孽」（實則是象徵秩序的入口），「我」跪地認罪，鎖在房間裡的王戰團在呼喊，兩條線在這一刻雙聲變奏，以交響樂般的悲愴聚合：

> 三爺在上！還不認罪！我始終不鬆口，此時裡屋門內竟然傳出王戰團的呼聲，我聽到他隔門在喊，你爬啊！爬！爬過去就是人尖兒！我抬起頭，趙老師已經站到我的面前。爬啊！一直往上爬！王戰團的呼聲更響了，伴隨著抓心的撓門聲。就在趙老師手中木劍即將擊向我面門的瞬間，我的舌尖似乎被自己咬破，口腔裡泛起久違的血腥，開口大喊，我有罪！趙老師也喊，什麼罪！說！我喊，忤逆父母！趙老師喊，再說！還有！剎那間，我淚如雨下。趙老師喊，還不認罪！你大姑都招了！我喊，我認罪！我吃過刺蝟！[23]

---

[20] 同前註，頁18。

[21] 同前註，頁18。

[22] 筆者的這一看法，受到特裡·伊格爾頓對於勞倫斯《兒子與情人》評論的啟發，伊格爾頓指出：「在寫作《兒子與情人》的時候，勞倫斯並不僅僅只是在寫工人階級，而且也是在寫他脫離工人階級的歷程」。參見特裡·伊格爾頓，《二十世紀西方文學理論》，伍曉明譯，（北京：北京大學出版社，2007），頁178。

[23] 鄭執，《仙症》，頁35。

　　「認罪」的這一刻，「我」也被結構到能指鏈之中，「我」的「口吃」似乎痊癒了，可以跟著趙老師熟練地念出「白家三爺救此郎」。通過「我」這條線的故事，我們知道在王戰團死後，「我」成年後去了法國，娶了一位中法混血兒 Jade，「Jade 的父親就是中國人，跟我還是老鄉，二十多歲在老家離了婚，帶著兩歲的 jade 來到法國打工留學，不久後便結識了 eva 再婚。jade 再沒見過她的生母。」[24]「我」和 Jade 都是出東北的異鄉人，Jade 作為拉岡意義上的「我」的「對象 a」，表面上維持著「我」作為主體的穩定感，實則標示著主體的欠缺──處於離散之中的「我」對於「東北」的鄉愁，處於象徵界中的我對於不可被象徵化的實在界的鄉愁。某種程度上，「東北」真正扮演著「物件 a」的角色，也即「我」的原初的失落。因此，Jade 察覺到了「我」的「抑鬱症」：歸根結底，「我」的欲望是指向自己的，所謂「憂鬱」，不是哀悼世界，是哀悼自「我」的空虛。

　　故而，「我」看似被治癒，但是殘留著對於父一代的執念。〈仙症〉中有一處細節，每當「我」喝醉之後，「口吃」這個癥結就又回來了。鄭執乃至這一批「新東北作家群」的小說中感人至深之處就在這裡：父一代始終把罪責或是拒絕進入象徵界的「不合時宜」留給自己，而讓子一代如一個「正常人」一般進入「日常生活」的象徵界，比如〈仙症〉後王戰團讓「我」「往上爬」。與之相對，子一代始終做不到完全遺忘父一代，這兩代人從來沒有真正地分開。《仙症》小說集中的最後一篇，〈森中有林〉也採用了類似的結構，〈森中有林〉中的子一代呂曠和王放在出走東北之後，最終又回到這片承載過父一代生命的土地。[25]

　　因此可以說，子一代的離散，不是「成功學」意義上的。如〈仙症〉小說集中另一篇〈蒙地卡羅食人記〉所示，「我」偶遇了前大姨夫魏軍，魏軍一直在逃避對於大姨、對於東北的責任，在日本、美國、秘魯、斐濟等地全球漂流，直到為一盒傳說中姥姥傳給大姨的金子回來。魏軍總是將大姨比擬為曾經被他打瞎一隻眼睛的黑熊，小說結尾我變身為這只黑熊，為大姨、為父親、為所有人畢生的委屈，咬死了魏軍，走出蒙地卡羅西餐廳，走進東北茫茫的大雪之中。

　　在〈仙症〉中，「我」之出東北，是在無意識中尋找「話語」的裂口。和 Jade 站在凡爾賽宮裡，在一幅畫著一片海的畫作前，「我」想起來死去的王戰團。作為年輕時在桅杆上打旗語的信號兵，王戰團對於海洋充滿嚮往，小說中多次出現王戰團給「我」介紹《海底兩萬里》，以及──想像中的──自己作為核潛艇兵在深海的奇遇。寫著「指揮著一整片太平洋」[26]這樣詩句的王戰團，將兒子和女兒取名為海洋、海鷗，甚至在發病時都是在翡翠色的屋脊上展翅欲飛。這裡的難題在於，王戰團在「語言」面前並沒有主體性，相反是「語言」在迫使王戰團臣服。王戰團自己的語言，接近拉岡分析過的癔症話語

---

[24] 同前註，頁 4。
[25] 這一段來自筆者和華東師範大學中文系 2019 級本科生劉天宇同學的課後討論，相關看法來自劉天宇同學。
[26] 鄭執，《仙症》，頁 33。

（linguisterie），也被譯為癔言學、歇斯底里型話語。這個詞來自於拉岡對於法語的 linguistique（語言學）和 hystérie（癔症）的綜合，在〈仙症〉中王戰團就被判定為癔症病人，癔語是崩解的語言，是主體崩潰在自己所拒絕、又無法走出的「語言」中的反諷——和主體從「語言」逃逸到「虛無」之中的反諷不同。

文學作為一種特殊的「語言」的使命，就是走出「大他者」的語言。如果說文學是「語言的藝術」的話，這種藝術性從來不是指那種無力的文字雕飾，而是一場戰鬥，是殺死語言的語言。「大他者」的語言方式是轉喻，〈仙症〉中「白家三爺」的牌位後來被替換為十字架，「能指」就像大姑手上的佛珠一樣無限滑動。而有力的文學，是拒絕象徵化的象徵——這正是「寓言」與「象徵」的分殊。「新東北作家群」的寫作有最深刻的一致性的話，是將東北轉化為「寓言」，在他們的寫作中，關於「東北」的「能指」紛紛「滑落」，而非「滑動」。

具體到〈仙症〉中，象徵界的「缺口」開啟自王戰團的一處「口誤」：「有一天，我奶去別人家打牌，他進門就遞給我本書，《海底兩萬里》。王戰團說，你小時候，我好像答應過。我摩挲著封面紙張，薄如蟬翼。王戰團說，寫書的叫凡爾納，不是凡爾賽，我嘴瓢了，凡爾賽是法國皇宮。」[27]「口誤」是象徵界的「裂口」。凡爾賽皇宮裡名畫上的「海洋」，通向熱愛《海底兩萬里》的王戰團，王戰團意識中的「海洋」指向著真正的自由，這是象徵秩序無法消化的「剩餘」。同樣，小說結尾，「我」和 Jade 來到斯里蘭卡的無名海灘度蜜月，而 Jade 曾經想用這筆錢在瀋陽「買房」。「我」——以及同樣從「東北」中離散的 Jade——站在斯里蘭卡的無名海灘上，站在象徵秩序的絕對邊緣：

> 許多年後，當我站在凡爾賽皇宮裡，和斯里蘭卡的一片無名海灘上，兩陣相似的風吹過，我清楚，從此我再不會被萬事萬物卡住。[28]

這是〈仙症〉最後一句話，在這一刻，每個詞語都沒有其自身依附的「意義」，「能指」與「所指」的關係在一一斷裂。「我」感受到來自「實在界」的「風」。這不是「我」作為「主體」的幻覺，而是「我」作為「主體」之幻覺的消失。這陣風爽朗而又空無，這種感覺就像一個人離開了他的影子，他自身開始變得透明。

這大致是筆者借助拉岡精神分析理論對於〈仙症〉這一「症候」的閱讀。我們同樣可以在社會分析的意義上將〈仙症〉在社會史的脈絡中落座，甚至於考證王戰團的原型，鄭執自己也介紹過，「如果你有留意到在書前面印了一行字：紀念王振有先生，對，那個人是我的大姨夫，可以粗略地說，他算是王戰團這個人物的原型。」[29]同時也可以徵引鄭執

27　鄭執，《仙症》，頁 17。

28　同前註，頁 36。

29　顧明，〈專訪｜鄭執：我已經放下了過去的包袱，用嚴肅的態度對待文學〉，https://www.thepaper.cn/newsDetail_forward_9852289，瀏覽日期：2020.11.5。

在「一席」中的著名演講，考證鄭執曾經有過在高中三個月不說話的真實經歷。但這對於理解鄭執這一代作家，對於理解東北，仍然有些輕易。鄭執這一代的寫作，不是說出了什麼；而是告訴我們，有什麼在牽扯著我們，但又無法說出。〈仙症〉最終展現出對於東北的精神治療及其不可能，東北最後的尊嚴，是拒絕被「治癒」。

主要參引文獻

一、中文

（一）專書

特裡‧伊格爾頓，《二十世紀西方文學理論》，伍曉明譯，北京，北京大學出版社，2007。

本‧海默爾，《日常生活與文化理論導論》，王志宏譯，北京，商務印書館，2008。

郭敬明，《小時代 2.0：虛銅時代》，武漢，長江文藝出版社，2010。

鄭執，《浮》，北京，作家出版社，2007。

鄭執，《我只在乎你》，北京，作家出版社，2013。

鄭執，《從此學會隱藏悲傷》，江蘇，江蘇鳳凰文藝出版社，2015。

鄭執，《生吞》，浙江，浙江文藝出版社，2017。

鄭執，《仙症》，北京，北京日報出版社，2020。

（二）期刊論文

叢治辰，〈父親：作為一種文學裝置──理解雙雪濤、班宇、鄭執的一種角度〉，《揚子江文學評論》4（2020.04），頁 67-75。

（三）網路報刊

唐雪薇，〈80 後鄭執欣賞韓寒〉，《北京娛樂信報》，第 8 次，2010 年 7 月 9 日。

顧明，〈專訪｜鄭執：我已經放下了過去的包袱，用嚴肅的態度對待文學〉，https://www.thepaper.cn/newsDetail_forward_9852289，瀏覽日期：2020.11.5。

中國現代文學　第四十期
2021 年 12 月 109-130 頁

澳門慈幼印書館跨區域文學傳播研究

須文蔚[*]

摘要

　　在現代文學的研究上，澳門的慈幼印書館在文學傳播與文學史的地位，始終沒有獲得重視。澳門慈幼印書館與「鮑思高職業學校」息息相關，是雷鳴道（Fr. L.Versiglia）主教在 1906 年到澳門後，設立原罪工藝學校，成立澳門慈幼會孤兒院印刷所，接著 1943 年發展為慈幼印書館與白德美紀念出版社。出版品多數為宗教書籍，但「新青年小說叢書」、「新青年戲劇叢書」、「兒童叢書」等，大力翻譯義大利與歐陸小說與戲劇，其中還結合本地的知識菁英編選《大學新詮》、《詩經》、《中庸新詮》與《中國歷代名詩一百首》，並刊行在地小說家的創作，內容多元豐富，對於華文文學絕對有不可磨滅的貢獻。值得注意的是，在冷戰的年代，臺灣也曾一度出現過華明書局刊行過部分慈幼印書館的書籍，事實上，相關書刊也向香港發行。澳門慈幼印書館 1954 年停止營運，本文試圖梳理此一出版社僅十一年的發行成績，重新為其文學成就定位，也展現澳門文學的風華與影響力。

關鍵詞：澳門文學、慈幼印書館、白德美紀念出版社、華文文學、文學傳播

---

[*]　須文蔚，國立臺灣師範大學國文學系教授。

Cross-regional Literary Communication of The Salesian Printing Press in Macao

Wen-Wei Shiu[**]

Abstract

The Salesian Printing Press in Macao was directly connected with the Istituto Salesiano (Salesian Institute), established after the arrival in Macao of the Salesian bishop Luigi Versiglia in 1906. He founded the school and an orphanage with a related publishing house that in 1943 evolved in the Salesian Printing Press and the Beltrami Memorial Publishing Company. Although the majority of publications remained within the confines of religion and religious studies, the young adult fiction and drama collections and the children's literature collection presented a great number of European novels and plays in Chinese translation. Moreover, in collaboration with the local intellectual elite, not only they edited the *Great Learning*, the *Doctrine of the Mean*, the *Book of Odes*, and the anthology *One Hundred Famous Chinese Poems*, they also published local writers' works. It is evident that the publications covered a wide range of subjects and that this gave an important contribution in the field of Sinophone literature, nonetheless, the role that the Salesian Press played in modern literature and communication has not been considered matter of study yet.

In addition, it is worth noting that during the Cold War period, the Guang Ming Library, established in Taiwan, was also publishing part of the Salesian Press publications, and some of these books were also issued in Hong Kong. The Salesian Press in Macao closed the activity in 1954, this article mainly aims to examine and organize its achievements during these eleven years of publishing, furthermore, it tries to define its position in literary history and discuss the importance of Macao's literature.

Key words: Macao's literature, the Salesian Printing Press, the Beltrami Memorial Publishing Company, Sinophone literature, literary communication

---

[**] Professor, Department of Chinese, National Taiwan Normal University

一、前言

　　近年來華語語系文學研究風起雲湧，研究者將目光投向以中國大陸以外，華語作為母語各區域，包括臺灣、香港、東南亞、美加與歐洲等地的華文文學[1]。王德威就提出「華語語系文學」（Sinophone literature）的觀念，相對於以往的海外文學、華僑文學，往往被視為祖國文學的延伸或附庸，如能進一步從跨區域文學傳播的角度分析，將能彰顯當代華文文學思潮的發展與傳播，並不是在一個封閉的架構下，而是整體華文世界的作家交互激盪，進而建構出當代多元繽紛的文學現象[2]。在臺灣為數眾多華語系文學論述中，碰觸到1999年回歸前的澳門文學者，寥寥可數，且研究主題多集中在1980年代以降的澳門文學作品、作家與文學傳播現象[3]。就連澳門文學史研究上，也因為史料的匱乏，在1940年代到1970年代的討論中，澳門文學似乎僅有報紙副刊、學生刊物、同仁刊物與小型的文藝雜誌[4]，並無影響周邊地區的文學出版社。本文經過多方蒐集史料，發現1943年創辦的澳門慈幼印書館出版有為數眾多的文學書籍，也跨區域傳播，實為華語語系文學研究上一個值得矚目的新議題。

　　在1911年到1949年之間，戰火連綿，文化與經濟發展百廢待舉，澳門出版業並不發達，但不少內地或香港民眾選擇來此避難，教育事業隨著香港1942年的淪陷，原本不到4千名學生的華校，一時激增近3萬5千人[5]，教科書與青少年的閱讀市場浮現。中文圖書出版機構最早出現的是，興辦於1925年的興華書局，其後隨著移民人口的增加，1943年設立的慈幼印書館、1944年的留園出版社、1947年的光明書局[6]與春秋書店等四家，不無迎合此一市場發展的趨勢[7]，其中應以慈幼印書館最具規模[8]。

---

[1]　張錯，〈文學獎的爭議與執行：世界華文文學領域探討與展望〉，《文訊》222期（2004.4），頁4。Shih, Shu-mei, "Against Diaspora: The Sinophone as Places of Cultural Production," Jing Tsu and David Wang (eds.). Globalizing Modern Chinese Literature: A Critical Reader on Sinophone and Diasporic Writings. London: Brill, 2010, p.29-30.

[2]　王德威，〈文學行旅與世界想像〉，《聯合報》E7版（2006.7. 8-9）。

[3]　諸如：張堂錡，《邊緣的豐饒：澳門現代文學的歷史嬗變與審美建構》（臺北：政大出版社，2018）。余少君，《八〇年代以降澳門後現代詩研究：以葦鳴與懿靈詩為例》（國立東華大學：中國語文學系碩士論文，2008）。余少君，《澳門當代華文文學出版研究》（國立東華大學：中國語文學系博士論文，2014）。須文蔚，〈澳門詩人葦鳴跨區域文學傳播研究〉，《東華人文學報》第17期（2010.7），頁127-155。

[4]　鄭煒明，〈五四至七十年代中期澳門文學概述〉，《世界華文文學論壇》第1期（2000.3），頁13-17。

[5]　鄭振偉，《1940年代的澳門教育》（北京：中國社會科學出版社，2016），頁58。

[6]　光明書局出版有季瘦芝的《國語說話讀本》，連續再版四次，相當受到歡迎，參見王國強，〈1949年以前澳門教科書的出版概況〉，《澳門研究》第89期（2018.6），頁153。

[7]　林子雄將慈幼印書館與白德美紀念出版社分別看待，本文加以合併。事實上，這兩家出版社都是澳門慈幼會興辦，且所有發行都是共同發行，在宣傳上均列入慈幼印書館的目錄中（參見慈幼印書館編，1949）。且根據林子雄的統計：「出版圖書最多的是白德美紀念出版社，該出版社出版了《靈修小叢書》71種、《公教小讀物叢刊》45種、《新青年戲劇叢書》4種和《虹條叢書》等共120多種；其次是慈幼印書館，曾出版《新

　　慈幼印書館為慈幼會（亦稱撒肋爵會，The Salesians）在澳門創辦的重要出版社，創始於 1943 年 12 月 8 日[9]。這個歷經二次大戰與國共內戰的文化事業，為澳門文學場域出版了 5 冊中國古典文學讀本、超過 30 種歐洲名家的青少年小說、澳門本地的小說 2 本、青少年劇本 17 種、兒童文學 36 冊。排版工整、印刷細緻，插圖活潑，不但不乏再版的書籍，更發行到香港、中國大陸、臺灣與東南亞。然而，慈幼出版社並沒有扶助本地的社團，為澳門作家出版書籍的數量也有限，或更因為宗教的背景，其出版成績與文學傳播的影響，一向沒有受到澳門文學史家或出版史家的重視[10]。本研究先建構發行目錄，確認出版品的數量、類型與特色，探討其跨區域傳播現象，最後藉由文本分析，討論澳門在 1940 年代中，慈幼印書館對當地文學與教育的衝擊。

二、慈幼印書館的設立與開展

　　慈幼會（Societas Sancti Francisci Salesii, Salesians de Dom Bosco），1859 年由聖若望・鮑思高（San Giovanni Bosco, 1815-1888）創立，1906 年 2 月義大利籍神父雷鳴道（Fr. Luigi Versiglia）率領首批慈幼會會士六人抵達澳門[11]。這一批不會說中文的傳教士，一靠岸就以貧苦兒童與青少年為對象，開展社會福利和教育工作，立即設立了「澳門慈幼會孤兒院印刷所」[12]（Imprimerie del'Orphelinat Salesien），也就是後來慈幼印書館（Tipografia Salesiana）的基礎[13]。

青年文化叢書》、《袖珍叢書》《世光叢書》、《青年叢書》以及《中國歷代名詩一百首》等圖書共 50 多種。」參見林子雄，〈澳門印刷出版史述略〉，《嶺南文史》第 2 期（2000.6），頁 56-61。不過此一資料也不完整，經本研究比對，至少已經發現圖書與出版品超過 300 種。

[8] 虎闈，《舊書鬼閒話》（石家莊：河北教育出版社，2005），頁 82。

[9] 慈幼印書館的文獻不多，但究竟何年創辦？眾說紛紜，程野聲認為是創始於 1934 年，林子雄則約略指出是 1939 年。根據慈幼印書館編，《慈幼印書館出版消息 3》（1949）中明確指出，該館創辦日期為 1943 年 12 月 8 日，是為了紀念 1841 年 12 月 8 日慈幼會組鮑斯高神父挑選了「無原罪聖母」紀念日，在多理諾創辦第一間慈幼印書館。參見程野聲，〈澳門慈幼印書館回顧與前瞻〉，《上智編譯館館刊》第 3 卷第 5 期（1948.10），頁 202。林子雄，〈澳門印刷出版史述略〉，《嶺南文史》第 2 期（2000.6），頁 56-61。

[10] 黃鴻釗就指出，澳門的民間出版事業，有規模發行本地文學作品，要一直遲到 1980 年代才現身。也就是說，在 1980 年代以前，澳門也出版發行過不少圖書和報紙，但就是沒有一家正規的澳門文學與文化的出版機構，致使澳門的圖書作者無法在本地出自己的作品。參見黃鴻釗，《澳門史》（福州：福建人民出版社，1999），頁 455。

[11] 《澳門編年史》中記載：1906 年 2 月 13 日，在鮑理諾主教（João Paulino de Azevedo e Castro）主教的努力下，慈幼會神甫盧伊斯・維爾西格利亞（Luis Versiglia，雷鳴道），路德維斯・奧利維（Ludovice Olive）及若昂・賈爾那尼（João Fergnani），在作坊師傅費利斯・伯雷濟奧（Feliz Boresio），盧伊斯・卡爾馬那拉（Luis Carmagnala)及高登西奧・羅塔(Gaudencio Rota)的陪同下來到澳門，為華人兒童成立了聖母無原罪孤兒院。在其 15 年任期中，此位主教對其教區的華人尤加體恤。參見施白蒂著、金國平譯，《澳門編年史——二十世紀（1900-1949）》（澳門：澳門基金會，1999），頁 24。

[12] 慈幼孤兒院印刷所印刷設立之後，曾於 1915 年間，協助印發行教會月刊《東方》（Oriente），創辦人及主編為後任澳門主教的高若瑟（José da Costa Nunes）神父，同時也出版有多種教材，包含多本葡文教材、繼

　　1907 年天主教澳門教區鮑理諾主教（D. João Paulino de Azevedo e Castro）設立「澳門聖母無原罪工藝學校」，托給慈幼會士主持，一方面收養孤貧的兒童，一方面提供職業訓練，設立有革履部、洋服部和印刷部[14]。1910 年開始擴大規模，成立木工、縫紉、革履、排版、印刷、釘裝等 6 項工藝課程，其中印刷部提供排版、印刷與裝訂等工藝課程，由於課程相當實用，引進工讀教育制度，青年就學同時能改善生活，因此從剛開始的 40 人，到 1918 年以三倍增長到 120 人，至 1924 年又近一倍增加到 230 多人[15]。創辦人雷鳴道神父對出版有興趣，他於 1917 年到 1930 年間到達廣東韶州一帶傳教[16]，就曾於 1919 年創辦義大利文宗教刊物《在我們之間》（Inter nos），應當是慈幼會在中國大陸最早發行的出版品[17]。

　　慈幼印書館朝向一個出版社的規模，應當與義大利籍蘇冠明神父（Michael Suppo）關係密切，他 1925 年在澳門發願，於 1931 年在香港領受司鐸聖職，其後回到澳門[18]。他一生輾轉在澳門、上海、韶州與臺北、香港工作，熱中教育與出版。1942 年蘇冠明因為澳門慈幼會接管粵華中學校[19]，他負責接管事宜，也在課堂上講授中文，並能通曉《說文解字》，對中國歷史及文學很有研究。《鮑思高家庭通訊》的〈蘇冠明神父在粵華〉一文中描述：

紉教材，出版量排名在同時代的第五位，參見吳志良、湯開建、金國平，《澳門編年史——第五卷》（澳門：澳門基金會，2009），頁 2269，以及王國強，〈1949 年以前澳門教科書的出版概況〉，《澳門研究》第 89 期（2018.6），頁 151。

[13] 李淑儀，〈從澳門公共圖書館外文館藏探究 20 世紀前澳門的鉛活字印刷〉，《文化雜誌》第 98 期（2016.11），頁 133。張澤賢，《民國出版標記大觀》（上海：上海遠東出版社，2012），頁 43。

[14] 霍志釗，《澳門土生葡人的宗教信仰　從"單一"到"多元混融"的變遷》，（北京：社會科學文獻出版社，2009），頁 82。張鴻喜，〈澳門社會福利服務民營化研究〉，收入婁勝華編，《澳門人文社會科學研究文選·行政卷》（北京：社會科學文獻出版社，2009），頁 132。

[15] 劉羨冰，〈澳門教育的特色〉，收入單文經、林發欽編，《澳門人文社會科學研究文選·教育卷》（北京：社會科學文獻出版社，2009），頁 67。吳志良、湯開建、金國平，《澳門編年史——第五卷》，頁 2036。李淑儀，〈從澳門公共圖書館外文館藏探究 20 世紀前澳門的鉛活字印刷〉，頁 133-136。。

[16] 雷鳴道在澳門的傳教工作並不順利，1910 年因葡萄牙革命，非葡籍修會會士遭逐出澳門，一度流亡香港，於 1912 年重返澳門。1917 年，雷鳴道獲廣州宗座代牧分配粵北韶州作傳教區（韶州今稱韶關市，現轄曲江、始興等縣）。翌年，會士抵達韶州，陸續在曲江、南雄、樂昌、連縣等地展開教務。1930 年 2 月 4 日雷鳴道主教與高惠黎神父在連江遇害殉教。詳見嚴守忠，〈雷主教、高神父血染連江〉，廣東省連州市政協文史資料委員會編，《連州文史資料》第 17 輯（連州市：連州市政協文史資料委員會，1998），頁 84-85。

[17] 彭福英，〈天主教在華刊物述略（1872-1949）〉，《圖書資訊學刊》12.1（2014.6），頁 59。

[18] 根據慈幼會官方的紀錄，蘇冠明神父曾在上海教書，並攻讀哲學及中文。1931 年，他在香港領受司鐸聖職。主要在澳門、上海及韶州工作。他對中國歷史及文學很有研究。1942 年，他在澳門以慈幼會的名義接管澳門粵華中學。1949 年蘇神父為上海思高學校校長，並被扣留及監禁達十五個月。獲釋後到台北主管華明書局。又任會省財務長三年，及後任九龍鄧鏡波學校校長，其後到聖類斯學校任教及出任神師。詳見慈幼會官方網站：http://www.sdb.org.hk/?p=4330，瀏覽日期：2021.11.29。

[19] 粵華中學原於 1925 年由廖奉基、譚綺文在廣州市創立，後因為戰亂，1928 年遷往澳門繼續辦學。1933 年或澳葡政府撥贈以及澳門各界的捐助，在松山得勝馬路興建校舍，並於翌年落成啟用。1942 年 4 月太平洋戰爭爆發，香港淪陷，學校的經濟深受到影響，創辦人返回內地發展，遂改由慈幼會陳基慈神父接管校務，蘇冠明當時為司鐸，與葉深都在此處教學。參見：吳志良、湯開建、金國平，《澳門編年史——第五卷》，頁 2473；粵華中學網站，http://www.yuetwah.edu.mo/86/yw.php?read=int&lang=CHT&type=history），瀏覽日期：2021.11.29。

> 蘇冠明神父對於中國的文學及哲學，頗有心得，尤其對於墨子的哲學，更推崇備至，他認為外國人對於哲學只知亞里士多德、柏拉圖，但如將上述兩人的哲學理論與墨子比較，則他們應差一段大大的距離……蘇神父還主編有「新青年叢書」及「慈幼叢書」，當他仍在粵華時代，出版有多種從外文翻譯過來的青年讀物，及葉深先生的《大學新詮》、《中庸新詮》等，他還用意大利文編寫了一本《中國文學史大綱》[20]。

可見蘇冠明神父有漢學家的學養，教育之餘，對開創中西文化交流的出版事業，有著莫大的熱忱。

1943 年慈幼印書館設立於澳門順風堂街十六號，也就是當時的「澳門鮑思高職業學校」中。慈幼印書館創辦初期，就企畫了不同的書系，最早的是「青年叢書」與「新青年文化叢書」[21]。第一本出版品列入「青年叢書」，陳伯康與蘇冠明合譯（1943）《多明我沙維賀傳》（*The Life of Dominic Savio*），這是鮑斯高神父寫作的傳記，紀念聖多明我‧沙維賀（San Domenico Savio，或譯作道明‧沙維豪，1842-1857）這位僅 14 歲就封聖的少年精修聖人。

在早期慈幼印書館的出版品中，自然與宗教與學校教育的用書密切相關，蘇冠明出版過宗教史與教義有關的《初級新史略》、《初級古史略》兩書。其後，蘇冠明為了教學所需，他主編「新青年文化叢書」系列，由澳門粵華中學華人教師葉深（1944）出版了《大學新詮》、陳植性（1944、1945）出版《詩經》二冊，葉深（1946）出版了《中庸新詮》、陳植性（1947）出版《中國歷代名詩一百首》，為澳門國學教育的基礎工作，貢獻了一份心力。

抗日戰爭期間，一般出版社受戰火波及，減少出版書籍的質與量，不少天主教的刊物，也都陸續停刊[22]，而蘇冠明卻能用心編選中國古典文學教材，誠屬難得。同時，蘇冠明還為慈幼印書館企畫了一套「新青年小說叢書」，1945 年開始發行，主要目標讀者是青少年，翻譯義大利流行的青少年小說，受到中日戰爭的影響，發行僅限澳門一地，但頗受天主教內人士歡迎，還有月銷百冊的好成績[23]。

慈幼印書館開始大量發行宗教書籍與期刊，也在蘇冠明主編的時期，1944 年秋天，澳門慈幼會在印書館的地址，又開創「白德美紀念出版社」，以共同發行的名義，開展出

---

[20] 佚名，〈蘇冠明神父在粵華〉，《鮑思高家庭通訊》第 32、33 期（1979），（http://www.sdb.org.hk/old/sbchinese/arc/arc/03211.htm）瀏覽日期：2021.11.29。

[21] 程野聲，〈澳門慈幼印書館回顧與前瞻〉，《上智編譯館館刊》，頁 202。

[22] 《聖教雜誌》在抗日戰爭全面爆發之後，堅持再發行一年多，於 1938 年 8 月停刊；其他如《公教進行月刊》1939 年停刊；山東兗州的《天主教公教白話報》1938 年停刊後，1940 年復刊，改名《公教白話報》，由保祿印書館發行，但又在 1945 年停刊；《安慶教務月刊》1941 年停刊；《益世報》雖在生寶堂和羅隆基的堅持下，改為日刊一單張，報導平津抗戰消息，生寶堂遭日軍殺害後，一度停刊，於 1940 年 3 月 25 日遷往重慶。參見彭福英，〈天主教在華刊物述略（1872-1949）〉，《圖書資訊學刊》，頁 65-66。

[23] 程野聲，〈澳門慈幼印書館回顧與前瞻〉，《上智編譯館館刊》，頁 202。

更具規模的出版事業。此一出版社是為了紀念安德肋·白德美神父（Ven. Andrew Beltrami, 1870-1897）[24]所設立，以出版宗教類的書籍與雜誌為主要目標，從 1944 年發行的「靈修小叢書」，到了 1945 年抗戰勝利後，又陸續創刊「公教小讀物叢刊」、「兒童叢書」、「公教史地叢書」、「神修叢書」等[25]，都與教義宣揚，有密不可分的關係，其中自然也出版有多種白德美的著作[26]。

　　在不同的書系規劃上，有其目標讀者、發行宗旨與篇幅規劃，從慈幼出版社的「徵稿啟事」上，不難窺見受歡迎的書種，大致分類與要旨如下：

● 新青年小說叢書：歡迎惠賜一紙純正，言之有實；無政治背景；無宗教色彩，或有而不太濃；適合一般青年人閱讀的文字。五萬字至七萬字最合標準。

● 兒童叢書：歡迎適合小學中高年級閱讀的童話、小說、寓言、自然、常識、名人傳記、笑話、遊藝等文字。不要超過一萬字，最好附有插圖。

● 公教小讀物叢刊：歡迎有關教理、教律、禮典、公進知識、公教史、聖經等研究文字，以及殉道誌、公教名人傳記、公教中篇小說等。來稿最好是三萬五千字至四萬五千字。

● 新青年劇本叢書：歡迎富有教育意義，適合學校環境上演的劇本，獨幕劇或多幕劇不拘；但那些須有男女角色混合演出的劇本，請勿寄來。[27]

事實上，慈幼印書館出版物種類繁多，根據本研究的整理與統計，應有 302 本之多（參見表 1）。[28]

　　與文學相關者，其中「新青年文化叢書」共有五冊，分別是《大學新詮》、《詩經（上冊）》、《詩經（下冊）》、《中庸新詮》和《中國歷代名詩一百首》等，提供高中國文課使用，使在學青年有機會研讀國學經典。「新青年小說叢書」共計 29 種，《富貴烟雲》與《解放前夜》兩種均為上下冊，因此一共 31 本，翻譯義大利、法國和德國小說的創作，其中沈默所著推理小說《十三號屋》，以及類思創作的《月夜鐘聲》為華人書寫，也成為澳門文

[24] 白德美神父 1870 年出生於義大利，畢業慈幼會學校後入會並受祝聖為神父。是慈幼會神父中著作頗豐的作家與哲學家，悉心鑽研聖方濟沙雷氏精神，著有多部靈修書籍，青年時期就罹患肺病，去世時僅二十七歲。（參見網址：http://www.sdb.org.hk/?page_id=2763）瀏覽日期：2021.11.29。

[25] 程野聲，〈澳門慈幼印書館回顧與前瞻〉，《上智編譯館館刊》，頁 202。

[26] 張澤賢的研究指出，慈幼印書館與白德美紀念出版社的地址相同，其中出版白德美神父的書籍共有八種之多。參見張澤賢，《民國出版標記大觀》，頁 42。

[27] 慈幼印書館編，《慈幼印書館出版消息 3》（澳門：慈幼印書館，1949），頁 6。

[28] 有文獻指出，慈幼印書館 1950 年出版有「電影小說叢刊」，經查找慈幼印書館發行之通訊，並未見此一叢刊，恐係筆誤，參見王國強，〈1900 年以來澳門文學期刊的發展〉，《澳門研究》第 75 期（2014.12），頁 188。

學史上值得探討的史料。而「新青年劇本叢書」系列共計 17 種，因為《獨幕諧劇集》有兩冊，因此共計 18 本。至於「兒童叢書」的篇幅較小，每本均為 32 頁左右，主題包括童話、寓言、科普、史地、笑話與遊藝等內容，作者多為本地的作者。另外其他類中，蘇冠明以義大利文所著《中國文學史綱》，目前僅見於目錄。

表 1.慈幼印書館出版品書系與特色一覽表

書系名稱	特色	數量
新青年文化叢書	鼓勵在學青年研究國學經典，加以註釋。	5
新青年小說叢書	翻譯歐洲名家小說，也發行本地創作。	31
青年叢書	提供青年名人傳記與宗教生活等主題，以利進修。	7
兒童叢書	兒童文學，包含童話、寓言、科普、史地、笑話與遊藝等內容。	36
公教小讀物叢刊	雜誌性質的書籍，每月發行一本，主題廣泛，包含教義、教史、傳教生活與小說。	48
靈修小叢書	以小說題材介紹宗教家的事宜與德行。	69
新青年劇本叢書	翻譯歐洲名家劇本，並改編與在地化。	18
袖珍叢書	小開本手冊，解釋公教聖事、教義與禮儀等問題。	9
公教史地叢書	配合宗教課程中教史書籍之用。	4
教義小叢書	天主教的教義要理以及提供小學生問答的入門書	12
經史及經文	天主教的經文與歷史	9
世光叢書	天主教的教義與哲學討論	6
教科書	技職教育製鞋與車床技術，普通教育義大利文教學	8
其他	主母文庫 1 種、出版消息 7 種、傳記 4 種、聖光活頁叢刊 21 篇、彩虹叢書 4 種、中國文學史綱 1 種、其他 2	40
合計		302

資料來源：慈幼印書館編（1946）、程野聲（1948）、慈幼印書館編（1949a）與本研究彙整。

　　在宗教教義的書籍中，文學色彩濃厚的尚有公教小讀物叢刊，屬於期刊性質的書籍，每月發行一本，主題廣泛，包含教義、教史、傳教生活與小說。探究《公教小讀物叢刊》的起源，是由義大利天主教神父聖鮑斯高（San Giovanni Melchiorre Bosco）創於義大利，創刊理由為「因目睹義國大部信友對公教知識異常缺乏，而裂教又以大量出版物毒化一般民眾，故創辦本刊，一面闡揚公教真理一面駁裂教的荒謬」。《公教小讀物叢刊》月刊後來也由聖鮑斯高創立的慈幼會於 1946 年 1 月在澳門出版，由白德美紀念出版社主編，直至1951 年 4 月，共出版 64 期，目前本研究只蒐集到 48 期。《公教小讀物叢刊》除了教義文章外，交錯出版了翻譯小說、傳記等文學作品。小說以翻譯義大利多產傳教士作家梅安尼

（Ugo Mioni）的作品居多，而譯者部分，則以傅玉棠[29]產量最豐。在華文作者的創作上也有沈默的小說《忠實的一天》、鍾協的小說《來不及了》、鍾協的散文《飛翔集》、《飛翔集（二卷）》等。

　　《靈修小叢書》是其中種類與冊數最多的一類，共計有六集 69 種，以小說或傳記題材介紹宗教家的事宜與德行，法國天主教聖女伯爾納德・蘇庇盧（Bernadette，1844-1878）小傳《露德小花》、奧古斯丁（A. Augustinus）小傳《北菲聖師》、贖世主會創始人聖師亞爾方騷・尼果利小傳《贖世主會會祖》、聖女貞德的故事《貞德烈女》等。此一書系發行到 1949 年，在年底的通訊中刊出一則啟事，指出自 1950 年元旦起，五大定期刊物的「靈修小叢書」暫停出版，改用「海沫叢書」替代，不過目前本研究尚未查找到此一系列的出版物。根據規劃：

> 「海沫叢書」為半月刊，四十開本，每本自十六頁起，兩色封面。內容以故事體裁，通俗文字，超然立場，介紹有關於社會、家庭、教育、勞資問題等理論。際茲時局動盪之秋，凡是愛護真理的人們，都宜人手一部，作為充實個人的思想與生活的參考書[30]。

從啟事中不難發現，此一改版希望能觸及傳記外的更多題材，可惜時局動盪，應當並沒有完成改版與發行。

三、慈幼印書館跨區域傳播的影響

　　在抗戰烽火中興辦的慈幼印書館，十分努力展開跨區域傳播。程野聲（1948：202-204）就指出，慈幼印書館自定「四大信條」，即：一、定價低廉；二、印刷精美；三、文字簡潔；四、饒於趣味。且在發行上，慈幼印書館的書籍，同時交給教會與一般商業書局零售，且在中國大陸、港、澳三地的書店，均有代售的通路[31]。在短短幾年間，發行、代理與銷售點在 1949 年以後，又擴大觸及中國大陸重要省分和直轄市。在 1950 年代以後，慈幼會將傳教重心擴及臺港，分別在香港與臺灣成立不同的出版機構，或翻印澳門時期的出版品，或出版新的書種，展現巨大的活力。

---

[29] 傅玉棠於 1917 年於澳門出生，22 歲時加入教會，曾因反對中國「三自運動」而被判反革命罪，逝於 1961 年。
[30] 參見慈幼印書館編，《慈幼印書館出版消息 4》（澳門：慈幼印書館，1949）。
[31] 程野聲，〈澳門慈幼印書館回顧與前瞻〉，《上智編譯館館刊》，頁 202-204。

（一）、慈幼印書館的發行與跨區域銷售

慈幼印書館的出版品，在抗戰勝利後廣泛的跨區域傳播，出版社能夠與中國大陸、香港與臺灣等各個教區逐漸取得聯繫，不僅擴大銷路，且各地慈幼會紛紛將各自編輯與出版的書籍版權讓與澳門慈幼印書館，使得出版圖書種類在 1946 年底就突破 105 種以上，且其中還有近 20 種有再版的紀錄，可見相當受到歡迎[32]。

在 1946 年的《慈幼印書館圖書目錄》中，代理處就擴及上海、香港、昆明、曲江、南雄、始興、樂昌、仁化、英德、連縣、陽山等地的慈幼會學校或天主堂，可見發行網路相當的廣泛。在發行的訊息中，還有函購的系統，大陸各地的讀者如欲函購圖書，可「將書款交由銀行或錢莊匯劃，如因匯兌不便，而寄當地貨幣者，則以澳門日常有行市可兌換者為限。」[33]不難發現，在抗戰期間，在澳門一隅發行的書籍，依舊可以透過通訊郵運的方式，發行到各地。

到了 1949 年底，發行所除了原有的上海與香港之外，又多了北平一處，且經售處則有南京、成都、北平、湖南、甘肅與香港等各省與直轄市。在 1949 年的《慈幼印書館出版消息》中指出：「這一個在大戰時間產生的出版機關，通過了聖母的扶持默佑，到今天，已出版了三百多種書籍，銷售的範圍，除遍及整個中國，還遠到南洋群島和美洲。」[34]。可見，透過天主教的傳教體系，在抗戰與國共內戰期間，慈幼印書館的出版品在當時能往東南亞各地以及美洲各國發行與傳播。

1949 年後，澳門慈幼印書館的工作，由香港的李嘉堂紀念出版社以及臺北的慈幼出版社繼承，此一脈絡的資訊，目前僅能從吉光片羽的慈幼會通訊資料中，拼湊出部分的訊息。

（二）、香港創辦李嘉堂紀念出版社與良友之聲出版社

國共內戰後，中國大陸的出版市場遭到封閉，根據張冠榮修士指出，當時慈幼印書館已收購了臺灣的華明印書館，不過臺灣的市場仍未開發，且澳門的慈幼印書館當時也面對經濟困難的問題。高申祿神父（Fr. Mario Coarezza 1917-1992）於 1951 年遭逐出上海後，接手澳門的慈幼印書館，為了突破困境，開始籌組一個新的事業，於是慈幼會省會長陳基慈神父委派高申祿神父到筲箕灣慈幼修院工作。1952 年當九龍鄧鏡波學校建成時，高神

---

[32] 程野聲，〈澳門慈幼印書館回顧與前瞻〉，《上智編譯館館刊》，頁 202。

[33] 慈幼印書館編，《慈幼印書館圖書目錄》（澳門：慈幼印書館，1946），頁 2。

[34] 慈幼印書館編，《慈幼印書館出版消息 5》，頁 2。

父借用了三間課室，正式成立了李嘉堂紀念出版社[35]。李嘉堂紀念出版社的成立，正值慈幼印書館結束之時，從李嘉堂紀念出版社的徽號可以發現，高申祿神父畫下了一棵斷樹上再長出新芽，正象徵了澳門出版事業的中輟後，香港接續了此一出版事業。

香港的李嘉堂紀念出版社並沒有延續出版文學類的書籍，在目前查詢到的書目中，1950 年代所刊行的書籍多為澳門慈幼印書館的教理類書刊，如：《玫瑰奧義》、《青年模範沙維豪》、《高級古史略》、《聖教史略》、《青年牧者聖若望・鮑思高小傳》、《青年模範沙維豪》等[36]。1962 年，李嘉堂紀念出版社開始重新整理慈幼印書館的「青年叢書」系列，並強化對學生的教義傳播。1963 年黃台莊女士加入編輯與翻譯的工作，出版了《永生之言》用來代替《小學生問答》，風行一時[37]。

值得注意的是，慈幼會在 1953 年還於香港創辦了「良友之聲出版社」，傳承慈幼會重視出版工作的傳統，以及面對兒童和青少年的閱讀需求，發行青少年與兒童雜誌《良友之聲》和《樂鋒報》雜誌，寫出「值得效法的榜樣，幫助他們培養品德[38]」。其中《良友之聲》目標讀者為中學生提供，成為培育青年少寫作以至關心社會、政治的搖籃，對香港作家的成長有一定的影響力[39]。

（三）、在臺灣創辦華明書局與慈幼出版社

慈幼會於 1951 年來到臺灣傳教，展開系列的出版與教育事業，其中 1950 年代在臺北創辦華明書局，在 1963 年在臺南設「私立慈幼初級中學」[40]，以及 1970 年興辦慈幼出版

---

[35] 高申祿神父 1917 年 3 月 25 日生於義大利，1939 年 11 月 12 日來華，1950 年 5 月 24 日在上海晉鐸，1952 年出掌李嘉堂紀念出版社，在教理書籍界貢獻良多。（參考：《公教報》，1992 年 2 月 14 日，https://archives.catholic.org.hk/In%20Memoriam/Clergy-Brother/M-Coarezza.htm），瀏覽日期：2021.11.29。張冠榮特別指出，當時有一位名叫魯保祿（Bro. Paul Prokopowicz）的修士，協助高神父出版書籍、教理活頁和公教圖書等，再向負責學校事務的修女們推銷。早期出版的書籍，計有：《我的教理》兩冊、《小學生問答》六本。這些書籍普遍受到歡迎，廣被香港天主教學校所採用，十分暢銷。參見張冠榮，〈李嘉堂紀念出版社成立五十週年〉，《鮑思高家庭通訊》第 181 期（2004.3），（http://www.sdb.org.hk/sbchinese/181/18113.htm），瀏覽日期：2021.11.29。

[36] 此一系列書目於臺灣的「全國圖書書目資訊網」檢索而得。

[37] 參見張冠榮，〈李嘉堂紀念出版社成立五十週年〉，《鮑思高家庭通訊》第 181 期（2004.3），（http://www.sdb.org.hk/sbchinese/181/18113.htm），瀏覽日期：2021.11.29，文中也指出：「其後，香港天主教的教理書由香港教區教理委員會出版，取代了原先由李嘉堂紀念出版社編印教理書的地位。由於這是香港教區官方的刊物，很快便佔據了大部分香港市場。」

[38] 良友之聲出版社：〈我們的故事〉，（http://www.vaphk.org/sub-about- us/history 瀏覽日期：2019.07.30.

[39] 陳潔儀，〈論鍾曉陽〈喚真真〉的成長故事與香港集體記憶的關係〉，《淡江中文學報》第 22 期（2010.6），頁 169。

[40] 慈幼會於 1953 年開始籌設「台南市私立慈幼初級中學」，馬永定神父出任第一任校長，1966 增設高中，更名為「慈幼中學」，1999 年改制為「台南市私立慈幼高級工商職業學校」。（參見：http://www.ssvs.tn.edu.tw/files/11-1001-212-1.php），瀏覽日期：2021.11.29。

社。其中兩個出版社先後的設立，華明出版社一度翻印出版了部分澳門慈幼印書館的書籍，慈幼出版社賡續其傳播天主教文化的精神，都值得注目。

華明書局在臺灣的出版品，目前最早可見的是 1948 年《分級韻律活動教材》一書，編者是「臺灣省教育會[41]」，旨在建構唱遊教育的基本教材，應當是臺灣世界舞蹈、唱遊教學最早的出版品[42]。可見當時此一出版社並非宗教性質的，應當是在 1951 年以後，經營遭遇危機，由慈幼會接管，才開始大量發行天主教的書籍。

此時，1943 年在澳門主持慈幼印書館的蘇冠明神父，於抗戰結束後，受委任接任上海思高學校校長。在 1951 年，中共指控蘇冠明為「聖母軍」，遭扣留及監禁長達十五個月。1952 年獲釋後，蘇冠明來到臺北，主管華明書局[43]，至 1956 年赴離臺赴香港。在這一段期間中，他將不少慈幼印書館的書籍在臺重新刊行，例如：《中庸新詮》（1952）、《血染金山》（1952）、《聖母軍女英雄：愛德閨小姐》（1953）、《染血的玉簪花》（1952）等[44]。研究者購得《紅海之畔》（1952）一本，標示有「新青年小說叢書」，顯示華明書局翻印了整套叢書，在臺發行。而國學相關的《中庸新詮》也有再版的紀錄。而十分可惜的是，在蘇冠明離臺後，華明書局就轉為出版單純天主教傳教的書籍了。

1953 年，正值壯年的義大利籍武幼安神父奉派至臺灣，也到華明書局服務，當時他47 歲，原本他擅長粵語，很快就學會了國語，展開他從事出版事業的生涯。武幼安於 1956年調至香港，擔任中華會省的財務長，長達十一年之久，在 1967 年重新回到臺北，擔任聖鮑思高堂首任主任司鐸，他發現當時傳教用的《會士通訊》、《鮑思高家庭通訊》等刊物，多要從香港或羅馬寄來，臺灣海關檢查進口的書刊相當嚴格，經常延誤，讓臺灣的修會與各地修會中心脫節。因此，他在 1970 年成立了「慈幼出版社」，作為美國紐約母社在臺灣的分社，主要以宗教的傳記、禮儀與教理等書籍為主，到 1991 年時，共出版了147 種書籍[45]。

---

[41] 追溯「臺灣省教育會」的歷史，可探源於日據時代以總督府官員及學校教師為主之「臺灣教育會」，當時為順利於各地推展教育事業，開始廣納會員，伴隨會員之增長，各種教育活動也大為擴展。臺灣光復，一切教育舉措亟待重整煥新。民國 35 年 3 月游彌堅、周延壽等教育先輩發起組織，於 6 月 16 日假臺北市中山堂舉行成立大會，推選游彌堅為第一任理事長，7 月 1 日起假臺北市西門國小開始辦公，接續日據臺灣教育會及臺灣教育職員互助會部分文教業務之推展。

[42] 全書見國家圖書館「臺灣華文電子書庫」。本書總論提到：「我們研究各國歷史與文學時，常在字裡行間，看見人類以音律和舞蹈表示他們思想與情感，可見，韻律活動，在人類進化的過程中，確有偉大的貢獻。次從教育學、心理學看兒童的發展，都顯示舞蹈音樂對孩子本能、思想與情感的發展是重要的。」無論從音樂或舞蹈的歷史解說上，體系相當清晰。參見臺灣省教育會，《分級韻律活動教材》（臺北：華明書局，1948），頁 1。

[43] 參見慈幼會網站：蘇冠明神父（Michael Suppo）（http://www.sdb.org.hk/?p=4330）。瀏覽日期:2021.11.29。有關聖母軍的報導，參見：佚名，〈1951 聖母軍在華覆滅：煽動教徒對抗中國政府〉，《中國臺灣網》（2016.4），（https://3g.china.com/act/military/62/20160401/22354651.html）瀏覽日期：2021.11.29.

[44] 此一系列書目於臺灣的「全國圖書書目資訊網」檢索而得。

[45] 臺灣慈幼出版社所出版書籍，大體上有下列類型：聖人賢人傳記、耶穌論、默想叢書、神修叢書、聖母叢書、青年叢書、公教叢書、教理叢書、聖經叢書、訓練傳道員、禮儀、教育叢書、慈幼修養叢書、小說叢

四、慈幼印書館對澳門文學與華文文學的影響

　　澳門作為天主教在東亞最悠久的教區，教會為了傳教所進行的出版，也形塑澳門文學與文化。慈幼印書館相當著重文學讀物的刊行，一方面，透過新青年文化叢書宣揚國學，讓中學生有讀本可以參考；一方面，以各類型偵探、冒險、奇幻的青少年小說與戲劇，吸引信徒的子女，以及教外人士都感到興味盎然，帶來現代化的憧憬，也才有機會更接近天主教。

（一）、以新青年文化叢書宣揚國學

　　天主教傳教史與葡萄牙政府漢學政策錯綜複雜，多方角力：一方面，殖民政府為統治策略考量，提倡與研究漢學；一方面，傳教士為了盡可能地歸化中國人，不斷從事「文化再譯」；一方面，清代以降，來自中國的移民／遺民組成的文學社群，以及民國時期設立的基礎語文教育，培育出一批澳門本地創作者、研究者。

　　三方角力下，民初以降，澳門漢學雖然持續有漢語語言學、風俗、藝術研究出版物[46]，並且主要由土生葡人進行，目的是向歐洲介紹中國，以澳門為根據地進行中國語言、文化的輸出。同時，教會支持澳門當地古典文學研究者的經典詮釋，更有助天主教服務澳門當地人，嘗試在地化，因此建立教育系統，進行古籍今譯，都有文化與宣教的意涵。[47]真正以教育與出版影響澳門本地古典文學發展的機構，當屬義大利天主教組織慈幼會在澳門進行的工作，在慈幼印書館所出版的「新青年文化叢書」書系五冊：《大學新詮》、《詩經》二冊、《中庸新詮》、《中國歷代名詩一百首》等，為澳門現存 1940 年代罕見的古典文學讀物。

　　蘇冠明神父主要傳教地區在澳門、上海及韶州工作，對中國歷史及文學非常有研究。由慈幼印書館出版的《大學新詮》、《詩經》，正是由蘇冠明擔任主編，陳基慈司鐸支持。

書、祈禱叢書、圖書叢書、小本叢書等。參見陳興翼，〈悼念武幼安神父〉，《鮑思高家庭通訊》第 121 期（1994.6），（http://www.sdb.org.hk/old/sbchinese/arc/arc/12104.htm）瀏覽日期：2019.07.30。

[46] 根據 António Aresta 的統計，土生葡人路易斯・貢查卡・高美士（1907-1976）在 40 年代至 50 年代的出版著作有《粵語─葡語詞典》（1941）、《葡語─粵語詞典》（1942）、《千字文研究》（1944）、《漢語初級概念》（1958）、譯著《古典三格言》（1944）、《古典孝道》（1944）、《四書》（1945）、《澳門概覽》（1950）；文化方面有：《澳門中國傳說》（1941）、《中國的收養制度》（1945）、《中國故事》（1950）、《中國人的舉止》（1952）、《中國的節慶》（1952）、《中國藝術》（1954）。

[47] 比較早的例子有耶穌會神父在十六世紀創辦的澳門初級學校，中國內地進教者都要赴澳門進教，「附近南、番、東、順、新、香各縣赴拜者接踵而至，間有外省之人，惟順德紫泥人為最多。」（清）印光任、張汝霖，《澳門記略》（澳門：澳門文化司署校注本，1992），卷上〈官守篇〉，頁 82。

此外，聖鮑斯高慈幼會中學本身就聘有國文教師，在澳門青年國文教育上下功夫；因此，撰寫、詮釋《大學新詮》的葉深，以及與葉深共同完成《詩經》選註的陳植性，前者任教於粵華中學，受聖鮑斯高慈幼會邀請才開始進行詮解工作，後者則是慈幼中學的國文教師。基於傳統文化新解、再教育目的，慈幼印書館編輯、出版《大學新詮》與《詩經》，主要是提供澳門青年學習，寄售處就在粵華中學，蘇冠明為此特別規劃了「新青年文化叢書」系列。另外，陳植性又另外與呂家廉共同編選《中國歷代名詩一百首》，為澳門青年提供一條學校以外認識古典文學的途徑。

以《大學新詮》為例，出版目的為教育澳門青年中國傳統文化，因而書前編寫了「孔子傳略」，詳細介紹孔子生時、里居、世系、家庭，並有註解、文獻考察，向讀者說明孔子相關研究中有爭議處較有共識的成果。不過，葉深花了更多篇幅蒐集《綜合論語》、《左傳》、《淮南子》等儒家經典材料，闡釋孔子青年時期如何修學進德，三十歲以後熱心教育，並建立了「隨教隨學」、「有教無類」的教育理念與方法，「極值得引為我們青年做人的模範。」此外，葉深強調孔子在政治上「匡世救時」的行動，周遊列國推行「仁政」的努力與決心，甚至將孔子為政的終極期望定調為「世界和平」、為全人類謀求和平幸福。因此，葉深也在結論處說明現代年輕人應該學習孔子思想學說的目的，是因為他是「偉大民族的中心偶像」，是一位曠古的道德家、政治家、教育家，對於他「修己治人」、「匡時救世」精神必須視為永恆典範。葉深介紹孔子思想時，先將「匡時救世」詮釋為「世界和平」、「為全人類謀福利」，而寫在後面的「大學概要」則更進一步將《大學》「修身、齊家、治國、平天下」朝向至善的步驟，也就是儒家「己立立人，經綸天下」的精神與天主教聖徒「替天行道」、「謀世界幸福」而最終達於大同的宗教精神連結在一起，認為二者殊途同歸，希望「青年人互引為證，以認識儒家與聖教相互貫通的閎意眇旨。」

關於「大學」二字的釋義，葉深也在注釋中檢討孔穎達與朱熹的詮釋：「至道」、「大人之學」皆有不周之處，因此引用 James Legge L.L. D.《華英四書》中的翻譯「The Great Learning」，也就是「最偉大，最重要的學問」作為《大學新詮》詮釋的根本。從此處可以看出中國古典文化詮釋的「澳門性」，葉深雖並非外國傳教士；但是，在慈幼會服務的他，也繼承過去澳門漢學家喜愛在翻譯儒家經典時，習慣將關鍵思想解釋成與天主教義相通的意思。不過，葉深在進入《大學》內容箋注時，可能不同於天主教漢學家以傳教、歸化中國異教徒為最終目的，他並沒有再帶入神學，而從注釋中舉物理學、英美分析哲學以及歐陸哲學為例的策略來看，他的「新詮」更多還是朝向古代經典當代化來發展。

（二）、以新青年小說叢書吸引讀者

蘇冠明企畫下的新青年小說叢書，希望以沒有宗教與政治色彩的小說，吸引一般讀者，接近此一出版社。出版社的啟事提及：

近年來，由於許多從事出版事業的人員，漠然于對社會所負的責任，是故如果你想
找一本意旨純正的文學讀物，其是很不容易；反之，那些淫靡怪誕，大反乎教育旨
趣的書報，卻如雨後春筍般充斥於各書坊裡。無疑地，這種帶有毒素的讀物，對於
讀者、社會、國家的影響，是非常重大的。朋友，你大概是一個有自覺性的青年罷！
你對於那些能貽害青年人的讀物，是深惡痛絕罷！如果可能的話，你一定提倡和擁
護潔淨化的讀品罷！[48]

因此，慈幼印書館藉著發行內容純正的青少年小說，給社會一股清流，「新青年小說叢書」
旨教育而不在乎營利，因此選定饒於趣味、常識豐富、文字流暢的創作或翻譯小說。由蘇
冠明主編的「新青年小說叢書」一共三輯，17 種，一共 18 冊。從第四輯起改由梁丞夏主
編，一共二輯，12 種，一共 13 冊[49]。

　　此一系列小說中，獲選翻譯最多的冊數的是義大利作家梅安尼（Dr. Ugo Mioni,
1870-1935），他畢業於羅馬的羅馬教皇格里高利大學（Pontificia Università Gregoriana di
Roma），主修哲學與神學，既是傳教士也是多產的作家。他一共出版有 400 多種書籍，其
中包含小說與宣教手冊，而最著稱的就是冒險小說。慈幼印書館所翻譯的計有六冊：《月
亮的兒子們》、《荒漠之花》、《謨罕默德的女兒》、《洛磯山》、《古城巨竊》和《紅海之畔》
等，內容分別為冒險、科學幻想、歷史、偵探小說。

　　另外一位翻譯有三種的是德國作家卡爾‧邁（Karl May, 1842-1921），同樣以通俗小說
而知名。根據聯合國教科文組織的統計，不但在德國境內受歡迎，也是德國外譯作家的熱
門人選，據估計他作品全球出版有兩億冊，在德國就佔了一億冊。邁的作品常常帶有異域
情調，場景常設定在 19 世紀的東方、美國和墨西哥。吳曉樵指出，卡爾‧邁三部小說的
中譯，均由慈幼印書館發行，分別為胡興粵 1947 年翻譯的《鬼窟殲魔記》、虹影 1949 年
翻譯的《血染金山》、羅嘉 1949 年翻譯的《計劫虎頭門》，原作者都翻譯為「嘉祿‧米」[50]。

　　值得注意的是「新青年小說叢書」中，在梁丞夏主編後，出版了中文小說 2 種。沈默
的《十三號屋》是一本偵探小說，在東山路十三屋發生了一椿離奇命案，警方判定為自殺。
偵探汪孟奎受邀，抽絲剝繭，解開了富商遭到謀殺的真相，不僅推理有趣，也不斷討論刑
事偵訊的相關法律知識[51]。類思的《月夜鐘聲》要比《十三號屋》更清晰點出故事的時空，
設定在抗戰期間的武漢五國租界附近，日軍壓迫傳教士，失學的孩子往往只能從教會獲得
新知，也徘徊在傳統的民間傳說與傳教士口中的異國故事。男主角李凌雲是一個青年學

[48] 蘇冠明，〈「新青年小說叢書」給青年讀者的一封信：新青年小說叢書創刊緣起〉，《慈幼印書館圖書目錄》
　　（澳門：慈幼印書館，1946.1），頁 7。
[49] 張澤賢，《中國現代文學翻譯版本聞見錄續集 1901-1949》（上海：上海遠東出版社，2014），頁 441。王建
　　開，《五四以來我國英美文學作品譯介史 1919-1949》（上海：上海外語教育出版社，2003），頁 85。
[50] 吳曉樵，《中德文學因緣》（上海：上海外語教育出版社，2008），頁 87-88。
[51] 沈默，《十三號屋》（澳門：慈幼印書館，1948）。

生，同情戰亂中流離的孩子，當遇上了貧窮的少女路濟亞，他教育她，並把她安頓在修院中學習與成長。受到日本憲兵追捕的李凌雲，一度潛逃到重慶，待抗戰勝利後，重回武漢，與路濟亞重逢，兩人面對接收大員與地痞流氓的貪腐與霸道，衍生出一連串的悲劇，故事中不時閃現出天主教義以及左翼思想，相當具有時代性[52]。

（三）、以新青年劇本叢書教化人心

澳門的校園戲劇早在 1940 年代中期已相當活躍，話劇演出是學校的晚會和畢業典禮必備的節目[53]，慈幼印書館出版的「新青年劇本叢書」也回應了教學環境中的需求，相較於「新青年小說叢書」宗教色彩不濃厚，此一系列的劇本較多環繞在天主教宣教上，其中《忠僕》、《對話錄》、《三烈士》均屬之。

「新青年劇本叢書」多數為翻譯的作品，但為了能夠在校園的舞台上搬演，多半由譯者改寫，將主角均依照華人的姓氏命名，並將環境設定在中國。以《最大的禍患》（*La più grande disgrazia*）為例，男主角陳慧良是一個頑皮的青少年，父親驟逝後，母親憂鬱成疾，但慧良少年不知愁滋味，不斷逃學，且不聽哥哥慧聰的勸告。一日，母親命逃學的慧良在房裡寫作，題目正是「最大的禍患」，不料慧良跳窗而出，到河裡划船，差點溺斃。返家後，發現慧聰已經寫好作文，內容是母親生病，心中無限痛苦。慧良看了作文後，警覺到如果母親病重，萬一不久人世，豈不是「最大的禍患」，剎那間有所悔悟，決心改過。譯者胡興粵在序中指出，此一劇本的改寫，為了讓兒童理解。他曾指導澳門粵華中學附小六年級的兒童演出，有五到六次之多，成績相當好，受到觀眾的歡迎。[54]

在眾多翻譯的劇本之外，鄧青慈神父所寫的《荒唐古失貓記》，是原創的華文二幕喜劇。鄧青慈是華人，1917 年 1 月 31 日在馬來西亞（Malaysia）吉隆坡（Kuala Lumpur）出生，1946 年 3 月 25 日在澳門（Macau）晉鐸，在澳門慈幼學校及粵華中學服務十年，也就在 1948 年完成與出版這個劇本。《荒唐古失貓記》的主角荒唐古是一個吝嗇的財主，膝下無子，於是移情到寵物白花貓身上。一天，愛貓突然失蹤，使荒唐古萬分緊張，四處尋找。不意中了僕人的圈套，原來是僕人痛恨他的小氣，為了報復與勒索，於是演出了一場失貓記，好勒索富翁[55]。

---

[52] 類思，《月夜鐘聲》（澳門：慈幼印書館，1949）。

[53] 吳志良、金國平、湯開建，《澳門史新編——第四冊》（澳門：澳門基金會，2008），頁 1360。

[54] 胡粵華改編，《最大的禍患》（澳門：慈幼印書館，1948），頁 4。

[55] 張澤賢，《中國現代文學戲劇版本聞見錄續集 1908-1949》（上海：上海遠東出版社，2010），頁 404。

五、結語

　　慈幼出版社的出現與殞落，由一群義大利神職人員與澳門作家，一同在一方小島上建構了一個華語語系文學社群，正如同史書美所建議「華語語系文學研究」應當關注處於中國地緣政治以外的中華性邊緣的中文文化與社群[56]，更是區域文學研究的一個極佳範例。尤其在二次大戰期間，華文文學的出版與翻譯，受戰爭的摧殘，質量都銳減，但是澳門的慈幼印書館卻反其道而行，大量出書，成為華語語系文學出版史上的一則傳奇。然而受限於宗教背景，加上國共內戰後，中國大陸並不歡迎天主教，加上在 1966 年的「一二‧三事件」後，臺灣所有主要駐澳門機構都遭澳葡當局勒令封閉，大部分國府駐澳門主要僑界與商界領導人，均遭驅逐出澳，連根拔起臺灣勢力，使澳門文學傳播一夕中國體制化[57]。1970 年代以降澳門文學史與出版史的討論上，天主教出版社的貢獻完全遭到漠視，有著更為複雜的時代與政治因素影響，有待更多史料的重新挖掘與探討。

　　在澳門文學史與戲劇史上，在 1940 年代的研究中，也忽略了「慈幼出版社」的貢獻。澳門慈幼會 1943 年成立慈幼印書館，其後又設立白德美紀念出版社，出版品多數為宗教書籍，但「新青年小說叢書」、「新青年戲劇叢書」、「兒童叢書」等，大力翻譯義大利與歐陸小說與戲劇，其中還結合本地的知識菁英編選《大學新詮》、《詩經》、《中庸新詮》與《中國歷代名詩一百首》，並刊行在地小說家的創作，內容多元豐富，對於國學、翻譯小說、戲劇以及原創的小說與劇本，都有豐富的出版成績，對澳門華文文學的發展，絕對有不可磨滅的貢獻。蘇冠明神父對世界文學與品味，對國學的研究與推廣，以及推動通俗的青少年文學的教育熱忱，也應當重新寫入澳門的文學史中。

　　值得注意的是，在冷戰的年代，臺灣也曾一度出現過華明書局刊行過部分慈幼印書館的書籍，事實上，相關書刊也發行至香港、美國與南洋。澳門慈幼印書館 1954 年停止營運，轉往香港與臺灣發展的慈幼會，雖然繼續建構新的出版機構，但重視文學的程度顯然下降，不得不讚賞此一出版社在僅十一年的發行成績，確實展現澳門在文學書刊編輯、印刷與發行的影響力。

　　作為一個初探性研究，本文僅初步介紹慈幼印書館出版的概況與歷史，並就部分作品稍加分析，未來應當可以繼續加強：(一)、從比較文學的角度，分析慈幼印書館所出版的外國翻譯小說與戲劇意涵，以及跨文化翻譯的現象；(二)、從守門人的角度，繼續深入研

---

[56] Shih, Shu-mei, "Against Diaspora: The Sinophone as Places of Cultural Production," Jing Tsu and David Wang (eds.). *Globalizing Modern Chinese Literature: A Critical Reader on Sinophone and Diasporic Writings.* London: Brill, 2010, p.29-30.

[57] 陳堅銘，〈國共在澳門的競逐——以「一二‧三事件」(1966~67) 為中心〉，《臺灣國際研究季刊》第 11 卷第 4 期 (2015.12)，頁 153-177。

究出版社負責主編的神父；（三）、研究同一時期出現的宗教刊物，如何推動教義與文學，如《明我》月刊與《晨曦月刊》，特別是《晨曦月刊》屬於宗教刊物，主要刊發新詩。根據呂志鵬研究，其初刊據現有資料推斷應在 1956 年間，由教會主持，發行人為阮振華司鐸，澳門院聲社出版，主編為林家駿司鐸，承印則為澳門慈幼學校，當年除澳門地區之外，該刊還流通於香港、臺灣、星洲、印度尼西亞等地。其中有一欄目「新綠園地」是刊登文學作品的，不少澳門、臺灣、香港的青年學子都曾在這裡初試啼聲[58]。

---

[58] 呂志鵬，《澳門中文新詩發展史研究（1938~2008）》（澳門：社會科學文獻出版社、澳門基金會，2011）。

主要參引文獻

一、中文

（一）專書

王建開，《五四以來我國英美文學作品譯介史 1919-1949》，上海，上海外語教育出版社，2003。

吳志良、金國平、湯開建，《澳門史新編——第四冊》，澳門，澳門基金會，2008。

吳志良、湯開建、金國平，《澳門編年史——第五卷》，澳門，澳門基金會，2009。

吳曉樵，《中德文學因緣》，上海，上海外語教育出版社，2008。

呂志鵬，《澳門中文新詩發展史研究（1938~2008）》，澳門，社會科學文獻出版社、澳門基金會，2011。

虎闌，《舊書鬼閒話》，石家莊，河北教育出版社，2005。

施白蒂著、金國平譯，《澳門編年史——二十世紀（1900-1949）》，澳門，澳門基金會，1999。

胡粵華改編，《最大的禍患》，澳門，慈幼印書館，1948。

張澤賢，《中國現代文學戲劇版本聞見錄續集 1908-1949》，上海，上海遠東出版社，2010。

張澤賢，《中國現代文學翻譯版本聞見錄續集 1901-1949》，上海，上海遠東出版社，2014。

張澤賢，《民國出版標記大觀》，上海，上海遠東出版社，2012。

黃鴻釗，《澳門史》，福州，福建人民出版社，1999。

慈幼印書館編，《慈幼印書館出版消息 3》，澳門，慈幼印書館，1949。

慈幼印書館編，《慈幼印書館出版消息 4》，澳門，慈幼印書館，1949。

慈幼印書館編，《慈幼印書館出版消息 5》，澳門，慈幼印書館，1949。

慈幼印書館編，《慈幼印書館圖書目錄》，澳門，慈幼印書館，1946。

廣東省連州市政協文史委員會，《連州文史資料》第 17 輯，連州市，廣東省連州市政協文史委員會，1998。

鄭振偉，《1940 年代的澳門教育》，北京，中國社會科學出版社，2016。

霍志釗，《澳門土生葡人的宗教信仰　從「單一」到「多元混融」的變遷》，北京，社會科學文獻出版社，2009。

蘇冠明主編，陳植性選注，《中國歷代名詩一百首》，澳門，慈幼印書館，1947。

蘇冠明主編，陳植性選注，《詩經（一）》，澳門，慈幼印書館，1944。

蘇冠明主編，陳植性選注，《詩經（二）》，澳門，慈幼印書館，1945。

蘇冠明主編，葉深詮釋，《大學新詮》，澳門，慈幼印書館，1943。

蘇冠明主編，葉深詮釋，《中庸新詮》，澳門，慈幼印書館，1946。

（二）專書論文

張鴻喜，〈澳門社會福利服務民營化研究〉，收入婁勝華編，《澳門人文社會科學研究文選‧
　　行政卷》，北京，社會科學文獻出版社，2009，頁 127-53。

劉羨冰，〈澳門教育的特色〉，收入單文經、林發欽編，《澳門人文社會科學研究文選‧教
　　育卷》，北京，社會科學文獻出版社，2009，頁 65-68。

（三）期刊論文

王國強，〈1900 年以來澳門文學期刊的發展〉，《澳門研究》第 75 期（2014.12），頁 183-190。

王國強，〈1949 年以前澳門教科書的出版概況〉，《澳門研究》第 89 期（2018.6），頁 136-161。

李淑儀，〈從澳門公共圖書館外文館藏探究 20 世紀前澳門的鉛活字印刷〉，《文化雜誌》第
　　98 期（2016.11），頁 131-150。

林子雄，〈澳門印刷出版史述略〉，《嶺南文史》第 2 期（2000.6），頁 56-61。

陳潔儀，〈論鍾曉陽〈喚真真〉的成長故事與香港集體記憶的關係〉，《淡江中文學報》第
　　22 期（2010.6），頁 155-186。

彭福英，〈天主教在華刊物述略（1872-1949）〉，《圖書資訊學刊》第 12 卷第 1 期（2014.6），
　　頁 55-76。

程野聲，〈澳門慈幼印書館回顧與前瞻〉，《上智編譯館館刊》第 3 卷第 5 期（1948.10），
　　頁 202-204。

（四）報刊、網路

陳興翼，〈悼念武幼安神父〉，《鮑思高家庭通訊》第 121 期（1994.6），（http://www.sdb.org.hk/
　　old/sbchinese/arc/arc/12104.htm）瀏覽日期：2019.07.30。

佚名，〈蘇冠明神父在粵華〉，《鮑思高家庭通訊》第 32、33 期（1979），（http://www.sdb.org.hk/
　　old/sbchinese/arc/arc/03211.htm）瀏覽日期：2021.11.29。

佚名，〈高申祿神父〉，《公教報》，1992 年 2 月 14 日，https://archives.catholic.org.hk/
　　In%20Memoriam/Clergy-Brother/M-Coarezza.htm 瀏覽日期：2021.11.29。

張冠榮，〈李嘉堂紀念出版社成立五十週年〉，《鮑思高家庭通訊》第 181 期（2004.3），（http://
　　www.sdb.org.hk/sbchinese/181/18113.htm），瀏覽日期：2021.11.29。

良友之聲出版社，〈我們的故事〉，（http://www.vaphk.org/sub-about-us/history 瀏覽日期：2019.07.30.。

蘇冠明神父（Michael Suppo）（http://www.sdb.org.hk/?p=4330）。瀏覽日期:2021.11.29。

佚名，〈1951年聖母軍在華覆滅：煽動教徒對抗中國政府〉，《中國臺灣網》（2016.4），（https://3g.china.com/act/military/62/20160401/22354651.html）瀏覽日期：2021.11.29.

蘇冠明神父（Michael Suppo）（http://www.sdb.org.hk/?p=4330）。瀏覽日期:2021.11.29。

中國現代文學　第四十期
2021 年 12 月 131-150 頁

情感何所依
——李維怡、可洛、張婉雯小說中的
市區重建與無地方性*

鄒文律**

摘要

　　市區重建令香港近二十年的城市景貌變化不少，許多舊區重新發展成為中產階級住宅，或者裝潢華貴的大型商場。李維怡、可洛、張婉雯等長期在香港生活的「後九七香港青年作家」面對資本重塑城市空間帶來的轉變，舊區文化消逝，無不心生惆悵，遂把自己的所見所感寫成小說。本文關注「後九七香港青年作家」小說中鮮為論者提及的面向——市區重建如何造成人與地方的情感斷裂，以及無地方性。本文首先借助地方心理學，分析「後九七香港青年作家」小說怎樣展現人與地方的情感連結，關注被迫遷者的內心感受，試圖讓讀者了解人被迫從原居地遷徙至他處時，心理健康遭受的影響。及後，本文亦會指出市區重建對於舊區建築和文化的破壞，如何讓「後九七香港青年作家」擔憂香港各區最終失去特色，產生無地方性的憂慮。最後，本文意圖點出李維怡、可洛，張婉雯三位作家的共同文學關懷，即是通過小說展現個人對資本主導的城市發展模式之抗拒，渴望日後的城市發展模式能夠尊重香港既有的歷史和文化，藉此表現對香港此城的「地方之愛」。

關鍵詞：香港文學、地方、無地方性、後九七香港、市區重建、地方心理學

---

* 本論文為香港研究資助局（RGC）資助的教員發展計劃（FDS）：「城市景貌之想像——後九七香港青年作家研究」（"Imagination of Cityscape: A Study on Post-1997 Hong Kong Young Writers"）（計劃編號：UGC/FDS25/H01/18）的研究成果之一。承蒙兩位匿名審查人惠賜寶貴意見，計劃副協調員趙曉彤博士及研究助理葉秋弦小姐提供重要協助，謹此銘謝。
** 鄒文律，香港高等教育科技學院語文及通識教育學院副教授。

Where Feelings Lie: The Urban Renewal and the Placelessness in Novels by Lee Wai-yi, Ho Lok and Cheung Yuen-man

Man-Lut Chau[***]

Abstract

Urban renewal has caused many changes in Hong Kong's urban landscape in the past two decades. Many old districts have been re-developed into middle-class residences or high-end shopping malls with luxury stores. Post-1997 Hong Kong Young Writers such as Lee Wai-yi, Ho Lok, Cheung Yuen-man, and others, who have lived in Hong Kong for a long time, have witnessed the reshaping of the urban space, which has resulted in the disappearance of the old district culture. These writers felt melancholy and expressed their feelings through novels. This article focuses on an aspect rarely mentioned by academics in the novels written by Post-1997 Hong Kong Young Writers – i.e., how urban renewal causes the emotional break between people and place, which causes "placelessness".

This article uses the psychology of place to analyze how the novels of post-1997 Hong Kong young writers show the emotional connection between people and place. It also analyzes how writers pay attention to the inner feelings of the residents who lived in the old districts that have been forced to move and try to make readers understand that residents are being driven out of their homes. When residents are forced to move, it can negatively affect their mental health. The article will also point out how urban renewal has destroyed buildings and the culture of the old districts, as well as how Post-1997 Hong Kong Young Writers worry about the loss of characteristics in various districts in Hong Kong. Finally, the common concerns of Lee Wai-yi, Ho Lok, and Cheung Yuen-man will be discussed, that is, through their novels that show personal resistance to capital-driven urban developments, hoping that future urban development

[***] Associate Professor, School of General Education and Languages, Technological and Higher Education Institute of Hong Kong.

can respect Hong Kong's existing history and culture, in order to express the writer's "topophilia" for this city.

Key words: Hong Kong Literature, Place, Placelessness, Post 1997 Hong kong, Urban Renewal, The Psychology of Place

一、前言：拆舊建新成為城市空間的發展方向[1]

　　若然要討論香港自從一九九七年主權移交以來的小說創作，不能不提李維怡、可洛、張婉雯等書寫城市空間的作品。[2]這批出生於一九七零年代，於香港成長和接受教育的作家，陸續於一九九七年以後贏得港台兩地重要的文學獎項，出版個人第一本小說集，大大豐富了香港文學的小說圖景。晚近有學者把他們歸入「後九七香港青年作家」的範疇進行研究和析論，[3]探討他們小說中城市空間與自然空間此長彼消之間的關係，[4]可見這批作家的小說確實值得研究。[5]細讀這些創作風格不一的小說，不難發現作家相當關心香港城市景貌的變遷，並試圖以小說刻劃箇中變幻的軌跡，折射個人對此城此地的情感和記憶。

[1] 本論文為香港研究資助局（RGC）資助的教員發展計劃（FDS）：「城市景貌之想像——後九七香港青年作家研究」（"Imagination of Cityscape: A Study on Post-1997 Hong Kong Young Writers"）（計劃編號：UGC/FDS25/H01/18）的研究成果之一。承蒙兩位匿名審查人惠賜寶貴意見，計劃副協調員趙曉彤博士及研究助理葉秋弦小姐提供重要協助，謹此銘謝。

[2] 可洛，原名梁偉洛，畢業於香港浸會大學中國語言及文學系。畢業後，可洛曾從事編輯工作，後專職寫作和任教寫作班。可洛曾獲中文文學創作獎小說組冠軍（2010）、新詩組冠軍（2004）、香港文學雙年獎推薦獎（2007）等多個文學獎項。著有小說集《繪圖師》（2005）、《鯨魚之城》（2009）、《小說面書》（2011）、長篇小說「女媧之門」系列（共七本），詩集《幻聽樹》（2005）等。李維怡畢業於香港中文大學新聞及傳播系，後又同校主修人類學獲社會科學哲學碩士。畢業後，李維怡主要在香港從事紀錄片創作、錄像藝術教育、市民規劃運動，現為影像藝術團體〔影行者〕的藝術總監。她曾獲得第十四屆《聯合文學》小說新人獎中篇首獎（2000）。著有小說集《行路難》（2006）、《沉香》（2011）、《短衣夜行紀》（2013）等。張婉雯，博士畢業於香港大學中文學院，現為理工大學中文及雙語學系導師。張婉雯曾獲聯合文學新人中篇小說首獎（2011）、中國時報文學短篇小說評審獎（2013）等多個文學獎項。著有小說集《極點》（合著，1998）、《甜蜜蜜》（2004）、《微塵記》（2017）、《那些貓們》（2019）等。

[3] 鄒文律認為這群作家擁有類近的成長經歷和教育背景——他們在香港接受基礎教育，並於在地大學完成本科／碩士學位課程，於一九九七之後出版第一本個人小說集。這批作家包括張婉雯（1972-）、李維怡（1975-）、謝曉虹（1977-）、韓麗珠（1978-）、可洛（1979-）、麥樹堅（1979-）等。他們長年在香港生活，童年或青少年時經歷了一九八零、九零年代香港經濟和城市化急速發展的時期，見證了資本如何不斷形塑香港的城市及自然空間，屬於擁有相類城市生活經驗的「後九七香港青年作家」。見鄒文律，〈論《i-城志‧我城 05》的城市及身體空間書寫——兼論「後九七香港青年作家」的情感結構〉，《人文中國學報》25（2017.12），頁214-216。

[4] 鄒文律，〈「後九七香港青年作家」小說的城市與自然〉，《臺北大學中文學報》28（2020.9），頁519-551。

[5] 關於討論這批作家的論文中，以研究韓麗珠的為數較多；例如以她為研究對象的碩士論文有：鍾夢婷，《韓麗珠「家」的書寫》（香港：香港中文大學，中國語言及文學系，2012）、溫煒瓴，《香港作家韓麗珠小說研究》（臺灣：國立中央大學中國文學系，2015）。以韓麗珠、謝曉虹、李維怡三位女作家為研究對象的碩士論文有：陳姿含，《九七後香港城市圖像——以韓麗珠、謝曉虹、李維怡小說為研究對象》（臺灣：國立清華大學中國文學系，2016）；以韓麗珠研究對象的學術期刊論文：梁淑雯，〈無法「把身體放下」：香港女作家韓麗珠小說中的身體書寫〉，《文藝爭鳴》2（2018.2），頁7-13、林怡伶，〈轉變是希望的開始？——論韓麗珠《風箏家族》身體與空間的變異意涵〉，《東華中國文學研究》11（2012.10），頁199-216；以可洛小說為研究對象的論文有：鄒文律，〈重塑「我城」——從西西《我城》到可洛《鯨魚之城》〉，《東海中文學報》36（2018.12），頁36-68、鄒文律，〈高樓與商場：可洛、陳志華、韓麗珠的超密度城市空間書寫〉，《人文中國學報》32（2021.5），頁161-186。以李維怡為研究對象的論文有：郭詩詠，〈能動的現實：李維怡小說的鬼魅書寫〉，《中國現代文學》38（2020.12），頁45-72。

　　近二十年的香港城市景貌變化雖然不至於改頭換面，但細看的話，變化著實不少。隨著香港人口持續增長，工業陸續在一九九零年代向生產成本更低的中國內地轉移，房地產發展和金融服務業取代工業生產成為香港的經濟增長動力來源。戴維‧哈維（David Harvey）指出，資本主義必然以增長為導向，當某一資本主義階段塑造的地理景觀成為資本進一步積累的障礙時，以增長為導向的資本主義必然會通過破壞和重新開發，重塑地景。[6]由是觀之，重新發展九龍半島和香港島等市中心地區以促進資本積累，乃是奉行資本主義的香港政府必然的舉措。此外，香港的市中心地區有不少樓房樓齡逾五十年，外部立面殘破，內部居住環境不理想，大型維修或重建刻不容緩。一九九八年，位於市中心九龍城區的啟德機場（一九二五年啟用）搬遷至大嶼山赤鱲角，市中心地區的建築物不再受制於高度限制，倘若此時進行拆舊建新，不單能夠在一定程度上改善該區居民的居住環境，土地價值亦能夠得到大幅度重新估算。為了吸引資本進行重新開發，香港政府於一九八八年成立土地發展公司，以自負盈虧的運作方式推動市區重建（又稱市區更新），試圖改善舊區居民生活環境的同時，滿足城市對商場空間和住宅空間不斷增長的需求。二零零一年，香港政府以亞洲國際都會為城市定位，[7]旨在以全球城市（Global City）持續吸引世界各地資本流入香港，鞏固香港做為國際金融中心的地位。二零零三年港澳個人遊開通後，香港更成為中國大陸遊客旅遊和購物的重要去處，為香港的零售業帶來巨量收入，進一步推升了商場空間的需求。從城市空間發展的角度來看，若然要保持亞洲國際都會的全球城市身份，讓資本得以持續積累，興建甲級辦公大樓、高尚住宅、大型商場，以及與之相配的高端文化藝術設施，理所當然成為城市空間的主要發展方向。然而，九龍半島和香港島等市中心地區發展甚早，交通配套和生活設施完善，但可以用作進一步發展成為商業大廈和中產階級住宅的土地卻十分有限，拆舊建新在所難免。為了加快市區更新的步伐，政府在二零零一年成立市區重建局取代土地發展公司，公佈《市區重建策略》，先後推動了灣仔利東街、深水埗醫局街、荃灣市中心、觀塘市中心等多個市區重建項目，大大改變了香港市區的城市空間景貌。

　　對於「後九七香港青年作家」而言，[8]市區重建絕非陌生之事。然而，李維怡、可洛和張婉雯這三位作家，則以小說聚焦表達他們對於市區重建的觀感和思考。隨著熟悉的城

6　根據戴維‧哈維的解釋，「地方」（Place）是一種社會構造（social construct），是某一時空和地圖中擁有界限的實體，而這個實體具有「永恆性」（permanence），即使這種「永恆性」並非不減的。見戴維‧哈維（David Harvey）著，胡大平譯，《正義、自然和差異地理學》（上海：上海人民出版社，2010），頁337-340。

7　香港特別行政區政府新聞處香港品牌管理組，〈香港亞洲國際都會〉，https://www.brandhk.gov.hk/html/tc/，瀏覽日期：2021.4.30。

8　本文以為「後九七香港青年作家」此一概念的提出，有助喚起文學研究界對於某一世代香港作家的關注。本文循此概念出發，旨在發掘李維怡、可洛，張婉雯三位處於相近/同一世代的作家在小說裡對市區重建此一主題的共同關注，以期推進相關作家作品的研究。本文所論之小說，從小說發表時間看來，散落於二零零六年至二零一八年之間，反映了他們對於一九九七年以後香港城市發展的感受和思考。雖然三位作家的作品創作風格不同，相關小說發表先後時間不一，但對於一九九七年以後持續進行至今的市區重建，三位作家皆展現了極其類近的感受。物換星移，本文論及的三位「後九七香港青年作家」已經步入中生代作家之列。對任何作家/作家群冠以時間標籤，終究有其時效性，日後是否能夠繼續以「後九七香港青年作家」

市空間和社區漸次消失，演變成為守衛森嚴的中產階級住宅，或者裝潢華貴的大型商場，作家難免感到惆悵和失落。李維怡曾經親身支援重建區居民，可洛亦曾參與保育皇后碼頭的社會運動，對於市區重建帶來的影響有切身體會。閱讀這三位作家的小說，其中不乏反思資本不斷積累，不斷重塑香港地景而引致人與地方的情感斷裂，無地方性等現象的篇章，值得細析。本文特意選取李維怡、可洛，張婉雯三位作家筆下跟市區重建有關的小說，探討作家如何看待這類城市空間運用的問題，藉此豐富文學界對相關領域的研究。

二、資本重塑地景造成人與地方的情感斷裂

　　關注市區重建的小說中，不能不提的是李維怡依據親身經驗寫成的〈聲聲慢〉。〈聲聲慢〉以二零零四年灣仔利東街（又被稱為「喜帖街」）重建項目引發的社會運動為背景，描述受市區重建影響的中學生小碧一家，及其鄰居面對重建的反應和感受。[9]現實中，經過居民和社會各界人士連月爭取，市區重建局最終保留了皇后大道東186-190號的唐樓（興建於第二次世界大戰前），卻沒有採納利東街居民提出的重建方案，包括當中非常重要的「樓換樓，舖換舖」原區安置提議，並在二零一零年封閉該街區。雖然是次社會運動看似沒有取得許多實質成果，卻對香港社會運動發展具有里程碑式的意義，因為自這次運動開始，越來越多香港市民就保留本地社區、地方特色及集體回憶表達訴求。[10]李維怡曾經親身協助灣仔利東街居民爭取保留街道部分舊樓，並主編記錄是次社會運動的紀實文集《黃幡翻飛處——看我們的利東街》。李維怡對於這個市區重建項目帶來的諸種影響深有體會，後把感受發展成短篇小說〈聲聲慢〉。李維怡的小說創作多以現實主義為基本形式，時常通過小說展現香港基層市民的生活和想法，例如描寫經常獨自前往自修室的長者的〈紅花婆婆〉；描繪新來港單親母親生活的〈平常的一天〉等。郭詩詠認為李維怡是香港少數具有明顯左翼立場，一直嘗試以寫作介入現實的香港作家。[11]關於現實主義味道濃厚的《聲聲慢》，董啟章認為小說的核心在於描繪受影響居民之間的不同立場，而作家寄託於堅守家園的街坊的立場則十分清晰。[12]陳智德則認為，小說的意義在於點出公共政策不

　　來命名本文所論之作家，又或者他們所寫的小說是否適合持續以「後九七」的時間標籤來標示，值得再思。然而，本文所論之作家確實成為當前香港文學的中堅力量，值得研究者持續追蹤和關注。

9　〈聲聲慢〉首次發表於《字花》1（2006.5），頁 18-22。後來收入《行路難》中。

10　郭恩慈，《東亞城市空間生產：探索東京、上海、香港的城市文化》（台北：田園城市出版社，2011），頁172-173。

11　關於李維怡的現實主義創作特色，見郭詩詠，〈現實作為方法——李維怡專輯——寫作，以克服：讀李維怡〈笑喪〉〉，《字花》20（2009.7-8），頁 93-98。郭詩詠，〈能動的現實：李維怡小說的鬼魅書寫〉，《中國現代文學》38，頁 45-72。

12　董啟章：〈寫也難，不寫也難〉，收入李維怡：《行路難》，（香港：Kubrick，2009 年），頁 13。

關心人的情感，亦無從處理公共空間中的個體問題。[13]董啟章和陳智德的評論對於理解這篇小說極具幫助，但本文試圖進一步指出，李維怡之所以敘寫居所面臨清拆的小碧一家及其街坊的故事，不止是對留守直至最後的居民寄予同情，或者打算以小說來呈現個人情感和記憶在公共政策面前無從安放的窘境；還試圖以富有情味的筆觸，呈現市區重建造成的經濟利益／成本分配不公，以及迫遷怎樣破壞居民與地方的情感連結，進而危及他們的心理健康。

〈聲聲慢〉通過小碧的視角展開，開首即講述她就讀的學校，新翼校舍因為地權不清的問題而被迫暫停使用，繼而引起正在上經濟課的同學議論紛紛。有同學認為全校師生都要擠在舊翼校舍上課，空間實在不足；亦有同學指出，經濟學課本上說只要有足夠賠償，學校亦能賣掉新翼校舍。小碧在議論聲中想起曾經學過「externalities」（外部效應）的經濟學概念，[14]靈機一觸，便問老師在這件事上，學生是否承擔了「外部效應」，結果引起全班哄笑。小碧之所以對「外部效應」如斯敏感，皆因她居住的樓房正正位處市區重建區，她跟家人正面對應否接受賠償遷離居所的現實問題。

從這場發生在經濟課上的討論可見，李維怡充分意識到城市空間運用背後涉及的經濟邏輯，以及在市區重建中出現的經濟利益／成本分配不公的問題。市區重建帶來的地景重塑，固然能夠為政府和地產發展商帶來經濟效益，促進資本積累；但受重建影響的居民如果無法得到足夠的經濟賠償於原區另覓居住條件相近的居所，則很有可能需要遷往他區，難以保留原來的生活方式，最終承擔市區重建帶來的「外部效應」。小說描寫重建區處處貼著那個「以人為本」標誌（「以人為本」乃市區重建局標誌的設計意念及其信念）的「此乃市建局物業」，十室卻早已九空，剩下的居民亦開始為迫遷做準備。[15]慮及搬遷之後無法維持大小相若的居住空間，林財記只好把視為命根般的金魚帶去香港公園放生，[16]曾婆婆則偷挖公園花槽，把自己家中的萬年青、迎春花種植在它們的同類旁邊。[17]這些金魚和植物，對已屆暮年的老人來說，不僅是一種興趣愛好，還是他們相依相伴的生活伴侶；如今卻因為搬遷而不得不捨棄，老人難免感到傷痛和不捨。對於這些市區重建帶來的「外部效應」，林財記和曾婆婆都只能默默承受。李維怡刻意描繪這些片段，旨在點出市區重建帶

---

[13] 陳智德：〈兩種自由與白色灰燼〉，收入李維怡：《行路難》，頁 25。

[14] 「externalities」（外部效應／外部性）即是指「經濟體系中的某一個體 B，採取某特定行為時，對 A 之效用函數（當 A 是消費者時）或生產函數（當 A 是生產者時）中的實質變數產生影響，且 B 並不以為意其對 A 的福利水準產生影響時，此時「外部性」即產生了。通常這種福利的變化，並未透過市場價格的變動而反映，因此 B 之某特定經濟行為所造成的社會成本中，就有部分成本不必自己負擔，或有部分利益不能歸自己享受，這個部分我們稱之為外部性。」國家教育研究院，〈雙語詞彙、學術名詞暨辭書資訊網〉，http://terms.naer.edu.tw/detail/1316618/，瀏覽日期：2021.4.30。

[15] 李維怡，《行路難》，（香港：Kubrick，2009 年），頁 238。

[16] 同前註，頁 239。

[17] 同前註，頁 246。

來的經濟利益／成本分配不公──市區重建為居民帶來的「外部效應」並沒有得到宣稱「以人為本」的市區重建局的足夠重視。

此外，〈聲聲慢〉還聚焦於迫遷為居民帶來的心理健康危機。在研究人與地方的關係之學科中，地方心理學（the psychology of place）關注人與地方的情感連結，以及人被迫從原居地遷徙至他處時，心理健康遭受的影響。人與地方的情感連結可謂人類的基本需要，而地方心理學則假定個體渴望從地方（place）獲得歸屬感，這種歸屬感通過三種心理過程產生，分別是「熟悉」（familiarity）、「依戀」（attachment）和「認同」（identity）。人如果被迫遷居他處，人與地方的情感連結便會被破壞，產生三種與前述相反的心理過程，分別是「定向消失」（disorientation）、「懷舊」（nostalgia）和「疏離」（alienation）。[18]人惟有對某一地方產生歸屬感，才會視這片地方為「家」，而不僅僅是居住和活動的空間。

李維怡留意到不同居民面對市區重建時，心態和選擇都不盡相同。有不少居民像陳太和斥叔，願意接受市區重建局提出的賠償遷出，趁此機會改善自己的居住環境──畢竟利東街的唐樓建成於一九五零至六零年代，外部立面殘破，內部亦沒有升降機連通各層，為居民的生活帶來一定不便。留守者雖然佔比不多，像林財記、曾婆婆和小碧，但他們對於居住多年的樓房，以及周遭的環境有深厚的情感連結。他們在社工阿芹的協助下，一直渴望通過與市區重建局談判獲得更好的安置方案，要言之即是希望原區安置。可是，政府最終頒發「收回土地令」，留守居民再無談判空間。堅持不肯遷出的小碧與決定妥協賣樓的父親，為了應否賣掉從祖父開始居住至今的樓房大起爭執。敘述者形容小碧以前所未有的強悍語氣指責父親：「就是你們那麼辛苦賺錢才買得到這層樓，幹什麼給人家喝兩喝就要執包袱走呀？」當父親辯稱賣樓是為了保護「這頭家」時，小碧反駁道：「我做那麼多事也是為了保護這頭家！他們會把這兒拆光呀，我們走了，樓下曾婆婆怎麼辦呀！」[19]小碧認為樓房不單是居所，還是他們的「家」，是她「熟悉」和「依戀」的地方，象徵了她出生至今的生活方式，不容拆光。正因如此，小碧才一直主動協助社工阿芹組織居民，與市區重建局持續談判。在人與地方的情感連結中，「熟悉」指人對環境具有一種親密的認知，是經年累月與環境互動所積累的結果；熟悉的環境讓人感到一切皆是如此理所當然，是舒適和自在感的來源。[20]小碧自出生起便住在這兒，無疑非常「熟悉」週遭的環境，甚至產生「依戀」之情。「依戀」能夠在人的一系列情感和行為中見出，而人對地方的「依戀」，驅使人致力拉近自己與地方的物理距離，藉此維持與它的連繫，覓得安全和滿足感。[21]即使不少鄰居早已遷走，小碧依然不願離開這個她「依戀」的地方。

---

[18] Fullilove, M. T., "Psychiatric implications of displacement: Contributions from the psychology of place," *American Journal of Psychiatry*, 153:12(December 1996): pp. 1518-1521.

[19] 「這頭家」是粵語，即「這個家庭」的意思。

[20] Fullilove, M. T., "Psychiatric implications of displacement: Contributions from the psychology of place," pp. 1518.

[21] 同前註，pp. 1519.

　　父女二人的爭執最終以父親把筷子拍到桌上，嚴厲斥喝告終：「你有什麼資格講保護！老豆不用你教我怎樣做人！」[22]父親認為小碧沒有付錢購買和維修樓房，無權在是否賣樓一事上置喙。敘述者這樣描述小碧的反應：「小碧望著老爸，忽然腦袋一片空白，她由出世就住在這間屋，但忽然她感到，怎的這不是她的家。」[23]小碧對出生至今一直居住的樓房懷有強烈「認同」，把它視為自己的「家」。參考地方認同（place identity）的概念，地方往往被整合至自我意識（sense of self），是認同建構過程中的核心元素。[24]盛怒之下的父親不單否定小碧為保護樓房所作的努力，還否定了她對樓房的所有權，認為她連保護樓房不被賣掉／清拆的資格也沒有。這種對小碧的「認同」的否定，深深傷害了她的自我歸屬感。

　　小碧傷心地離家出走，獨自避往樓下自小看顧她長大的曾婆婆家留宿。小碧的父母「日夜合做四份工」，[25]把小碧和哥哥從小托管在鄰居曾婆婆那兒，由她來照顧。對小碧而言，曾婆婆除了是童年的照顧者，關係更猶如親人那樣親近。小碧的母親得知女兒去了曾婆婆家，便把一膠袋替換的衣物於窗外通過一條尼龍繩錘下，讓曾婆婆用雨傘把膠袋勾進來，交給小碧。這個方法是小碧小時候自豪的小發明，供她家（六樓）和曾婆婆（四樓）互相交通物件之用。當曾婆婆看到膠袋時，敘述者如此形容她的心情：「曾娣看著那個大膠袋，心裡載著許多年月，直覺得不知該往哪裡放」。[26]李維怡敘寫這個片段絕非偶然，而是希望以寫實的筆觸，具體地描繪「家」之所以為「家」必須具備的元素。加斯東‧巴舍拉（Gaston Bachelard）在討論家屋的空間特質時指出，認為這個擁有私密感的內在空間，是整合人類思維、記憶與夢想的最偉大力量之一，也是回憶的住處，是人日復一日落腳的「人世一隅」，構成人的第一個宇宙，為人抵禦天上和人生的各種風暴，失去了家屋的人就如同失根浮萍那樣。至於人誕生的家屋，更會在人身上留下深刻的印記，銘刻各種居住的作用和層次。[27]小碧和曾婆婆的樓房，對小碧而言不僅是居住和活動的空間，更是她誕生的家屋，銘刻了她成長過程裡的各種回憶。小說除了描述小碧那件自豪的小發明，還敘寫她在看著曾婆婆家跟她家一模一樣的窗時，勾起了許多兒時被托管在此的回憶，慢慢在朦朧之中睡去。[28]樓房若然清拆，不獨小碧那小發明再無用武之處，小碧和曾婆婆亦難以再做鄰居。對小碧而言，曾婆婆的居所也是她的「家」的延伸，有深厚的情感連結。

---

[22] 「老豆」是粵語，即「老爸」的意思。

[23] 李維怡，《行路難》，頁 244。

[24] Fullilove, M. T., "Psychiatric implications of displacement: Contributions from the psychology of place,", pp. 1520.

[25] 李維怡，《行路難》，頁 245。

[26] 同前註，頁 245。

[27] 加斯東‧巴舍拉（Gaston Bachelard）著，龔卓軍譯，《空間詩學》（台北市：張老師文化出版社，2003），頁 65-77。

[28] 李維怡，《行路難》，頁 243-244。

　　當然，李維怡並沒有認為對全體居民而言，樓房和居民原有的生活方式毫無疑問地值得保留。從小說內置的留守者 vs 遷出者；老幼 vs 成年人的二元對立關係中，李維怡不忘告訴讀者為什麼有些人願意接受賠償，想要搬遷到居住環境更好的樓房（例如小碧的哥哥、高婆婆的兒子等）；對這些身強力健的成年人來說，市區重建未嘗不是改善個人生活的契機。然而，李維怡仔細敘寫小碧、曾婆婆和林財記等重視街坊情誼，渴望保存原有社區網絡的老幼留守者，寫出迫遷如何扯斷他們與地方的情感連結。畢竟，身強力健的成年人可以在他區重建自己的「家」，但年邁的長者卻無法適應新的居所和社區；就像小說提到的高婆婆，三天兩天便回來舊居附近巡街，與老街坊聚在一起。高婆婆的兒子早就賣樓與她一起搬走，但高婆婆卻害怕在新居乘搭充滿陌生人的升降機，難以習慣新社區充滿陌生人的生活。留守的老街坊見了高婆婆，倒不嫌她煩，樂意輪流招呼她。[29]擁有升降機的新居改善了高婆婆的出入問題，卻讓她陷入「定向消失」的心理過程：混亂和發呆都是人在不情願地失去「熟悉」的地方時所產生的心理感覺。讀者不難想像，當清拆行動正式展開，街坊四散，高婆婆「定向消失」的情況只會更見嚴重。回顧市區重建局重建利東街的計劃，利東街的居民因為過往數十年來的守望相助，鄰里之間的經濟活動和生活關係非常密切；而重建計劃不包括原區安置，瓦解了他們多年來建立的社區網絡，正正是居民面對重建最大的憂慮之一。[30]通過〈聲聲慢〉，李維怡希望讀者能夠理解留守者不願遷出的理由——對於舊區居民而言，樓房不止是居住和生活的物理空間，不止是價格可升可跌的資產，還是他們充滿了歸屬感的「家」，織入了他們對地方的情感連結，以及多年來通過緊密的人際關係而建立的社區網絡。

　　市區重建引發的人與地方情感斷裂，以及失去相應的社區網絡，在可洛的小說〈守城人〉得到共鳴。與李維怡的現實主義寫作形式不同，可洛偏向現代主義創作風格，喜歡從事各種文學形式風格的實驗，例如曾經模仿社交平台 Facebook 的特點，創作短篇小說集《小說臉書》；《鯨魚之城》則是對西西《我城》的重寫，設想主角阿果等人在二十一世紀香港的生活；最新出版的《幻城》則是一本後九七香港的城市寓言，以「幻城」隱喻香港的後九七城市景況。小說〈守城人〉同樣關注市區重建造成的問題，這次的焦點則落在觀塘裕民坊，以及虛構城市「幻城」中的二十層區「心水寶」。為什麼小說以觀塘重建區裕民坊為背景？可洛自言裕民坊對他來說是一個充滿感情和回憶的地方，小時候他不僅常常在那一帶遊玩，就連第一次光顧的麥當勞也在那兒。得悉裕民坊即將清拆和重建，他多次重遊舊地，可見他對裕民坊及周邊地區的「熟悉」和「依戀」。當他創作《幻城》時，便把自己對裕民坊的印象寫入小說，構成〈守城人〉的創作背景。[31]裕民坊位於觀塘中心地帶，鄰近鐵路站，自一九五零年代已經開始發展。與利東街的情況相近，該地區屬於《市

29　同前註，頁 240。

30　周綺薇、杜立基、李維怡編，《黃幡翻飛處：看我們的利東街》（香港：影行者有限公司，2007），頁 15-16。

31　鄒文律，〈從書寫到自然，從自然到城市──專訪可洛〉，《大頭菜文藝月刊》57（2020.5），頁 13。

區重建策略》劃定的重建目標區。市區重建局由二零零七年開始對裕民坊及其周邊的物業進行收購和重建，預算在二零三零年完成。小說描寫長年居於裕民坊的林守明，沿地鐵站回家時，沿路看見政府掛出的宣傳標語：「家是香港」，但裕民坊一帶林守明熟悉的店鋪盡皆結業，掛上「此乃市區重建局物業」的標牌，讓林守明覺得這片人去樓空的地方，再沒有「家」的感覺。[32]裕民坊一帶的居民和商戶大多接受賠償遷出，但租書店店主陳老闆因為正在跟市區重建局進行法律訴訟，拖延了清拆行動，讓林守明和妻子得以繼續住在裕民坊。陳老闆之所以興訟，並非為了求財，而是希望能在原區繼續經營租書店，讓附近的街坊能夠繼續有一處租書的地方，可見陳老闆非常珍視多年建立的社區網絡，甚至不惜花費時間和金錢投入勝算甚微的官司之中。林守明選擇留守，則是不想離開父母留給自己的樓房，以及從小長大的社區。[33]對林守明而言，這兒是他「熟悉」和「依戀」的地方，但迫遷已經近在眼前，賠償不足以讓他購買同區的樓房，情況一如〈聲聲慢〉的留守者。對於這種被驅離「家」的情感，段義孚有相當精彩的描述：「當某人將他的部分情感傾注於家庭或社區後，又被強行趕出去之時，就像被強行脫掉了外套一樣，剝奪了他身上能夠跟外界無序世界隔離開來的保護層。」[34]身為作家的林守明沒有穩定工作，必須從事編輯校對等兼職維持生計，裕民坊的樓房對林守明而言，可謂把他和奉資本主義為圭臬，競爭激烈的外在世界隔開的保護層。然而，面對保護層日漸剝落瓦解，林守明既不願意無奈接受，但也無能為力。他能夠做的，便是把自己對市區重建的感受，轉化為筆下的小說。後來，身為作者的他在機緣巧合之下闖入自己筆下的小說世界，於名為「幻城」的城市與其他小說人物經歷了一場反對「心水寶」改建的抗爭運動。

「幻城」是世上生產力最高，最富庶的城市；同時，她的貧富懸殊亦名列世界第一。異於其他從地理上水平擴張的城市，「幻城」是一座垂直發展的摩天城市，高達一百五十層，每一層的容積都十分巨大，能夠容納高樓大廈和各種生活設施，樓層與樓層則以巨型升降機連接。富裕階層在「幻城」普遍住在高樓層，貧窮階層則住在低樓層。近年，「幻城」時常遭受不明來歷的鳥人（一種黑色，無臉，背上有翅膀的人形生物）侵襲，政府採取過不同措施來防治鳥人（例如興建防鳥牆），惟成效不彰。鳥人嗜吃建築材料，對位處較低樓層的舊區建築破壞尤其嚴重。為了防治鳥人和取得繼續向天空擴展的建築基礎，政府決定通過重建局把五十層區以下的全部層區改建成基柱，藉以鞏固「幻城」的結構，同時加快上層層區的興建速度，並把居民遷往上層層區。

「幻城」無疑在許多方面讓人想起香港。例如城市富裕但貧富懸殊問題嚴重、擁有諸如「心水寶」、「三少田」等指涉現實香港「深水埗」、「沙田」的地方。[35]鳥人雖然源自作

---

[32]　可洛，《幻城》（香港：立夏文創，2018），頁 109。

[33]　同前註，頁 111-112。

[34]　Yi F. T., *Topophilia: A Study of Environmental Perception, Attitudes and Values* (Columbia: Columbia University Press, 1990), p.99.

[35]　（「心水寶」的粵語讀音與「深水埗」一致；「三少田」的「三少」在字型上與「沙」相近）

家想像，但深究其設定（嗜吃建築材料、逼使「幻城」政府加速向高空發展），不妨視之為資本主義的化身。資本主義必然追逐成長，「幻城」為了維持經濟發展和資本積累（具體表現為不斷向高空擴展），必須把妨礙資本進一步積累的地景（低層層區）破壞（通過鳥人），藉此重新開發成為能夠促進資本積累的地方（支撐高層層區的基柱）。小說描述鳥人往往都會先把舊區破壞，重建局人員和警察才會把留守的居民和抗爭者驅散。如此看來，鳥人和「幻城」政府並非對立的雙方，而鳥人破壞舊區建築，更是促進資本持續積累必經的地景重塑過程（破壞性建設）。可洛選擇以猙獰和充滿攻擊性的鳥人來象徵資本重塑地景當中的破壞性力量，自是為了表現他不滿資本主義為求追逐經濟成長而摧毀舊區居民的「家」。由是觀之，這場抵抗鳥人，反對改建「心水寶」的抗爭，便可以視為居民為了保護「家」免於資本無窮積累侵擾的抵抗行為。

　　圍繞「心水寶」改建成基柱引發的抗爭事件。構成了〈守城人〉情節的主軸，至此不難看出可洛打算以小說來回應香港市區重建問題的用心。「心水寶」已經是二十層區惟一還有人住的地方，最近更在該區發現了一口歷史悠久的古井，引起了考古學者和保育人士的關注。林守明在「心水寶」，遇上了自小在該區長大的李海心，得悉她之所以反對把「心水寶」改建成基柱，主要是因為她不希望看見「熟悉」的「心水寶」有重大改變，而且這兒的土地和居所構成她無價的「家」。[36]「心水寶」老舊，但它的舊建築（無升降機的唐樓）和事物（鐵皮垃圾桶），皆盛載了「幻城」的記憶與過去，而這一切則賦予李海心一份「熟悉」的親切感。[37]由此可見〈守城人〉中的李海心與林守明，同樣不能接受市區重建把他們驅離自己「依戀」的「家」，與〈聲聲慢〉的小碧並無二致。

三、市區重建帶來的無地方性

　　〈聲聲慢〉和〈守城人〉皆注重呈現市區重建中被迫遷者的內心感受，試圖讓讀者了解人與地方之間的情感連結。與〈聲聲慢〉不同的是，〈守城人〉還通過描繪發生在「心水寶」的抗爭行動，提出在這個以資本主導地景重塑的城市，市區重建帶來的「無地方性」（placelessness），以及反思城市空間運用的其他可能。「無地方性」與「地方」（place）相對，愛德華・瑞爾夫（Edward Relph）指出，「地方」匯聚了人類和自然的秩序，是人生在世的經驗和意向聚焦之處，個人和社區認同的重要來源，對人而言充滿了意義和深厚的情感連結。然而，當某個環境與其他環境變得相似和單一（可能因為現代化的標準規劃或商業化發展），缺乏獨特而具有代表性的地方讓人的情感依附其上，讓人對該地方產生認

---

[36] 可洛，《幻城》，頁 166。
[37] 同前註，頁 178。

同感，便會形構成某個環境的無地方性。[38]香港的市區重建把充滿個性和地方色彩的舊區拆毀，把這些位處城市核心的地區重建成為樓房價格高昂的中產階層住宅，以及租金高昂的商場。重建後的地區，富有歷史感的建築往往被新建的中產階層住宅或商場取代；原來的舊區老店或小店則因為無法承擔高昂的租金，或者原來服務的顧客（原來的舊區居民早已遷走）流失而無法繼續留在重建後的地區經營，要麼搬遷，要麼結業。前文提及的利東街，在二零一五年完成重建後，舊日以售賣印刷品和喜帖為主的地區特色已然淡化，成為擁有豪華私人住宅、露天茶座、高級餐廳及國際特色潮流品牌商店的商業住宅區。事實上，經歷資本擴張和地景重塑後的利東街，當中經營的餐廳，商店與售賣的貨品，跟香港其他大型商場之間已無顯著分別，讓人難以對該地方產生認同感，無地方性由此而生。

　　香港市區重建造成的無地方性，在〈守城人〉裡以面目單一的水泥基柱所象徵。拆毀地區色彩豐富的舊層區，改建成面目單一的水泥基柱，以支持「幻城」持續向高空擴展，乃「幻城」發展的惟一方向。小說描述政府為了把五十層區及以下的層區改建成基柱，打算強行把二十層區惟一還有人住的「心水寶」居民遷往其他層區。清空二十層區後，政府能夠把基柱內部出售或出租給各種機構，興建水電設施、電訊設施和貨倉，[39]促進資本積累。由於「心水寶」最近發現了一口歷史悠久的古井，引起了考古學者和保育人士的關注。於是，留守者、考古學者，保育人士和關注層區改建的社會人士，發動了一場抗爭行動，試圖阻止政府在「心水寶」的清場行動。從小說可見，居民除了因為賠償不足，對「心水寶」懷有情感連結，即使面對鳥人威脅也不願遷往他區之外，以李海心為代表的抗爭者還認為如果失去「心水寶」和當中老舊的事物（例如古井和舊建築），「幻城」便會失去重要的過去和歷史，文化亦會失去養分，最終造成「幻城」的獨特身份逐漸消失。[40]擁有類近想法的人還包括在「心水寶」開設租書店的阿木。阿木的興趣是修理舊物，讓它們能夠繼續運用。這種惜物之情讓他認為「心水寶」尚未壞透，是「幻城」中可以修理的一個零件。此外，「心水寶」更是「幻城」的記憶體，一旦拆了，「幻城」便會淪為一座徒具空殼的失憶之城。[41]從李海心和阿木的想法可見，可洛並不認同資本主導的城市地景重塑。當「幻城」為了追逐經濟成長而把五十層區以下的樓層全數改建成一模一樣的基柱，城市內部不同地方之間的差異性便會消失，地方的文化、歷史和記憶再無寄身之處，產生令情感難以依附其上的無地方性。試問誰可能對毫無特色和生氣的基柱產生「認同」？

　　後來，林守明在嘗試尋路返回現實世界的過程中，偶然發現古井原來通往「幻城」的地下深處，直抵「幻城」根基——那是一條巨大的鯨魚，承托著整座「幻城」。站在鯨魚的背上，林守明遇上自稱為小說作者的神秘人，領悟到如果想要拯救「幻城」，出路不在

[38] Relph, E. C, *Place and Placelessness* (London: Pion, 1976), p.143.
[39] 可洛，《幻城》，頁 199-200。
[40] 同前註，頁 166。
[41] 同前註，頁 207。

天上而是地下。[42]小說雖無明確指出「天上」和「地下」的具體指向，但本文認為，「天上」的出路便是指「幻城」持續發展資本主義，在「鳥人」的追逼下不斷向天空擴展，同時把低層的舊區統統拆毀，好改建成基柱。這是為了經濟成長而容許資本肆意重塑地景，讓無地方性在「幻城」滋長的城市發展方向；至於「地下」的出路既然必須通過古井才能找到，便意味著「幻城」需要保留古井和「心水寶」，放棄資本主導的城市發展模式，尊重「幻城」既有的歷史和文化，保育那些老舊的低層層區。誠如阿木所言，盛載「幻城」記憶的「心水寶」是可以修復的，不必把它徹底拆毀。敘述者意欲告訴讀者的是，「幻城」的未來並非單一的，城市發展的方向也絕非只有一種：市區重建不一定需要夷平舊區；也可以在尊重地區文化和歷史的前提下，通過修復舊建築，一方面保育該區文化和歷史，另一方面發展經濟。惟有新區與舊區並存，「幻城」最終才不會成為無根之城，城市才能成為全體居民的「家」。至此，讀者不難理解可洛的用心——通過小說想像「幻城」的出路來展現作家對現實香港城市發展的期盼——保育舊區文化，拋棄以逐利為本，造成無地方性的市區重建方式。

　　李維怡同樣關心舊區文化的存續。在近期的訪問中，李維怡表示她前往支持利東街的居民後，她才意識到自己原來也是一位「舊區居民」，無法想像自己居住在亮麗的中產階級住宅。她選擇長期居住的深水埗，便是香港其中一個著名的舊區。[43]李維怡把自身對「舊區」的感情和觀察融入小說，於是讀者在〈聲聲慢〉描述的舊區裡，不難發現在那有限的邊界內洋溢著一種彌足珍貴，具備「永恆性」（permanence）的舊區文化。這種文化包含了和諧的人際關係和豐富的社區網絡，是一種人與人之間無分階級地互相關懷，互相照料，而非惡性競爭和互相掠奪的文化。區內的舊式住宅和建築物，則成為承托這種舊區文化的物理空間。那是一片世外桃源般的地方，足以抗衡外部因為資本主義急速發展而變得不確定、充滿衝突、人際關係急遽轉變（變得冷漠和重視效率）的世界。在這個邊界有限的地方（即將被重建的舊區，由一條或數條街道的舊建築組成）裡，像小碧、林財記、曾婆婆，高婆婆等老幼，皆能過著老有所依，幼有所養的生活。李維怡坦言，她喜歡香港舊區的生活和文化，除了因為她長年生活在九龍的舊區深水埗，還因為她非常欣賞舊區生活在運用空間上的自由和彈性，以及舊區居民因為長期互動，彼此熟悉和信任而建立的社區網絡。她認為這些可貴的舊區文化難以在新發展，經過規劃的城市空間中出現。[44]這種對舊區文化的鍾愛，充分反映在〈聲聲慢〉對留守者的同情和認同，以及對於重建區居民所建立的社區網絡的珍視。

　　〈聲聲慢〉對舊區文化的珍而重之，敘述上又偏重描繪留守者之間的美好人情，恰恰符合了郭恩慈對反對利東街拆除行動的敏銳評論。郭恩慈曾經分析李維怡主編的《黃幡翻

---

[42] 同前註，頁 227。

[43] 鄒文律：〈輕重與虛實之外有野草叢生——文字耕作者李維怡專訪〉，《大頭菜文藝月刊》61（2020.11），頁 13。

[44] 同前註，頁 13。

飛處——看我們的利東街》，留意到在反對利東街拆除行動中，文化界（包括李維怡在內的作家）通過文字和視覺影像把利東街建構成香港人的歷史文化完美形象。文化界強調舊區居民長時間無分階級地合力營造了一種互相關懷和照料的生活方式，編織出一個互相支持的社區網絡，而這個社區網絡則依託於一九五零，六零年代的舊住宅建築群中。這片有特定範圍的利東街舊區空間深深吸引著反對拆除利東街的文化界人士，成為了他們在強調競爭，高度資本主義化的香港社會裡，竭力保育的對象。[45]

事實上，在關注市區重建的後九七香港作家小說中，不止〈聲聲慢〉和〈守城人〉呈現出對舊區文化的認同和依戀，以及市區重建必然摧毀在香港日益減少的舊區文化，造成香港各區無地方性之感嘆。與李維怡和可洛年齡相若的香港作家張婉雯，同樣在小說裡細緻描繪了市區重建瓦解舊區居民生活方式與社區網絡的情況。張婉雯的小說以中、短篇小說為主，寫作風格以現實主義為基調，聚焦於香港不同階層，兼及中產和基層市民的生活。[46]在張婉雯的小說中，〈老貓〉是一篇直面市區重建帶來無地方性的小說。[47]小說以一隻養在舊區廉價茶餐廳的舖頭貓的視角，刻劃了茶餐廳面對市區重建，行將結業前的光景。小說雖然沒有明確指出茶餐廳的地點，但香港不少舊區茶餐廳皆會養貓防範鼠患，人貓共處餐廳的景觀，乃舊區常見風景。小說的時間跨度極短，描述了某個下雨天下午二時半發生在茶餐廳裡極其普通的日常。小說篇幅短小，情節平淡，卻有力地描繪舊區廉價茶餐廳充滿生活真實感的畫面——那裡有懂得攏絡客人的侍應明仔；有曾經坐牢，卻在此處覓得生計的侍應老周；有心煩意亂不想燒飯而帶孩子來光顧的熟客莫太太；以及不停為茶餐廳拍照，特意來懷舊的年輕人；還有一頭在茶餐廳裡住了十多年，老練世故的舖頭貓。跟隨老貓的視角，讀者得知這家茶餐廳不僅是工作的場所，解決三餐溫飽的地方，還是社區裡一處溫暖的安身之所——對於年輕人來說，茶餐廳的侍應懂得為他在例湯多加幾件節瓜，是一份在連鎖食店不會遇上的溫情，[48]是他特意來緬懷的舊區文化。對於長年為孩子多思多慮的莫太太來說，「只有這家廉價的老區茶餐廳，一年四季是一樣的溫度，一樣的燈光，像旅人冀盼的驛站，雖然永遠成不了目的地。」[49]這個彷彿自外於世界和時間的地方，是一個能夠讓她從紛擾的日常生活中暫時抽身的空間。對於寡守茶餐廳的老闆娘來說，這裡有老闆在餐廳開張時親自掛上的七彩錦鯉印刷畫，而她堅持每天踩在高檯上，在開店前把畫框和玻璃擦拭乾淨；[50]這種儀式構成了老闆娘日常生活不可或缺的一環，時刻

---

[45] 郭恩慈，《東亞城市空間生產：探索東京、上海、香港的城市文化》，頁 196-198。

[46] 有關張婉雯小說的研究並不多見，現存主要為短篇評論。李微婷認為張婉雯在《微塵記》中好些涉及社會運動的小說，展現了作家以文學回應現實的態度。見李薇婷，〈文學作為抵抗：《微塵記》的一種讀法〉，https://paratext.hk/?p=407，瀏覽日期：2021.10.30。黎海華認為張婉雯小說關注社會的弱勢社群。見黎海華，〈抒情的清音——閱讀張婉雯〉，《城市文藝》8.5（2013.10），頁：72-74。

[47] 據張婉雯表示，〈老貓〉完成於 2016 年。後來收入《微塵記》中。

[48] 張婉雯，《微塵記》（香港：匯智出版有限公司，2017），頁 93。

[49] 同前註，頁 93。

[50] 同前註，頁 95-96。

提醒她此處是自己和丈夫一手建立的事業。張婉雯筆下，這家舊區茶餐廳同樣成為具有「永恆性」的空間，保留了獨有的生活節奏，以及充滿人情味的舊區文化。

令人遺憾的是，茶餐廳終必踏上附近文具店那樣的結業之路，不必作者在小說交代，讀者亦心領神會。這種客源倚賴熟客，營運倚賴社區網絡的舊區茶餐廳一旦結業，便難以在其他地區重新開業經營。〈老貓〉裡的所有人物（包括老貓在內），或許除了那位來懷舊的年輕人，他們原有的生活方式和社區網絡都會隨著茶餐廳結業而遭到破壞。〈老貓〉小說尾聲，張婉雯道出了她為行將淹沒於市區更新浪潮的舊式茶餐廳，立此存照的原由：「這個城市滿是新穎、閃耀、高昂的意志與競爭精神」，相較之下，茶餐廳「毫不起眼」，「只是，這一刻，在這裡，空調是恆溫的。外面的世界到不了這兒。」[51]恆定的溫度，暗示了時間的停頓，茶餐廳在那一刻成為溫暖的庇護所，與茶餐廳以外的空間構成了鮮明的對比。無論是食客、員工、老闆，甚至是貓，都能夠在這裡找到生命記憶棲身的地方。可惜的是，茶餐廳鐵定將會跟鄰近的老店一起被清拆，原址將會經歷「無地方化」，重建成能夠促進資本積累，象徵此城高昂的意志，新穎而閃耀的大型商場或豪華住宅，而這些商場與住宅與此城的其他中產社區並無二樣，舊區文化根本無從棲身。對於舊區文化的依戀再次出現在〈潤叔的新年〉，[52]故事講述新年前夕，忤工潤叔跟他那些在殯儀館工作的同伴之間發生的日常瑣事。小說提到潤叔的同事樂伯乘巴士時，偶然留意到原來是一家老字號酒家「蓮香酒家」的店外鐵閘，貼上了「市區重建計劃」的招紙；樂伯記得他以前來過這兒喝茶，吃過酒家著名的蓮蓉包。[53]值得留意的是，當敘述者對「蓮香酒家」因為市區重建而結業的描述結束後，馬上接上一句「這個城市永遠有馬路在修補。交通燈不住在交替轉換顏色。」[54]這當然是對街景的描述，但在貌似不動聲息的描述中，確實透現了張婉雯對此城的觀感——在看似重複的城市生活中，市區重建正在不斷摧毀舊區及其文化，而忤工樂伯因為工作之故目擊許多不同人的死亡，同時也目擊此城舊區的消亡。

值得留意的是，在張婉雯的小說中，市區重建不僅改變居民的生活，還影響生活在城市裡的動物。張婉雯認為，動物是城市的重要風景，故此她在處理城市景貌變遷的小說中亦時有顧及動物的生存狀態，[55]例如在〈老貓〉中，茶餐廳附近的文具店因為市區重建而率先結業，當中的舖頭貓被棄養，只能流落街頭，成為流浪貓。茶餐廳的老貓看見牠，也難免想及自己在茶餐廳結業後會否與牠一樣流落街頭。[56]事實上，長期關注動物權益張婉雯在小說裡不時探討動物在城市生活的處境，例如在〈打死一頭野豬〉中便提及一隻不小

---

[51]　同前註，頁 97。
[52]　〈潤叔的新年〉獲聯合文學新人中篇小說首獎（2011）。後來收入《那些貓們》（香港：匯智出版社，2019）。
[53]　張婉雯，《那些貓們》，頁 20。
[54]　同前註。
[55]　鄒文律，〈在變遷中找尋城市生活的空間意義——專訪張婉雯〉，《大頭菜文藝月刊》59，（2020.9），頁 14。
[56]　張婉雯，《微塵記》，頁 96。

心誤闖城市空間的野豬被視為入侵者，最終被警察舉槍擊斃。[57]小說裡的「我」雖然最初被野豬嚇怕，後來卻從野豬眼中看見了自己擁有的哀傷和驚懼。人與動物之間其實不是彼此無涉的生靈，而是能夠達成生命的連結。在〈老貓〉中，讀者不難看出，當資本重塑城市空間，生活在重建區的人和動物便彷彿出現在錯誤的處所的異物，必須被清除。在資本推動的市區重建巨輪下，人和動物只能承受相同的結果——要麼及早遷往他區另覓生計，要麼留守到最後關頭被逼離開。然而，他們的生活方式和社區網絡無可避免受到摧毀。市區重建帶來的衝擊，對於社會上處於邊緣位置的人和動物而言，皆難以承受。

四、結語

　　香港不少早年發展的地區位處城市的核心地段（例如位於香港島的灣仔和九龍東的觀塘），由於生活配套完善，交通方便，吸引了大量平民長居於此，但他們居住的樓房樓齡往往超過四、五十年，殘舊而缺乏維修。再者，政府在一九九零年代開始重新發展香港的核心地段，開展一系列的市區重建項目。隨著香港房地產價格自二零零三年觸底回升以來，上升趨勢幾乎從未改變。根據二零一九年世邦魏理仕發佈的《全球生活報告：城市指南》，香港住宅的每平方英尺均價為 2091 美元，遠遠拋離第二位的新加坡（每平方英尺 1063 美元）。[58]房地產價格攀升讓城市的核心地段價格越來越高，促使市區重建的步伐不斷加劇，規模亦越來越大。重建後的樓房價格大幅度上升，原先居住於該區的居民因為難以負擔同區的樓房價格，不少需要搬遷至其他區域居住，造成原先社區網絡的瓦解。此外，市區重建帶動舊區租金上升，大量原本供舊區居民消閒和活動的商戶（茶樓、平價茶餐廳）無法繼續經營而結業消失。過去二十多年，市區重建成為「後九七香港青年作家」在此城成長和成年後親歷的城市生活經驗。

　　李維怡、可洛、張婉雯這三位年齡相近，童年在香港接受教育和成長的作家，目睹市區重建為舊區帶來的巨大轉變和無地方性，親身體驗日常活動的舊區逐漸消失，無不心生惆悵，遂以小說記錄這些轉變。他們注重呈現市區重建中被迫遷者的內心感受，對受重建影響的居民寄予巨大同情。不僅如此，他們更試圖讓讀者體認樓房除了與價格相連（在香港，樓房往往被視為投資產品），更是社區網絡依托的物質空間，盛載了人與地方之間的情感連結。除此之外，作家亦表達了對於陪伴他們成長，熟悉的舊區文化不斷消逝的哀嘆。舊區文化在作家筆下成為此城獨特而珍貴，值得依戀的對象，構成香港地方認同的重要意義來源。作家憂慮資本主導的市區重建，必然摧毀在香港日益減少的舊區文化，造成香港

---

[57] 同前註，頁 68。

[58] 世邦魏理仕香港，〈香港蟬聯「全球房價最高城市」榜首〉，https://www.cbre.com.hk/zh-hk/about/media-centre/hong-kong-maintains-its-position-as-the-worlds-most-expensive-residential-city，瀏覽日期 2021.4.30。

各區無地方性之結局。對於無地方性的憂慮，反映了李維怡、可洛，張婉雯三位作家對香港此城的「地方之愛」（topophilia）。Topophilia 此字源自希臘，字首 topo 有「地方」之意，字根 philia 則指向「對某對象之愛」。「地方之愛」包含著人與地方的情感連繫，而這種情感連繫最主要的印象來自於生活周遭的物質環境。當某人把情感傾注在某個環境後，他們隨著對環境的熟悉度增加，便會產生喜愛之情。[59]蔡怡玟在解釋「地方之愛」時指出，這種對地方的愛或情感，實乃綜合了人們對地方「當下」與「過去」的記憶與經驗；人們對於一地之情感，亦在自身對環境的感知和想像中逐漸擴大與成形。[60]李維怡、可洛，張婉雯長年在香港生活，熟悉香港舊區，經常在舊區活動；當他們目擊「當下」的「利東街」、「裕民坊」等舊區遭受拆毀，「過去」熟悉的人事離散，盛載「過去」記憶的舊區環境和文化不復存留，無法不感到一種人與地方情感連結遭割斷的痛楚。他們的小說明確展現一種對於舊區生活和文化的戀舊之情，而戀舊誠然是「地方之愛」的一項重要元素。[61]正因為對此城的「地方之愛」，他們才會對資本主導的地景重塑（市區重建）感到反感，期望城市發展能夠尊重人與地方的情感連結，保育歷史和文化。

　　本文以為「後九七香港青年作家」此一概念的提出，確實有助喚起文學研究界關注李維怡、可洛，張婉雯等在一九九七年以後通過出版個人小說集，陸續以創作豐富香港文學版圖的優秀小說作家。前代作家如西西、陳冠中、洛楓等，雖也寫出不少與香港有關的小說，但基於個人生活經驗、環境或藝術取向的不同，未必像部分「後九七香港青年作家」那樣，擁有直接投身舊區重建引發的社會運動（像李維怡）的經驗，又或者希望通過小說展現個人對於重大社會事件（一九九七年以後的市區重建）的深刻感受。在市區重建這個主題上，李維怡、可洛，張婉雯確實明確展現了他們對於現有城市發展路向的憂慮。

　　隨年月過去，「後九七香港青年作家」小說的發表時間，以及描述的故事時空距離一九九七年越來越遠，「後九七」此一概念是否能夠持續涵蓋這批作家的創作主題和特色？隨著香港以及香港文學邁向充滿更多變數的未來，我們應該運用怎樣的角度和方法閱讀這批在一九九七年以後持續創作的作家？更新一代的香港青年作家，我們又應該如何評價他們？這些都是值得文學研究界持續深思的主題。

---

[59] Yi F. T., *Topophilia: A Study of Environmental Perception, Attitudes and Values*, p.93-99.
[60] 蔡怡玟，〈試以詮釋現象心理學初探段義孚之地方之愛〉，《應用心理研究》63（2015.12 月），頁 149。
[61] Yi F. T., *Topophilia: A Study of Environmental Perception, Attitudes and Values*, p.99.

主要參引文獻

一、中文

（一）專書

可洛，《幻城》，香港，立夏文創，2019。

李維怡，《行路難》，香港，Kubrick，2009。

周綺薇、杜立基、李維怡編，《黃幡翻飛處：看我們的利東街》，香港，影行者有限公司，2007。

張婉雯，《微塵記》，香港，匯智出版有限公司，2017。

郭恩慈，《東亞城市空間生產：探索東京、上海、香港的城市文化》，台北，田園城市出版社，2011。

David Harvey 著，胡大平譯，《正義、自然和差異地理學》，上海，上海人民出版社，2010。

Gaston Bachelard 著，龔卓軍譯，《空間詩學》，台灣，張老師文化出版社，2003。

（二）期刊論文

郭詩詠，〈能動的現實：李維怡小說的鬼魅書寫〉，《中國現代文學》38（2020.12），頁 45-72。

郭詩詠，〈現實作為方法──李維怡專輯──寫作，以克服：讀李維怡〈笑喪〉〉，《字花》20（2009.7-8），頁 93-98

鄒文律，〈「後九七香港青年作家」小說的城市與自然〉，《臺北大學中文學報》28（2020.9），頁 519-551。

鄒文律，〈論《i-城志‧我城 05》的城市及身體空間書寫──兼論「後九七香港青年作家」的情感結構〉，《人文中國學報》25（2017.12），頁 214-216。

鄒文律，〈在變遷中找尋城市生活的空間意義──專訪張婉雯〉，《大頭菜文藝月刊》59（2020.9），頁 10-15。

鄒文律，〈從書寫到自然，從自然到城市──專訪可洛〉，《大頭菜文藝月刊》，57（2020.5），頁 12-17。

鄒文律，〈輕重與虛實之外有野草叢生──文字耕作者李維怡專訪〉，《大頭菜文藝月刊》
　　61（2020.11），頁 10-17。

蔡怡玟，〈試以詮釋現象心理學初探段義孚之地方之愛〉，《應用心理研究》63（2015.12），
　　頁 139-188。

黎海華，〈抒情的清音──閱讀張婉雯〉，《城市文藝》8.5（2013.10），頁 72-74。

（三）網路

世邦魏理仕香港：〈香港蟬聯「全球房價最高城市」榜首〉，https://www.cbre.com.hk/zh-hk/
　　about/media-centre/hong-kong-maintains-its-position-as-the-worlds-most-expensive-reside
　　ntial-city，瀏覽日期：2021.4.30。

李薇婷，〈文學作為抵抗：《微塵記》的一種讀法〉，https://paratext.hk/?p=407，瀏覽日期：
　　2021.10.30。

香港特別行政區政府新聞處香港品牌管理組，〈香港亞洲國際都會〉，https://www.brandhk.
　　gov.hk/html/tc/，瀏覽日期：2021.4.30，。

國家教育研究院：〈雙語詞彙、學術名詞暨辭書資訊網〉，http://terms.naer.edu.tw/detail/
　　1316618/，瀏覽日期：2021.4.30。

二、外文

Edward Relph. *Place and Placelessness*. London: Pion Limited, 1976.

Mindy Thompson Fullilove. "Psychiatric implications of displacement: Contributions from the
　　psychology of place," in *American Journal of Psychiatry*, 153.12(December 1996): pp.
　　1516-1523.

Tuan Yi-Fu. *Topophilia: A Study of Environmental Perception, Attitudes and Values*. Columbia:
　　Columbia University Press, 1990.

中國現代文學　第四十期
2021 年 12 月 151-178 頁

民國的南洋：上海《良友》畫報的「南洋群島」想像

黃國華[*]

摘要

　　本文蒐集《良友》畫報有關今東南亞地理想像的圖像和文學文本，嘗試解析太平洋戰爭結束前，東亞與東南亞在大眾文化層面上的互動現象。《良友》這一民國時期平面媒體，絕非封閉式地建構上海和中國內陸的現代性，它另有「南向」的跨界歷史，值得我們重新梳理。再者，我們須將《良友》再現（represent）「南洋」的問題，放置在 1920 年代末至 1940 年代上海「南洋風起」的時代背景，加以檢視。此一時段，上海出版暨南大學學術刊物《南洋研究》和《南洋情報》，以及左翼文人的南遊（行）之書。我們可進一步思考：上海作為左聯基地、出版業盛地和租借地的多重空間，如何和為何要凝視華夷交雜的殖民地「南洋」？

關鍵詞：《良友》、南洋、南島、畫報、海外華人

---

[*] 國立政治大學中國文學系博士生。

Nanyang in Republican China Era: "Nanyang Islands" Imagination in *The Young Companion* Pictorial Magazine

Kok-Hwa Ng[**]

Abstract

This paper gathers the images and literary texts regarding the geographical imaginations of Southeast Asia in *The Young Companion* (1926~1945) in an attempt to analyze the interaction between East Asia and Southeast Asia on the level of popular culture prior to the end of the Pacific War. As a print medium in the Republican period, *The Young Companion* has not only constructed the modernity of Shanghai and China's inland, but also portrayed a "southbound" cross-boundary history, which is worth revisiting. From the late 1920s to the 1940s, Shanghai also published the *Nanyang Yanjiu* and *Nanyang Qingbao*, two academic publications by Jinan University, as well as books by left-wing writers on their travels to Nanyang. In this light, we may further ponder on the following question. At the point in time, Shanghai served as a base for the League of Left-wing Writers, a place with flourishing publishing industry, and a concession territory. As a city of multiple spaces, how and why did Shanghai have to establish a line of mutual gaze with "Nanyang"?

Key words: *The Young Companion*, Nanyang, Austronesia, Pictorial, Overseas Chinese

---

[**]   Kok-Hwa Ng, PhD Student, Department of Chinese Literature, National Chengchi University

一、前言

　　自從李歐梵肯定《良友》畫報（1926 年～1945 年）構建民國時期上海都市文化的重要性，[1]《良友》論述如雨後春筍般湧現。它們大都延續李歐梵的觀點，聚焦於「現代性」（modernity）面向，關注《良友》**「面向西方」**的圖像資料，如摩登女子封面、商業廣告和體育照片等，觀察早期中國如何移植歐美城市的審美觀、消費觀和生活觀，議題稍顯單一化。[2]本文試圖引介《良友》畫報較被忽略的材料——**「面向南方」**的圖像和文字，揭示《良友》於東亞與東南亞之間跨界流動的事實，調整其文化史定位，嘗試突破《良友》目前的研究瓶頸。

　　《良友》第四任編輯馬國亮，曾提及《良友》讀者範圍擴及菲律賓、婆羅洲、蘇門答臘、馬來群島、暹羅、緬甸、安南等今東南亞地區。[3]孫慧敏也述及《良友》刊行初期，由於創辦人和編輯多為在滬粵籍人士，故最初多在粵、港、澳一帶銷售，而非出版地上海。1930 年代起，讀者廣泛地分佈到中國內地各省、美國和南洋。[4]再者，自第 13 期梁得所接編《良友》以來，畫報開始穩定輸出「南洋」圖像，安置在「奇人怪物」、「南洋風俗與時事」、「華僑時事」、「世界瞭望」、「體育界」等欄位，同時刊登不少關於「出走南洋」或「懷想南洋」的小說、詩歌、遊記和名人回憶錄。換言之，從《良友》的讀者網絡和內容來看，可發現這一平面媒體絕非封閉式地建構上海或中國內部的「現代性」，它另有往外「南向」的傳播歷史、圖像敘事與文學書寫，有待進一步釐析。

　　《良友》對「南洋」的注視，並非特立獨行。《良友》刊行期間，上海暨南大學接連發行關切南洋的學術刊物《南洋研究》（1928 年～1944 年）和《南洋情報》（1932 年～1933 年）。上海各家書店也在此時出版梁紹文《南洋旅行漫記》（1924 年）、許傑《椰子與榴槤》（又名《南洋漫記》，1931 年）、羅靖南《長夏的南洋》（1934 年）、艾蕪《南行記》（1935 年）、招觀海《天南遊記》（1936 年）等南遊（行）之書。我們不禁好奇，此一時間點的

1　李歐梵著，毛尖譯，《上海摩登：一種新都市文化在中國 1930-1945》（香港：牛津大學出版社，2000），頁 79。
2　有關中國大陸學界過度集中討論《良友》的西方現代文明圖像，參蘇全有、岳曉傑，〈對《良友》畫報研究的回顧與反思〉，《蘇州教育學院學報》28.4（2011.8），頁 10-16。陳子善亦指出近年來《良友》論述，讓我們看見「時尚的《良友》」，卻忽視政治、軍事、文學等多元面貌的《良友》。陳子善，《上海的美麗時光》（台北：秀威資訊科技，2009），頁 55-58。
3　馬國亮，《良友憶舊：一家畫報與一個時代》（新北：正中書局，2002），頁 47-48。
4　孫慧敏著，中村みどり譯，〈『良友』畫報と讀者の声〉，收入孫安石、菊池敏夫、中村みどり編，《上海モダン『良友』畫報の世界》（東京：勉誠出版株式会社，2018），頁 53-78。中文稿參孫慧敏，〈誰讀《良友》？〉，http://www.mh.sinica.edu.tw/FileUpload/72/%E8%AA%B0%E8%AE%80%E8%89%AF%E5%8F%8B.pdf，瀏覽日期：2020.10.24。

上海書刊，何以湧動一股「南洋風」？這是否與上海作為左聯基地、出版業盛地和租借地的多重空間有關？捲入此一南洋風潮的《良友》，究竟佔據怎樣的位置？

　　本文先從《良友》的版權頁、讀者投書和廣告等資料，描述《良友》向南洋市場靠攏和跟南洋讀者互動的狀況。此外，本文會將《良友》與同一時空的《南洋研究》和許傑《椰子與榴槤》並置一起，還原 1920 年代末至 1930 年代上海「南洋風起」的背景。最後，本章將解讀《良友》中有關「南洋」的圖像和文字，從其內容和編排分類，思考：《良友》呈現出一個怎樣的「**被剪裁的**南洋」？島與半島的南洋諸國，如何被民國時期大陸讀者所消費和需要？

二、南洋風起：《良友》的「南向」現象與時代背景

（一）良友遍天下：《良友》與南洋讀者的互動

　　《良友》草創時期的傳播範圍，主要集中在中國南方沿海地區。第 1 期《良友》原初版三千份，後因廣州、香港和澳門等地書店訂購，進而再版四千。[5]銷售處傾向嶺南一帶，應與創辦人伍聯德身為廣東台山人有關。至第 5 期，我們正式看到《良友》走向南洋的軌跡，當期版權頁出現代售處「新加坡南洋影片公司」。第 9 期至第 14 期，新加坡代售處更換為「華僑印務公司」。新加坡是早期《良友》惟一可知的南洋市場據點。

　　直到第 15 期《良友》（1927 年 5 月），版權頁所示的「各埠分銷處」，南洋地區從原本的新加坡，擴增怡保和檳榔嶼兩地，預示《良友》的市場逐漸南向。自第 20 期起，《良友》向讀者公開「國外及南洋群島各代售處」，南洋銷售地除了原有的新加坡、怡保和檳榔嶼，還包括安南西貢、暹羅白越城、棉蘭、爪哇、菲島馬尼拉、緬甸仰光、馬六甲等地。第 22 期《良友》各地代售處的圖表顯示（見圖 1），當時國外代售處有 36 家，南洋地區佔一大半，共 27 家。這一方面印證《良友》編輯所自詡「『良友』讀者遍天下」，[6]一方面說明《良友》主要通過「南洋」打開國際讀者網絡，大幅提升銷售量，讓它得以在當時淘汰率高的上海雜誌界，通行近二十年。

5　馬國亮，《良友憶舊：一家畫報與一個時代》，頁 3。
6　〈「良友」讀者遍天下〉，《良友》100（1934.12），頁 18-19。

圖1：《良友》各地代售處列表，《良友》第22期（1927年12月）

　　《良友》能順利向南洋讀者市場靠攏，歸功於第一任主編伍聯德。編輯室在《良友》第10期，向大眾報告經理伍聯德已前往南洋，正進行擴大《良友》規模的計劃。[7]據臧傑所述，伍聯德當時的南洋之行，主要為英屬東南亞華僑圈。行程結束後，伍聯德隨即跟第二任編輯鴛蝴派文人周瘦鵑提前解除聘約，邀請曾接受基督教西式教育的廣東同鄉梁得所接編《良友》，刊物緊貼歐美時尚步伐。[8]南洋銷售處也在梁得所編輯期間，大量增加。

　　沒有南洋，何來「摩登《良友》」？當《良友》面向被西方列強殖民的南方，無形中促成《良友》的現代轉型。《良友》向南洋擴充業務之際，亦是《良友》風格轉型之時，徹底擺脫鴛鴦蝴蝶派小報的影子，成為有國際觀的「新海派」刊物，方能滿足更多身處殖民地的「西化／夷化」華人讀者。此時《良友》的內容和形式，皆有意迎合南洋讀者的閱讀口味。如畫報開始頻密刊登涉及南洋的圖片和報導，包括奇風異俗、健美男子、當地政商名人、海外華人教育、華僑愛國運動，還有紫羅蘭下南洋等。陳國傑曾指出，自梁得所接編《良友》開始，畫報加強國內外時事性消息，尤其關注華僑動態。[9]另外，《良友》第

7　〈編者之頁〉，《良友》10（1926.11），頁1。

8　臧傑，《天下良友：閒話文庫》（青島：青島出版社，2009），頁8。伍聯德之所以具備「面向南洋」視野，與他曾就讀廣州嶺南大學預科有關，該校教育特色之一，即推廣海外華僑教育。據村井寬志考察，《良友》創辦時期，成員以嶺南同學和廣東人為中心，伍聯德乃藉由嶺南同學郭超文的引見，考察南洋電影界和訪問當地富商陳嘉庚，開展出支撐《良友》營運的華僑關係網。早期《良友》的資金來源，亦多來自香港、美國和新加坡海外華僑。見村井寬志，〈《良友》畫報與華僑關係網——關於民國時期的上海文化產業的個案研究〉，收入姜進編，《都市文化中的現代中國》（上海：華東師範大學出版社，2007），頁419-435。

9　陳國傑，〈民國初期平面媒體的視覺呈現：以上海『良友畫報』為例〉，《康寧學報》12（2010.6），頁69。特別一提，《良友》的廣告，推銷目標一直包含南洋讀者。從《良友》第7、8、14、21和22期等，皆看到

25 期以後，圖像確立中英文對照形式。這種中西合璧的圖文表現，曾被廣州讀者批評為「殖民地之文化出版物」，但編輯表示這純粹是為長居美洲和南洋而未識漢字的華僑，提供閱讀便利。[10]易言之，《良友》日趨西化和國際化，且讓部分大陸讀者憂其沾染殖民地文化色彩，與刊物把南洋華人預想為隱含讀者（implied reader），息息相關。

《良友》的南洋讀者有時會以文字形式「現身」在編輯後語，把閱讀感受和意見，直接傳達至編輯室。如第 112 期，編者公開署名「南洋讀者」的來信，該讀者發現第 110 期的全運會冠軍寫真，高欄第一的福建林紹洲肖像應是錯置，因「照其相片與星洲日報畫附所載不符。林紹洲係於舊時鄙人之同窗，……」[11]這反映南洋華人會把上海畫報與當地日報，放置一起閱讀，針對同一新聞進行兩地報刊的比照。同時表示南洋讀者具有校閱功能，因地緣的關係，可查證畫報裡中國南方的圖像是否有誤。

此外，《良友》所**選擇性**曝光的「南洋讀者」，多突顯其愛國情操和憂患意識。如第 120 期，新加坡陳明向編輯要求《良友》多增加自身所熱愛的國片（中國電影）資訊。[12]第 128 期，新加坡陳濤看了《良友》所刊載中國駐英大使對僑居英國華人「幾自疑其非華人而為英人」之批評，雖認為其言語有失分寸，卻從同在英殖民地的位置，感嘆「神州遺裔之淪為異族臣民者先後不詳，尚欲有願為大不列顛帝國之臣民者乎？」[13]還有第 133 期，星洲陳夢俠自行為全體星洲華僑代言，滿腔熱血地表示全面支持祖國抵抗日本侵華，並強調當地被壓迫的中下階級，其救國之心最強。[14]星洲讀者反殖反帝的激情發言頻出，與 1930 年代《良友》逐漸「左傾」有關，貼應《良友》長久以來所建構「心繫祖國」的華僑形象（下一章將詳述這一部分）。

（二）「南洋熱」在上海：同一時空的《南洋研究》、《南洋漫記》和《良友》

《良友》的南洋轉向，主要看準南洋為「海外華人」最大聚集地，具有潛在的廣闊市場和資本利潤。除了這一最直接的商業因素，我們亦須考量當時上海的文化和政治處境，如何讓《良友》和同期出版物共構出強勁的「南洋風」？首先，我們看一則刊登在《良友》的新加坡書店廣告：

韋廉士醫生藥局的「紅色補丸」與「嬰孩自己藥片」廣告文案，刊登來自爪哇、婆羅洲、暹羅和馬來聯邦大吡叻的華人消費者照片及其謝函。這不僅是向海內外讀者彰顯產品具有跨地域的絕對藥效，同時鼓勵得到該廣告資訊的南洋讀者，與上海西藥房建立跨洋的消費關係。

10 〈這一期〉，《良友》89（1934.6），頁 36。
11 〈讀者廣播台〉，《良友》112（1935.12），頁 56。
12 〈編輯室雜記〉，《良友》120（1936.9），頁 56。
13 〈良友茶座〉，《良友》128（1937.5），頁 54。
14 〈良友茶座〉，《良友》133（1938.3），無頁碼。

圖 2：新加坡美美圖書公司廣告，《良友》第 34 期（1929 年 1 月）

　　從上述這則面向南洋讀者的廣告，可知幾個訊息：第一，所羅列的刊物除了《非非畫報》屬香港文藝刊物，其餘報刊發行地皆為上海，可見美美圖書公司主要與上海書商合作。星馬讀者得以透過美美圖書公司這一中介，觀看各種類型的上海刊物，如電影、攝影、文學、政論和商業等；第二，廣告列示的前五種刊物，從《良友》到《中國學生》，皆由良友圖書公司出版，可見該公司以代理良友書報為主，並以《良友》及其姐妹刊物為宣傳重點；第三，美美圖書公司除了主推《良友》，還同時向讀者引介上海國立暨南大學的《南洋研究》。換言之，在上海同時間發行的《良友》與《南洋研究》，是被新加坡書局綁定一起銷售。身在南洋的星馬讀者，有機會同時瀏覽這兩份關注「南洋」的上海刊物──商業性的《良友》和學術性的《南洋研究》，閱讀過程中感受一股形成於北方又往南蔓延的「南洋風」，正撲面而來。

　　我們須回到《南洋研究》的創刊背景，以理解「南洋風」如何在上海興起。《南洋研究》由上海國立暨南大學南洋文化教育事業部所編輯，1928 年至 1943 年期間不定期發行，與《良友》畫報刊行時間重疊。當時暨大校長鄭洪年在《南洋研究》創刊詞中，聲明隨著國民政府成立，海禁解除，中國須重新審視這被五百萬華僑盤踞的南洋：

> 發現南洋者為吾中國人，⋯⋯蓋吾人以為近代國家所以能立足於世界者，不在戰術之利，鎗砲之精，而文化教育實最重要。吾人觀於英日出版界，對於南洋文化教育及生活狀態調查著述之書籍，盈千累萬，疊出不窮，而吾國坊間關於南洋華僑書籍，乃寥寥可數。[15]

---

15 鄭洪年，〈發刊詞〉，《南洋研究》1.1（1928.1），頁 1-5。

　　上述中國比西方列強更早拓墾南洋的觀點——「發現南洋者為吾中國人」，乃迎合晚清以來「中國殖民南洋」的話語。[16]鄭洪年強調中國透過海外華僑和平地擴張南洋勢力，與南洋的互動關係為文化教育的輸入，而非武力侵入，並認為中國有義務替南洋產出研究論著，奪回殖民宗主國（英國與日本）調查南洋的主導權，藉此提振列強環伺下「東亞病夫」的士氣。

　　《南洋研究》最初關注南洋的華僑，視之為中國子民，檢討他們在殖民政策下的不平等待遇。《南洋研究》出自工具理性地把「五百萬華僑」與全體中國人，整併成受苦受難的「**中華民族**」共同體，凝聚一股幻想出來的向心力和抵禦力，共同反抗西歐和日本的帝國主義殖民體系。[17]太平洋戰爭時期，在福建復刊的《南洋研究》（1943 年），不再只是關注當地華僑問題，而是希望與東南亞各民族結盟，集結成人口數更大的「**東亞民族**」，東方得以與西方資本主義強國，分庭抗禮。[18]易言之，1920 年代至 1940 年代外患頻仍的中國，為了壯大抵抗的力量，學界逼現出不得不凝望、被多重想像、既遠且近的「南洋」——是有待中原開化的「化外之地」，亦是隨時支援大陸的「大後方」。

　　事實上，「南洋」是在中國國勢轉弱的晚清時期，才被高度關注。據廖文輝所述，清代以前，中國的東南亞記錄大多採集當地風俗民情，非嚴格意義的研究。至鴉片戰爭以後，中國面臨外患壓境，眼見南海諸國淪為歐美殖民地，進而刺激學者研究域外史地的興趣。惟不同位置的邊疆史地學人，各有不同研究範圍：以北京大學為基地的北方學人，側重西域研究；以上海真如暨南大學為基地的南方學人，重視更為南方的南洋，1920 年代起有規模地產出南洋論述。[19]王賡武因而肯定此時出現的上海暨大《南洋研究》，「促使中國政府更積極地捲入東南亞事物的這個強大的運動的最高潮。」[20]「南洋風」能在 1920 年代的上海吹起，與暨南大學的沿革有關——1923 年校址從南京遷往上海，1927 年擴充為當時唯一華僑大學，設南洋研究機構；也與整個時局相對穩定有關——1928 年國民政府北伐統一全國，進入「黃金十年」，出版事業全面發展。《良友》與《南洋研究》，皆為這股「南洋風」下的文化產物。

16　1904 年梁啟超提出殖民南洋論，讓一群知識分子將華僑在南洋的拓荒看作非暴力的拓殖行為，建立民族偉力神話，喚起弱國子民的自信。惟這種殖民論將使南洋華僑與當地土著產生隔閡，不利於本土生存，後來逐漸式微。參顏敏，〈民國南洋學的幾種話語（1912—1949）〉，《東南亞研究》1（2011.2），頁 90-94。

17　1932 年暨南大學出版的《南洋情報》，創刊詞直接向南洋華僑喊話，認為自 1929 年世界經濟恐慌以來，帝國主義經濟附庸的南洋群島進入苦難時代，華僑須透過這份學術刊物認識自己的艱難處境。編者，〈創刊詞〉，《南洋情報》1（1932.11），頁 2-3。

18　何炳松，〈復刊辭〉，《南洋研究》11.1（1943.9），頁 1。

19　廖文輝，《馬新史學 80 年：從「南洋研究」到「華人研究」（1930～2009）》（上海：上海三聯書店，2010），頁 14-17。

20　王賡武，〈中國歷史著作中的東南亞華僑〉，收入王賡武著，姚楠編，《東南亞與華人——王賡武教授論文選集》（北京：中國友誼出版公司，1986），頁 236。

　　1920 年至 1930 年代，上海除了是出版業盛地和南洋學術基地，更是左翼份子聚集的地方。遠離國民政府權力中心的南洋和上海，同為近代中國人（尤其是左翼人士）逃難避禍或尋求革命機會之地。[21] 此時左翼文人及其筆下小說人物，經常移動於南洋和上海之間，如艾蕪、許傑，以及洪靈菲小說《流亡》（1928 年）中流亡至南洋，再回到上海的革命者。其中 1928 年南來吉隆坡任《益群日報》主筆和《枯島》主編的許傑，為了響應郭沫若和蔣光慈提倡的無產階級革命文學和普羅文學運動，而在馬華文學界助推「南洋新興文學運動」。[22] 滯留南洋期間，許傑書寫不少批判南洋殖民主義的文章，當他被遣返中國後，1931 年即在上海現代書局出版由這些文章集結而成的《椰子與榴槤》。

　　許傑書寫南洋的目的，旨在南洋創造無產階級革命的可能。[23] 其在南洋的視覺、聽覺和嗅覺，皆被主觀的左翼觀點支配，呈顯「萬惡而苦難的南洋」。[24] 如當作家目睹吉齡人（按：印度人）被蒙加利人押送時，會自行代入他人感受：「我，我好像聽見你在說，你看，帝國主義者到了東方，便把東方民族的精血吸盡了。」[25] 當作家耳聞印度廟傳來原始的敬神音樂時，會感到「那是亡國之音，你聽，何等的淒絕而哀怨！」[26] 當作家嗅到南洋特產榴槤時，會荒謬地認為老南洋人學會吃奇臭的榴槤，乃出賣自身人格和節操，好比他們能忍受帝國主義者的羊腥臭。[27] 許傑在上海讓讀者看見如此不堪的**殖民地南洋**，可能也是為了讓讀者從中反視**租借地上海**的現時處境。例如〈椰林中的別墅〉一文中，許傑認為南洋嚴重染上殖民毒素——「世界性的病菌」，進而聯想有著同樣症狀的上海：「這在上海是這樣，在世界各國的最繁盛的都市，也是這樣，而已經成為殖民地，資本主義已經有了相當的發展的南洋各埠都市，也不能不這樣。」[28] 換句話說，全然被殖民的南洋，被看作是半殖民上海的一面鏡子，反省其政治、經濟和文化的發展趨勢，這是「南洋」被當時左翼文人頻密曝光的動機之一。我們不可忽略一點，1932 年起，《良友》邀請「創造社」的鄭伯奇加入編輯部，撰寫多篇政論文章，《良友》即與左翼聯盟作家有密切互動，刊物逐漸「左傾」。[29] 前一小節提及《良友》展示的南洋讀者來信，總會帶出反殖、反帝，以及視下層階級為最大抗爭力量的激進觀點，這或多或少是受到上海左翼思潮的影響。

---

[21] 林萬菁指出 1927 年國民黨的「清黨運動」導致許多中國知識份子（包括左翼作家）往外出逃，引來五四運動以來第一個中國作家南渡熱潮。林萬菁，《中國作家在新加坡及其影響（1927—1948）》（新加坡：萬里書局，1994），頁 12-22。

[22] 張錦忠，〈馬華文學與文化屬性——以獨立前若干文學活動為例〉，《南洋論述：馬華文學與文化屬性》（台北：麥田出版社，2003），頁 102。

[23] 許傑，〈自序〉，《椰子與榴槤》（上海：現代書局，1931 年），頁 2。

[24] 有關此書態度激烈和措辭直接的風格分析，參鍾怡雯，〈中國南遊（來）文人與馬華散文史〉，《中國現代文學》25（2014.6），頁 161-176。

[25] 許傑，〈兩個青年〉，《椰子與榴槤》，頁 21。

[26] 許傑，〈吉齡鬼出遊〉，同前註，頁 63。

[27] 許傑，〈榴槤〉，同前註，頁 55-56。

[28] 許傑，〈椰林中的別墅〉，同前註，頁 44。

[29] 馬國亮，《良友憶舊：一家畫報與一個時代》，頁 73-74，頁 120。臧傑亦表示《良友》「在『新海派』的基

　　綜上所述，晚清民國時期共享「南洋」之名的上海與東南亞，[30]因地理位置（中國南方的海上交通網絡）、政經環境（西方權力介入）和文化氛圍（華夷交雜）有所接近，促使上海知識份子積極通過學術論文、遊記或小說，關注問題重重的南洋，從而回應大陸的動盪局勢。商業取向並中途「左傾」的《良友》，沒有置身於「南洋熱」之外。它大量刊登的南洋圖像和文字，並非純為照顧南洋讀者市場，而是看中「南洋敘事」在上海文化圈日益上升的討論熱度（無論出於獵奇心理或家國憂患），滿足更大範圍的華人讀者。

三、凝望南洋的視線：《良友》的「南洋」文本解讀

（一）奇人怪物、健美男子與革命之母：《良友》的「南洋」圖像

　　《良友》的照片是從累積上萬張圖檔的「照片分類儲藏庫」挑選出來，安置到不同欄位，並加以文字說明。[31]無缺圖之憂的《良友》編輯，可依照個人的編排構想，自行裁決刊登哪些照片，左右照片的擺放位置，再以有限的文字控制圖片的詮釋範圍。因容量有限，加上編輯群和讀者群多為中國人，《良友》難免呈現符合大眾期待、**被剪裁的**異域想像，縱然圖檔供應者，有的來自南洋華人。[32]本文要檢視《良友》編輯「再現」[33]南洋的框架（schema），思索他們讓我們看見怎樣的「南洋」？且透露出怎樣的意識形態、民族情緒和文明觀？

　　《良友》的南洋圖像文本，類別眾多，本文主要討論出現頻率較多，且較具代表性的三類圖像：奇風異俗、健美男子和華僑愛國，涉及到民國時期中國知識分子的「華／夷」之辨（變）和「身體／國體」的想像：

礎上，創造了兼容並蓄的空間，吸納了相當多的左翼思潮的內容，⋯⋯」臧傑，《天下良友：閒話文庫》，頁67。

30　李金生，〈一個南洋，各自界說：「南洋」概念的歷史演變〉，《亞洲文化》30（2006.6），頁113-123。

31　有關《良友》圖檔量的敘述，參〈編輯餘談〉，《良友》40（1929.10），頁2和《《良友》從編輯至出版》，《良友》100，頁9。馬國亮亦曾說明1930年代中期《良友》如何處理上萬張照片的庫存。馬國亮，《良友憶舊：一家畫報與一個時代》，頁52-53。

32　馬國亮述及當時海外僑胞會不時寄給《良友》當地的照片檔。書同前註，頁230。《良友》中一些南洋照片，會在旁邊標明「×××寄」，有的可能是上海委派至南洋的記者，有的可能是當地華人，如專門提供菲律賓照片的盧文章，以及專門提供印尼爪哇和巴東照片的黃錦棠。

33　這裡的「再現」（represent），同時參照薩伊德「東方主義」（Orientalism）和居伊・德波「景觀社會」（Society of the Spectacle）論述。前者反思殖民主義，述及再現為戲劇概念，觀察歐洲人以其歷史和文化背景，搭建出把東方世界局限起來的舞台；後者反思資本主義，其使用再現一詞亦表示有意識的表演和作秀，關注資本家展演出由巨大商品符號累積的景觀，進而支配大多數觀眾。愛德華・薩伊德（Edward W.Said）著，王淑燕等譯，《東方主義》（新北：立緒文化，1999年），頁88和居伊・德波（Guy Debord）著，張新木譯，《景觀社會》（南京：南京大學出版社，2017年），頁3。「再現」一詞提醒我們，商業畫報中的圖像敘事，不僅是陳述客觀事實，更須留意背後運作的特定意識形態和權力結構。

1、「蠻」的印象

　　《良友》不少南洋圖像，被擺置在「奇人怪物」、「異國風土人情 HERE and THERE」、「奇趣之事物」等欄位，讓讀者看見一種他者化和奇觀化的「南洋」，不脫當時人對南洋所抱持的普遍印象——神秘而落後，物產之巨大。[34]《良友》數次刊登南洋群島的「巨蛇」照，[35]同時間的《南洋研究》第 3 期（1928）也曾刊登「馬來半島之巨蛇」圖像。這不單是客觀事實的呈現，編輯頻繁讓讀者看見南洋有巨蛇出沒，實際反映中國傳統的地理想像。如吳春明和王櫻從《說文解字》「蠻」與「閩」的解釋，點出中原華夏民族視華南民族（含台灣和東南亞南島語系民族）為「南蠻」，將其視為非我族類的「蛇種」，把蛇看作南方族群的識別符號。[36]因此，編輯會想當然爾地將「南洋」與「蛇」直接對應起來：「南洋有蛇不算奇」，[37]讓這類圖像反覆出現，不由自主地承襲自上古以來從華夏位置觀看「蠻」的文化視野。這不僅是滿足讀者觀看新鮮事物的獵奇心理，更是帶給讀者**預期之內**的南洋異國情調：其地多蛇，當地人亦與蛇親近，如圖 3 和 4 所示，南洋人民與蛇近距離接觸。

　　從《良友》的南洋圖像中，亦可看出中國人對南洋物產有著「巨化」和「恐怖化」的印象。除了巨蛇之外，還包括第 13 期〈南遊記〉中，刊登南洋一帶的大型蝙蝠、巨鱷和大宗出產的椰子；[38]第 85 期刊登馬尼拉婆羅洲一帶被視為「可怖」的豬籠草。[39]這般南洋之物總是巨大的感受，同見許傑對南洋菓子的特色歸納：大、醜、一年到頭都有。[40]這除了向讀者構建出引人矚目的異常他域，也在暗示讀者，如此物產繁盛的異域，必然被四處收刮資源的殖民帝國所覬覦。如〈南遊記〉提及南洋人雖過著物產豐裕的安逸生活，卻因而受治於英殖民政府。有趣的是，《良友》一方面呈現南方物種之「大」，一方面呈現西方現代事物之「大」，如最大的僱工者為德國鐵路公司經理、最巨大的時鐘在美國、最高大的建築在紐約。[41]從南洋和西洋不同面向之「大」，拉出二者現代化進程中的差距。

---

[34] 我們可回到中國近代畫報刊印南洋圖像的歷史脈絡。鄭文惠從晚清《點石齋畫報》奇觀化的緬甸圖像，指出在全球觀視技術的浪潮席捲下，滿清帝國與英帝國共同從進化論的思維框架下，突出南洋的蠻氣。再現南洋這一野蠻標本，既是擴人眼界的博物視域，亦是博取眼球的消費奇觀，背後隱藏帝國霸權的優越感。鄭文惠，〈視覺奇觀與權力地理——《點石齋畫報》緬甸的空間政治和文化敘事〉，in *China and the World - the World and China: Essays in Honor of Rudolf G. Wagner: Transcultural Perspectives on Late Imperial China*, eds. Natascha Gentz and Catherine Vance Yeh(Gossenberg: Ostasien Verlag, 2019), 頁 109-133.這種將南洋再製為有待教化的視覺奇觀，延續至民國畫報。良友圖書公司另出版沈厥成編的《南洋奇觀》（1932），陳列大量南洋的裸女、遺風異俗和奇異物產之圖像，強調此地的未開化。

[35] 如〈南洋群島之巨蛇〉，《良友》5（1926.5），頁 14 和〈奇人怪物〉，《良友》34（1929.1），頁 38。

[36] 吳春明、王櫻，〈「南蠻蛇種」文化史〉，《南方文物》2（2010.6），頁 89-102。

[37] 伍聯德，〈南遊記〉，《良友》13（1927.3），頁 29。

[38] 同前註，頁 28-29。

[39] 〈可怖之食蟲植物〉，《良友》85（1934.3），頁 25。

[40] 許傑，〈榴槤〉，《椰子與榴槤》，頁 49。

[41] 〈世界之事〉，《良友》10，頁 16-17。

‹南洋群島之巨蛇›

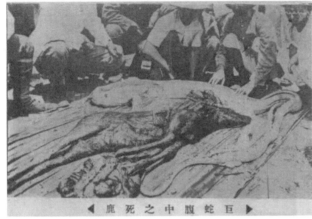

‹巨蛇腹中之死鹿›

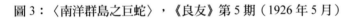

南洋大蛇之皮長三十餘英尺　（林永德寄）

The lengthy skin from a Malaya snake

圖 3：〈南洋群島之巨蛇〉，《良友》第 5 期（1926 年 5 月）　　圖 4：〈奇人怪物〉，
《良友》第 34 期（1929 年 1 月）

　　承上所述，《良友》有意對比南洋與西洋，在二「夷」之間引出線性時間的進步觀，
西洋在前，南洋在後，鼓勵讀者向西方學習。《良友》第 1 期的〈文野民族關於臉部頸部
最時髦裝飾的比較〉，編輯在左方擺置穿戴頸鍊的西方婦女，右方擺置帶著頸箍的泰緬長
頸族女性（圖 5）。前者特寫西方女性的自信笑顏；後者採用人類學的視角，一覽無遺地
展示長頸族婦女的全身，臉部毫無表情。透過「文／野」對立的簡單編排，編輯可從中傳
遞現代的審美觀，刺激女性讀者對《良友》時尚產品廣告的消費慾望：女性若要趨於文明，
應接受一套由《良友》推薦的歐化裝扮指引。雖然《良友》曾藉由指出西方摩登女性佩戴
耳環實源自南洋群島土人的身體裝飾傳統，反省自以為文明的歐式時尚觀。[42]然而，這仍
顯露出具價值判斷的直線時間觀：南洋文明處於時間停滯的狀態，一直被拋在後頭。

---

[42]　玉和，〈裝飾譚〉，《良友》68（1932.8），頁 36-37。

圖 5：〈文野民族關於臉部頸部最時髦裝飾的比較〉，《良友》第 1 期（1926 年 2 月）

　　《良友》編輯還作出南洋華人與南洋土著的「華／夷」區隔。第 13 期〈南遊記〉中，作者伍聯德自言來到閩粵華人居多的新加坡，但刊登的人物照片以非華族為主，展示衣不蔽體的「馬來婦女」。[43]第 37 期《良友》亦刊登一群爪哇婦女露天沐浴的照片，以普及風俗知識之名，名正言順地曝光當地的裸露女體。[44]我們總是在《良友》看見裸身的南島語系民族，而南洋華僑的肖像，卻總以西裝革履的形象示人，如星洲萬國新聞通訊社成員雷榮基（第 3 期）、菲島新劇家薛安然（第 9 期）、孫中山南洋護衛林義順（第 26 期）、新加坡美美圖書公司經理容伯偉（第 36 期）、南洋鉅商胡文虎（第 49 期），還有來自檳榔嶼著名醫學家伍連德（第 58 期）等。《良友》讓讀者看見的南洋華人，外型與上海中上階層的摩登男性無異，接受的「夷化」是西化，而非本土化。這貼合〈南遊記〉中南洋華族優於當地土著的敘述：「華僑能奮鬥經營，故久握工商實業的牛耳，……土著馬來族，經天然淘汰，……」[45]編輯將當地華人與馬來人區分開來，乃把海外華人包括在中國人之內，視他們為接受殖民現代性的精英階層，能帶動大陸進步。這般「華／夷」之分，不僅

---

[43] 伍聯德，〈南遊記〉，《良友》13，頁 27。

[44] 〈異國風土人情 HERE and THERE〉，《良友》37（1929.7），頁 17。

[45] 伍聯德，〈南遊記〉，《良友》13，頁 26-27。

體現在服飾差異，還有體型和體態。《良友》中南洋異族的身體經常是異常的，極高或極矮，如《良友》第 22 期的〈奇趣之事物〉，這是中國再現中原以外族群的傳統方式，鞏固「文明（華）／野蠻（夷）」的文化認知。[46]然而《良友》中被大眾看見的南洋華人身體，卻總是健美的。

2、南洋身體與中國國體

　　圖像為主的畫報，本是凝聚奇觀的所在，兼具啟蒙和圖利目的。[47]前文所述《良友》內彰顯動物性和原始性的南洋圖像，可聯想到薩伊德「東方主義」所述的帝國視野。留存一絲中華帝國意識的中國人跟西方殖民者一般，透過奇觀化南洋，建立自身作為道德和政治優位的權力寓言。不過，民國初年面臨國難的中國人，面對南洋時並非一味嚴守尊卑分明的夷夏之防，反而積極發掘南洋的強處和優勢，從中尋找解決國力疲乏困境的契機。

　　《良友》中南洋華人的身體圖像，要么宛如歐美紳士般衣冠楚楚，要么雖赤裸身體，卻展露健美體格（男性居多），多分佈在「體育之部」和「體育界」的欄位，包括：第 3 期長於南洋的福建籍體育家黃清松、第 11 期菲律賓華僑運動會短跑冠軍薛安然、第 28 期南洋華僑大力士湯萬田、第 34 期馬來亞大力士黃坤振，以及第 56 期南洋華僑中華體育會陳國輝等。[48]這些圖像有意向讀者「表演」肌肉力量。如第 34 期馬來亞大力士黃坤振照片，除了大方展示背部肌群，還設有疑似大太陽的背景，營造「旭日東昇」的陽剛體魄感（圖6）。第 28 期馬來半島大力士湯萬田和第 56 期南洋大力士陳國輝，以汽車碾壓身體、扭鐵棒或拉雙車的演出，向觀者檢驗此一軀體的攻擊力和防禦力（圖7）。

46　過去中國呈現的外國人圖像，與西方殖民者對待東方殖民地如出一轍，往往透過體貌的奇異性（physical strangeness）表述文化的異己性（cultural otherness），種族差異被視覺化，如明代《異域圖志》。此外，中國歷史和文學文獻中，經常可見非漢民族或南方被「女性化」（弱勢）或「情色化」（失禮），突顯中原或漢人的支配力量和守禮表現。鄧津華著，楊雅婷譯，《台灣的想像地理：中國殖民旅遊書寫與圖像（1683-1895）》（台北：台大出版中心，2018），189-215。

47　十九世紀歐洲畫報的興起，本就挑起讀者窺淫癖式的全球化趣味，想要窺視遠方民族的奇特生活。瓦格納更發現近代中文畫報似乎承襲《博物志》、蒲松齡和馮夢龍的敘事風格，呈現出更為離奇聳動的世界圖景，穿插傳統的道德價值觀。魯道夫‧瓦格納（Rudolf G. Wagner）著，賴芊曄等譯，《晚清的媒體圖像與文化出版事業》（新北：傳記文學，2019），頁 32 和 110-111。

48　另有未赤身的南洋華人體育圖像，如第 9 期菲律賓網球界林珠光、第 24 期菲律賓籃球冠軍隊，還有第 50 期雪蘭莪名獵者袁有君等。

圖 6：「南洋著名大力士黃坤振之體魄」，〈體育界〉，《良友》第 34 期（1929 年 1 月）

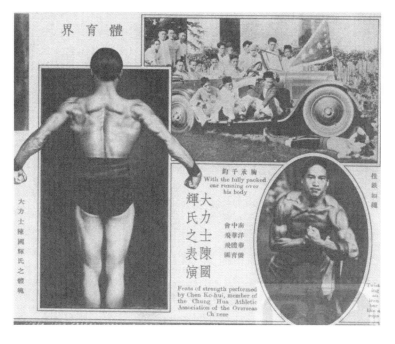

圖 7：南洋華僑中華體育會大力士陳國輝之表演，〈體育界〉，《良友》第 56 期（1931 年 4 月）

　　1903年梁啟超〈新民說‧論尚武〉，向中國大眾傳播強國須先強身的啟蒙話語，而體育正是改造積弱身體（國體）的重要途徑。[49]一直高呼「以出版業保國育民，以印刷業富國強民」[50]的《良友》，承襲梁啟超這套話語，除了定期開設體育欄位，還另行出版《體育世界》，建立健康身體和富強國體的因果關係：「有體育的精神，健全的國民，然後有美滿的社會，和富強的國家。」[51]因此，《良友》展演南洋華人雄性身體的力與美，乃參與近代中國「身體／國體」的論述。《良友》把身處殖民地的南洋華人，看作早一步接受現代體育觀的一群，刻意建造「中國人柔弱，海外華人健壯」的對照組合，見證「華族」身體改造的可能，從而鼓勵內陸中國人效仿西化甚深的同種身體。這種被《良友》「放大」的海外華人身體，甚至勝過南洋其他種族。如圖7右上所示，南洋華僑大力士被汽車碾壓，而司機和部分蹲坐車邊的，是帶著宋谷帽的馬來人，力量不敵車下華人，呼應第13期〈南遊記〉有關南洋華僑比馬來族更適應物競天擇的敘述。

　　與《良友》同時代的上海南洋公學刊物《南洋週刊》，曾有對比「南洋身體」與「中國身體」的國族論述：

> 亡國奴的印度人，他們還有強健的身體；……和英國人反抗，也許還有「對打」的力量。萎弱，退化，富「女性美」的中國人，就是沒有亡國，也不曉得「獨立」是怎麼樣的一回事；所曉得的：是妥協，是歸順，是做人家的奴隸。[52]

　　上文將中國人身體統一形容為萎弱、退化和富「女性美」，強調比中國人強健的印度人，有向西方列強對抗的潛能，具獨立的可能。須注意的是，印度在中國的地理想像中，也被視為南洋諸國之一。[53]換言之，上海書報曾出現南洋身體比中國身體強壯，抵抗外敵力量更強的觀點，從而鼓勵中國人通過體育得到振興國體的南洋體格。健美身體的範本，可以是南洋範圍的印度人，也可以是《良友》所示的南洋華人。

3、被強化的民族意識

　　《良友》的南洋華人圖像，更多出現在「華僑時事」、「海外時事」、「華僑消息」等時事類欄位。這一系列照片旨在建構中華民族的血緣神話，將中國海內外華人大範圍地圈定起來，以應對內憂外患的政治時局。如吳果中所言，《良友》乃「在一群特定組合的讀者同胞中創造了一個民族意識建構的共同體。……以有形印刷文字與圖片呈現無形民族情結

[49] 梁啟超，〈新民說‧論尚武〉，《新民叢報》上.1（1903.3），頁7-14。
[50] 伍聯德，〈為良友發言〉，《良友》25（1928.4），頁7。
[51] 〈英兵抵滬〉，《良友》13，頁5。
[52] 譚孟衍，〈我們所最需要的體育〉，《南洋週刊》8.7（1926.5），頁16。
[53] 許雲樵，《南洋史（上卷）》（新加坡：星洲世界書局，1961），頁3。

的輿論場域。」[54]我們可從《良友》報導南洋華人的慶典、賑災和參戰的三種新聞圖像，觀察畫報如何締造無形的和跨界的民族情結。

　　首先，《良友》第21期刊登馬來半島怡保九王爺誕之照，而第32期和第41期，刊登怡保、檳榔嶼、芙蓉和庇勝等地雙十國慶慶典的照片，第41期更同時擺置南京首都與南洋地區國慶盛典的圖像。[55]通過列示這些海內外華人在不同地點行動一致地歡慶的照片，《良友》製造出中國人與海外華人共存同一時空的時間感，維繫被幻想出來的「華人共同體」。這些慶典照片，多採俯拍或遠景鏡頭，盡可能讓數量龐大的群眾填滿整個畫面。人人面目模糊，但聲勢浩大，支撐蔓延各地的大中華想像。

　　其次，《良友》畫報多次刊登南洋華僑籌賑救濟面臨濟南慘案和抗日戰爭的中國。如第28期吉隆坡華僑舉行捐助濟南難民的義賣會，第29期南洋怡保乞丐傾囊捐助濟南慘案、第30期南洋芙蓉婦女界籌賑魯災、第34期南洋太平屠業賑濟、第154期南洋籌賑總會主席陳嘉庚回中國慰勞軍民，還有第165期新加坡基督教聯合會舉行音樂籌賑會等。這一系列圖像有若干特點。第一，多是華僑列成兩排或以上的長型大合照。與讀者眼神交接的，是整齊對稱、神情嚴肅、人多勢眾的南洋華人群體，透出一股血脈相通的聖光（圖8）。第二，圖像的文字說明，往往使用肯定語句，堅信南洋華僑必然心向祖國。如第28期提到「海內外同胞**莫不希望**南北從速統一」，[56]第165期寫道「新加坡華僑一**向關懷**祖國，備致熱忱」。[57]南洋華僑必定愛國的預設，源自孫中山或其追隨者戴季陶提出的「華僑為革命之母」。[58]它前一句為「離水之魚方知水之可貴」，假定離中國越遠，海外華人越心繫中國，以這未必為真的崇高話語，鼓動海外華人救助苦難的中國。第三，這些圖像皆在彰顯中國的傷痕累累，須仰賴身處資本主義殖民地的南洋華人予以經濟支援。這對應到《良友》第2期刊載的孫中山語錄，述及中國人的地位比不上被殖民的南洋安南人，中國所承受列強的壓迫，比「全殖民地」還要厲害。[59]這套說辭把中國視為最底層的受害者，以淺顯和激烈的表述形式，將民族情緒推到最高點，暗示政經局勢相對穩定的南洋，是救助中國的希望。

[54] 吳果中，《〈良友〉畫報與上海都市文化》（長沙：湖南師範大學出版社，2007），頁166-169。
[55] 〈南洋及香港時事〉，《良友》21（1927.11），頁9；〈雙十補誌〉，《良友》32（1928.11），頁15；〈國慶紀念：首都及國內外各地盛況一瞥〉，《良友》41（1929.11），頁4。
[56] 〈南洋華僑之愛國運動〉，《良友》28（1928.7），頁12。
[57] 《良友》165（1941.4），頁39。
[58] 久保純太郎著，蔣海波譯，〈「華僑為革命之母」源自戴季陶〉，《僑協雜誌》145（2014.3），頁48-50；《良友》第154期的〈南洋華僑回國慰勞〉（1940.5）開頭即出現此句。
[59] 〈中山先生之沉痛語〉，《良友》2（1926.3），頁12。

（寄士女琬淑朱）　影攝員會之會物賣災魯賑醫界女婦容美

用民及傷救以祖蓮悉得人將會籌音舉動之台教基華近，熱備國懷向僑坡新
。之難兵濟我國返教，所牧，賑樂行，發會聯督僑由最忱我，祖關一華嘉

Singapore Christains give Choair Concerts in aid of the China Relief Fund.

圖 8：由上至下，來自〈海外華僑賑濟魯難〉，《良友》第 30 期（1928 年 9 月）
和無標題，《良友》第 165 期（1941 年 4 月）

　　最後，《良友》亦曾圖文報導東南亞華僑回歸中國，與大陸人一同抗戰。第 135 期〈救
亡的種子〉以兩個大版面，刊登雲陽西北青年戰事受訓的青年全體圖像。編輯特別提到參
與的青年，包括遠至暹羅等華僑。合照裡南洋華人混入集體之中，構成無分國界和血脈相
連的畫面。[60] 第 144 期〈吉隆坡華僑回國投軍〉的編排甚為用心，共刊出四張中大型圖片，
記錄遠渡中國投軍的吉隆坡華僑登船時送別場景、初踏中國土地、被坪山鄉民恭迎，以及
立下抗戰宣言。[61] 在有限的版面內，編輯完整交代南洋華人由島至大陸的移動軌跡，完成
熱血的愛國敘事。透過粗體和大寫的英文標題「FOR MOTHER COUNTRY」，還有替照片
中的華僑標上口號文字「獲得最後勝利，我們才肯再回吉隆坡」（見圖 9），編輯在紙面上
製造出視覺與聽覺的衝擊力，讓讀者感受到被強化的華僑民族意識。

[60]　〈救亡的種子〉，《良友》135（1938.3），無頁碼。
[61]　〈吉隆坡華僑回國投軍〉，《良友》144（1939.7），頁 18。

圖 9：〈吉隆坡華僑回國投軍〉，《良友》第 144 期（1939 年 7 月）

　　本文並非認為這類南洋華僑熱愛祖國的圖像，全然失真，而是關注「圖像為主，文字為輔」的《良友》，如何透過具戲劇張力的照片排版，還有誇大和簡化的文字修辭，向文化程度不同的全球華人讀者，全方位調動他們的民族情緒。在畫報不斷**向外**流通的過程中，散佈各地的華人被無形地**向內**凝聚，無限擴增救國圖存的想像人數。

（二）危險的他方與「第二故鄉」:《良友》的「南洋」文字

　　相較於《良友》的南洋照片因經過編輯的編排歸類和新增文字說明，而導致圖像意義被特定一群人所主導，《良友》中與「南洋」有關的文學作品，更能呈現民國時期中國知識份子凝視南洋的多元視角。[62]作家不同的南洋經驗，使得南洋時而為「他者化」的異域，時而為一直被懷想的情感（慾）對象。

1、「金錢復何用，當愛已捨我遠離!」:《良友》中無愛的南洋

　　第 16 期《良友》刊登南京金陵大學余世鵬的〈老鶴歸巢〉，講述新婚不久的南方男子雲鶴為謀生活，乘搭金山船遠渡秘魯和智利當礦工，時隔五十年才重返家園。此時妻子已老，兒子已死，唯一血脈孫子也已遠赴南洋，重複祖輩的漂泊歷程。內疚的雲鶴，最終選擇到故鄉山邊孤獨終老。[63]

　　作家調動古典文學資源，處理非個人親身經歷的現代流離經驗——向「西洋／南洋」出走。如主角自比為放逐塞外的蘇武，另兩個情節:（1）新婚數日後主角旋即離家;（2）離家多年後主角重返物是人非的故土，都讓人聯想到杜甫「三別」中的〈新婚別〉和〈無家別〉。惟不同於蘇武或杜甫詩中人物，因政治和戰爭因素而被動出走，雲鶴乃主動到海外謀生，之所以遲遲未歸家，是被當地土人「風俗化」，染上享樂惡習，餘生只能活在懺悔之中，可憐亦可恨。小說輕描淡寫主角在外的漂泊過程，側重渲染男人離家前後，女人留守故鄉的悲哀。藉由雲鶴背棄家鄉的行為和下場，全篇訴求一個「歸」字，意圖勸諫當下遠在南洋或西洋的男人，早日歸家。

　　第 49 期《良友》中的馬國亮〈夢的低徊〉，複製〈老鶴歸巢〉敘事套式，主角同為男性漂泊者:

　　把妻子或愛人留在家鄉→下南洋／西洋→年老後回歸故土，懺悔一生

　　小說講述一名老人重返故鄉，原有一位同鄉的青梅竹馬，後為了家中生計而前往南洋，歸來時愛人已嫁為人婦，感嘆「我獲到了肉體的溫飽，卻失掉了靈魂的食糧，金錢復

---

[62] 陳平原已提示我們畫報的表述局限，圖像敘事比起文字敘事往往更為直觀、表象和淺俗，缺乏深度思辨和自我反省，且由於圖像和文字可能是分開製作，圖文之間又會形成或互補或對峙的張力，留下耐人尋味的「縫隙」。陳平原還強調攝影雜誌的技術成功，不代表美學上的勝利。繪畫為主的畫報擅長說故事，應可自行虛擬現場，增添更多懸想的敘事元素;照片為主的畫報（如《良友》），由於照相必須在場，雖可更好呈現特定場景，但敘述往往片段化，除非增加連續性畫面和補充更多文字說明。陳平原，《左圖右史與西學東漸:晚清畫報研究》（北京:生活・讀書・新知三聯書店，2018），頁 47-57 和 289-294。

[63] 余世鵬，〈老鶴歸巢〉，《良友》16（1927.6），頁 15-16。

何用，當愛已捨我遠離！」[64]離散一旦開啟，便永不休止。失愛的主角開始四處流浪，不願再踏入有所缺憾的故鄉，直到生命走向盡頭，主角才重返老家。與〈老鶴歸巢〉一樣，主角漂泊過程的細節完全被省略，強調「下南洋」的後果：愛的流失和離散無終時，以愛之名召喚海外遊子回歸由女性留守的母土。兩篇小說，完全否定離家者在海外落地生根的可能，視南洋為能解決一時生計，卻不可久留之地，逗留愈久，傷害愈大，回歸（祖國）才是正義。

上述兩篇小說的主角皆為已然承擔出走南（西）洋後果的老者，至於第 25 期深夷〈第三箭〉和第 64 期梁得所〈一個青年的夢〉，主角是前途茫茫的青年，「南洋」停留在他們的幻想之中，但同樣是無愛的、不被鼓勵選擇的去處。

〈第三箭〉講述「無人生目的遊民式的性格」[65]的杭州中學體育教員，多年來流離於不同地方。他先從家鄉福州到杭州，從事喜歡的教育工作和結識愛人，但因主角父親在新加坡從商，而被要求要么到上海讀商科，要么下南洋打理父親生意。遭受感情挫敗的主角，最終選擇前往北京擔任國民代言人。主角在經歷身體的跨界移動之際，同時擺盪在「家族期望／兒女私情／國家大事」之間，心中有其理想的空間排序：杭州排最前位，是他自由戀愛之地，一生眷戀；北京置中，即使在此地找到個人價值，卻始終感到空虛寂寞；未能成行的南洋與上海排到最末位，它們是金錢至上的商業之地，不是主角認為可實踐人生意義的地方。

〈一個青年的夢〉也作出類似的空間選擇。一名前途不明的上海大學生，作了兩種夢：（1）幻想前往語言相通的南洋，被當地富翁器重而擔任樹膠廠監督，更成為乘龍快婿，繼承富翁所有遺產。這一幻想隨即被主角自行否決，認為這是舊小說套路，不吻合現代青年人自由獨立的人設；（2）幻想前往東三省荒地開墾，並最終在那裡得到真愛。[66]與〈第三箭〉一樣，中國青年構想未來藍圖時，總有「南洋」這一選項，但作者總讓主角留在國內，真愛在杭州和東三省，南洋僅是追求利與慾的無愛之地。這種鼓勵華人減少往外（南洋）出走，向大陸拓荒的觀點，可參照《良友》第 158 期〈編輯者言〉，編輯期待長期拓殖開發南洋群島的華僑能重返中國，以其「偉大的開拓力量」開發西部邊陲的處女地──西康省，提倡移民人口回流。[67]

以上小說都把南洋看作具殺傷力，有慾而無情的他方，[68]南洋的描寫總是點到即止。這可能跟上述作家們缺乏深入的南洋經驗有關（梁得所與馬國亮皆為在滬廣東人），在中

---

[64] 馬國亮，〈夢的低徊〉，《良友》49（1930.8），頁 22。

[65] 深夷，〈第三箭〉，《良友》25，頁 23。

[66] 梁得所，〈一個青年的夢〉，《良友》64（1931.12），頁 31。

[67] 〈編輯者言〉，《良友》158（1940.9），無頁碼。

[68] 我們不難發現民國時期中國現代小說中出現的南洋人，往往被中國作者看作是淺薄、色欲和危險，是須遠離的。如丁玲〈莎菲女士的日記〉中的新加坡華僑凌吉士，成為讓女主角墮落的色的誘惑，「豐儀的裏面是躲著一個何等卑醜的靈魂！」丁玲，〈莎菲女士的日記〉，《小說月報》19.2（1928.2），頁 222。史書美亦從

國之內擁護「回歸」祖國的神話。《良友》雖刊登過幾篇實際走訪南洋的遊記，但大都走馬看花。如王瑞驤〈暹羅雜記〉，流水帳式地記錄暹羅旅程的點滴，負評居多，包括從天氣炎熱和物產豐饒判斷暹羅人奇懶無比、嘲笑暹羅戲傳統裝扮「似狗非狗」，排斥當地舞女的氣味和食物味道。[69]或伍聯德〈南遊記〉，認為馬來族在人種上遜於華人，終究會被天然淘汰，展現以中國或漢人為中心的觀看視角。

2、「南島喲，是我第二的故鄉」：《良友》中有愛的南洋

　　《良友》中一些書寫南洋的作品，作者為北上中國的南洋華人，多採取第一人稱視角，為「南洋」給予更多空間描述的細節，投入更濃烈的情感。

　　來自荷屬印尼棉蘭的新感覺派作家黑嬰，曾在《良友》發表〈南島懷戀曲〉，以回憶體形式，追思南洋的人、事、物。小說一開場，敘事者「我」對家鄉南島釋放幾近氾濫的思念情緒：「我是那麼地懷戀著炎熱的南島呵！」[70]懷戀過程中，南島被作家擬人化，如具有治療能力，「海和天醫治了我的鬱悶的，陰沉的心。」[71]「我」的這份過剩情感，除了給予南島，也同時投注給一名皮膚黝黑，身穿沙籠（Sarung）的南島土生女人黑妮子。作者大肆鋪寫南島之景和黑妮子外型，用復沓的浪漫主義式語句（「炎熱的，炎熱的」、「偉大的，偉大的」和「你在那兒哪，你在那兒」等），無節制地呼喚「南島／愛人」。溫暖的南島，與軟軟的、黑色的黑妮子，是「我」心中二為一體的情慾（感）對象。結尾處黑妮子「又丟了家走出去了」，成為「我」上下求索卻求而不得的南洋版「巫山神女」，可看作漂泊在上海的黑嬰，遠望那捉摸不定又極具誘惑力的家鄉，懷鄉思緒被無止盡延長。

　　本文無意追究黑嬰懷戀南洋的動因，[72]而是要闡明這篇小說擺置在《良友》所生發的意義。我們可看出〈南島懷戀曲〉迎合中國讀者閱讀口味，它的語言簡白，沒有詰屈聲牙的混雜句式，文中堆疊的南洋物象亦相當普遍，如大太陽、椰樹、榴槤、棕櫚樹、芭蕉葉，搭建出讀者所期待的熱帶場景。小說的插圖為吳公昌所拍攝椰樹和木屋的海邊照，是大眾可預見的赤道風情。惟小說中的「我」被刻畫成用手抓飯吃和唱著馬來歌曲的「一個典型的島國少年」，南洋華人不再像先前圖像所看到的西化形象，而是與當地土著發生文化混血的在地化。黑嬰所建構被大自然包裹的「南洋」，盡是前現代（pre-modern）景觀，與現時中國和摩登上海形成對比。若將第78期《良友》作整體性的閱讀，〈南島懷戀曲〉前

許地山、丁玲、張愛玲等小說，發現他們筆下的南洋是累積財富、物質充沛和開創第二春的所在，卻也送來背德的、不夠中國的、不值得信任的、不可嫁娶、充滿誘惑力的南洋華人，展現出近似薩依德所述的帝國心態。史書美，《反離散：華語語系研究論》（台北：聯經出版社，2017），頁110-118。

[69] 王瑞驤，〈暹羅雜記〉，《良友》110（1935.10），頁52-53。

[70] 黑嬰，〈南島懷戀曲〉，《良友》78（1933.7），頁14。

[71] 同前註，頁32。

[72] 楊慧指出在上海就學的黑嬰，常在小說中激發出南洋鄉愁，可能是與內地同學產生疏離或對上海大學教育感到失望有關，惟論據稍顯不足。楊慧，〈1930年代滬上文壇獨特的「新感覺」——南洋華僑作家黑嬰的「鄉愁」書寫〉，《四川大學學報》196（2015.1），頁102-110。

幾頁刊登「多難之邦」和「剿共前線」的圖像專題，列示新疆迪化回漢互鬥、東北戰區難民聚集、漢口第三特區淹水、國共兩方內鬥的中國慘景；後頁刊登良友攝影團〈長城之外〉和司徒喬〈歷史的憑弔〉的圖像，重現古戰場荒涼和北平沉鬱的氛圍。黑嬰想像中既淳樸又熱情的南島，夾雜其中，反倒成為遠離一切現代性暴力（城市化與戰爭）的溫柔鄉，稍稍緩解內地讀者在戰火環伺下緊繃的情緒。

　　第 60 期的仲君詩歌〈南島之晨〉，與〈南島懷戀曲〉有異曲同工之妙。詩歌同樣堆砌讀者熟悉的南洋之物，如椰林、亞塔寮和山巴，且一樣「女性化」南洋。自稱「飄泊的遊子」的詩人，視「少女南島」為可發生情感的對象：

> 那蒼翠的遙岑深邃，
> 如含羞的少女，多麼窈窕，淑靜，年青；
> 那晶瑩的溪流潺潺，
> 如嫵媚的秋波，有多麼明亮，深情。
> 你這蔥蔚的南島喲，是我第二的故鄉，……[73]

　　這是《良友》中，少數直接表達中國與南洋「雙重故鄉」認同的作品。而詩中所懷戀的獅島新加坡，一樣是去現代化，與中國戰亂時空完全斷裂的烏托邦。這可參照同時代的禁坡〈我懷戀著美麗的南島〉，述及「方今經濟恐慌的重壓下，馬來土人底羅曼蒂克的情調恐怕已消失了，換來的也許是沉痛呻吟的哀歌吧，……我仍舊愛著南島的。我愛南島的椰樹，樹膠園，……特別愛熱帶的沙灘和熱帶的淳樸的戀歌，……」[74]〈南島懷戀曲〉和〈南島之晨〉如此懷戀純粹自然的南洋，有其應對時局的書寫意義：羅曼蒂克的南洋，可慰藉亂世下讀者那悵然若失的心靈。事實上，民初以來活在烽火之中的中國南遊文人，如梁啟超、王任叔、梁紹文和李鍾玨等，常把綠意盎然、物產豐富、政治環境相對寬鬆的南洋，幻想成對應「桃花源」或「洞天福地」的樂土。[75]而生在南洋，同時為上海暨南大學僑生的黑嬰和仲君，則在追憶理想化的「第二故鄉」和陰性化的「母土」之時，間接建構出不再純然「他者化」，對讀者而言具有救贖意味的「南洋」。

　　當然，並非所有具南洋實地生活經驗的作者，必然對南洋有所歸屬。如生於英屬檳榔嶼的醫學家伍連德，分別在《良友》第 58 期和第 104 期，發表其生活回憶錄。伍聯德僅用一小篇幅，介紹檳榔嶼物產（白鐵與膠皮）和殖民地英式教育，以更大篇幅描述北上大陸後的種種閱歷，強調自己先祖為粵省台山客家屬，學習醫術旨在「歸國報命」，心向中國。[76]國民黨首任廣州工務局局長程天固，也在〈回首當年〉一文中，向《良友》讀者分

[73]　仲君，〈南島之晨〉，《良友》60（1931.8），頁 16-17。
[74]　禁坡，〈我懷戀著美麗的南島〉，《紅豆月刊》3.5（1935.12），頁 107-108。
[75]　夏菁，《慾望與思考之旅：中國現代作家的南洋與英美遊記研究》（台北：文史哲出版社，2010），頁 84-94。
[76]　伍連德，〈得之於人，用之於世〉，《良友》58（1931.6），頁 16-17；伍連德，〈三十年來和疫菌的抗戰〉，《良

享他青年時期（晚清）遠渡爪哇和新加坡尋求謀生出路，因緣際會下遇上孫中山抵星洲宣傳革命，從而開啟他日後為民國政體服務的仕途。[77]雖然程天固並非生於南洋，但他所敘述的南洋，是他投入革命的啟蒙之地，島國在地華人有情有義地支持內地的革命，一掃先前部分文學作品把南洋「功利化」的負面印象。

四、結語

　　刊行於 1926 年至 1945 年之間的《良友》，經歷民國時期短暫盛世的「黃金十年」和烽火亂世的「十四年戰爭」（從九一八事變到太平洋戰爭結束），上海尚有被淪陷區包圍，「畸形繁榮」的孤島時期。此時既是摩登上海的消費時代，也是苦難中國的危機時刻，這期間《良友》從未間斷凝視「南洋」，需求「南洋」。《良友》或整個民國文化圈想像的「南洋」，時而供獵奇的讀者消費、時而令讀者思索「何謂摩登？」（西洋與南洋拉出一前一後的線性時間）、時而讓讀者建構抵抗四方列強的「中華民族共同體」、時而成為讀者短暫逃離現實的熱帶樂園。

　　本議題或可再往下延伸，包括：（一）同時在南洋銷售的上海暨南大學《南洋研究》、《南洋情報》和《中南情報》學術刊物，其所呈現的「南洋」，與商業畫報《良友》究竟有何差異？（二）除了《良友》畫報，存續時間更長的上海報刊，如《東方雜誌》或《申報》，能否見到「南洋」痕跡？（三）1920 至 1940 年代上海興起的「南洋風」，與 1940 年代至 1950 年代馬來亞獨立前南來文人主導的「采風」文藝活動（如新加坡南洋學會成立和《蕉風》發行），是否有所關聯？目前已知《南洋研究》部分作者，如劉士木、陳希文、錢鶴和顧因明等，曾參與《星洲日報‧南洋研究》副刊寫作，劉士木更是後來新加坡南洋學會的發起人之一。這裡可見上海高等學府所刮起的「南洋風」，吹入馬來亞，帶動星馬一帶的南洋研究風氣。

　　友》104（1935.4），頁 14-15。
[77]　程天固，〈回首當年〉，《良友》119（1936.8），頁 24，30-31。

主要參引文獻

一、中文

（一）專書

史書美，《反離散：華語語系研究論》，台北，聯經出版社，2017。

吳果中，《《良友》畫報與上海都市文化》，長沙，湖南師範大學出版社，2007。

李歐梵著，毛尖譯，《上海摩登：一種新都市文化在中國 1930-1945》，香港，牛津大學出版社，2000。

林萬菁，《中國作家在新加坡及其影響（1927—1948）》，新加坡，萬里書局，1994。

居伊·德波（Guy Debord）著，張新木譯，《景觀社會》，南京，南京大學出版社，2017。

耿素麗、章鑫堯選編，《南洋史料》，北京，北京圖書館出版社，2008。

馬國亮，《良友憶舊：一家畫報與一個時代》，新北，正中書局，2002。

夏菁，《慾望與思考之旅：中國現代作家的南洋與英美遊記研究》，台北，文史哲出版社，2010。

張錦忠，《南洋論述：馬華文學與文化屬性》，台北，麥田出版社，2003。

許傑，《椰子與榴槤》，上海，現代書局，1931。

許雲樵，《南洋史（上卷）》，新加坡，星洲世界書局，1961。

陳子善，《上海的美麗時光》，台北，秀威資訊科技，2009。

陳平原，《左圖右史與西學東漸：晚清畫報研究》，北京，生活·讀書·新知三聯書店，2018。

愛德華·薩伊德（Edward W.Said）著，王淑燕等譯，《東方主義》，新北，立緒文化，1999。

廖文輝，《馬新史學 80 年：從「南洋研究」到「華人研究」（1930～2009）》，上海，上海三聯書店，2010。

臧傑，《天下良友：閒話文庫》，青島，青島出版社，2009。

鄧津華著，楊雅婷譯，《台灣的想像地理：中國殖民旅遊書寫與圖像（1683-1895）》，台北，台大出版中心，2018。

魯道夫·瓦格納（Rudolf G. Wagner）著，賴芊曄等譯，《晚清的媒體圖像與文化出版事業》，新北，傳記文學，2019。

（二）專書論文

王賡武，〈中國歷史著作中的東南亞華僑〉，王賡武著，姚楠編，《東南亞與華人——王賡武教授論文選集》，北京，中國友誼出版公司，1986，頁 226-247。

村井寬志，〈《良友》畫報與華僑關係網——關於民國時期的上海文化產業的個案研究〉，姜進編，《都市文化中的現代中國》，上海，華東師範大學出版社，2007，頁 419-435。

孫慧敏著，中村みどり譯，〈『良友』画報と読者の声〉，孫安石、菊池敏夫、中村みどり編，《上海モダン『良友』画報の世界》，東京，勉誠出版株式会社，2018，頁 53-78。

鄭文惠，〈視覺奇觀與權力地理——《點石齋畫報》緬甸的空間政治和文化敘事〉，in *China and the World - the World and China: Essays in Honor of Rudolf G. Wagner: Transcultural Perspectives on Late Imperial China*, eds. Natascha Gentz, Catherine Vance Yeh. Gossenberg: Ostasien Verlag, 2019, pp109-133.

（三）期刊論文

丁玲，〈莎菲女士的日記〉，《小說月報》19.2（1928.2），頁 202-223。

久保純太郎著，蔣海波譯，〈「華僑為革命之母」源自戴季陶〉，《僑協雜誌》145（2014.3），頁 48-50。

吳春明、王櫻，〈「南蠻蛇種」文化史〉，《南方文物》2（2010.6），頁 89-102。

李金生，〈一個南洋，各自界說：「南洋」概念的歷史演變〉，《亞洲文化》30（2006.6），頁 113-123。

梁啟超，〈新民說‧論尚武〉，《新民叢報》上.1（1903.3），頁 7-14。

陳國傑，〈民國初期平面媒體的視覺呈現：以上海『良友畫報』為例〉，《康寧學報》12（2010.6），頁 59-82。

禁坡，〈我懷戀著美麗的南島〉，《紅豆月刊》3.5（1935.12），頁 107-108。

楊慧，〈1930 年代滬上文壇獨特的「新感覺」——南洋華僑作家黑嬰的「鄉愁」書寫〉，《四川大學學報》196（2015.1），頁 102-110。

鍾怡雯，〈中國南遊（來）文人與馬華散文史〉，《中國現代文學》25（2014.6），頁 161-176。

顏敏，〈民國南洋學的幾種話語（1912—1949）〉，《東南亞研究》1（2011.2），頁 90-94。

譚孟衍，〈我們所最需要的體育〉，《南洋週刊》8.7（1926.5），頁 16-18。

蘇全有，岳曉傑，〈對《良友》畫報研究的回顧與反思〉，《蘇州教育學院學報》28.4（2011.8），頁 10-16。

（四）報紙、網路

孫慧敏，〈誰讀《良友》？〉，http://www.mh.sinica.edu.tw/FileUpload/72/%E8%AA%B0%E8%
AE%80%E8%89%AF%E5%8F%8B.pdf，瀏覽日期：2020.10.24。

（五）其他

《良友畫報》（影印合訂本），台北，台灣商務印書館，1990。

中國現代文學　第四十期
2021 年 12 月 179-200 頁

前期篇目

第二十四期

第三十期

第三十九期

第四十一期主題徵稿

「文學的來世」（literary afterlives）

截稿日期：2022 年 3 月 30 日

主題策劃：陳國球、王鈺婷

　　Astrid Erll 提出「文學來世」（literary afterlives）的概念，以探討當代文學所面臨的挑戰並提出具有願景的來世面貌。「文學來世」追問的是文學功能與意義的轉變，並提出媒介文化與文本的觀點，來開展出未來文學的發展面貌。當代華文文學如何介入目前複雜的社會情境之中呢？如何和跨媒介網絡產生連結與互動？文學本身又將如何持續發揮影響力？本專題希望探究二十一世紀初期華文文學的特質與關懷，期能啟動文學作品與不同媒介之間文化生產與互文重寫，並思考不同地域之間思考文學未來性的相關問題，進而凸顯跨地域的文學生命發展之視野。建議以下子題，但不限於此：

1. 二十一世紀初文學的新興現象與論爭
2. 二十一世紀初文學的新興主題與形式
3. 文學的跨媒介實驗
4. 二十一世紀初文學傳播環境
5. 不同地區文學發展的挑戰與困境
6. 跨地域華文文學未來發展之比較
7. 再思文學的社會意義與功能
8. 文學傳統的繼承與延續

第四十二期主題徵稿

詩的跨境行旅——再探中國現代詩學史

截稿日期：2022 年 9 月 30 日

主題策劃：黃英哲、松浦恆雄

　　二十世紀初以來，大中華圈、東亞地區戰火內外綿延，是一個分裂的與漂泊的時代。這個時代穿梭中國、日本、臺灣三地的文化人因為種種原因羈旅、漂泊他鄉，使固著的文化產生流動。大變動時代同時也是文化重組與再生產的時代。創作者以母語和非母語透過多種類型銘刻流離經驗。其中一個重要文類是現代詩。詩是呈現時代精神圖景、探討核心價值的重要形式，尤其以往以非母語創作的中國詩人或台灣詩人，往往遭到忽略，實有再挖掘補足之必要。例如中國的日語詩人黃瀛在留學日本時期與日本詩壇曾密切交流，1930 年滯日時期出版第一本日語詩集《詩集・景星》（印刷兼發行者田村榮）；1931 年返回中國後，1934 年又出版第二本日語詩集《瑞枝》（東京　ボン書店）等。又如戰後短暫來台的日本語詩人雷石榆，留學日本時期與日本詩壇交流頻繁，1935 年曾出版日語詩集《沙漠の歌》（東京　前奏社）。再如台灣著名學者詩人楊雲萍，戰後強烈認同中國文化，卻也通過日語掌握世界先端文化動態，1943 年出版日語詩集《山河》（台北　清水書店）。這些詩人們的創作經驗與作品所折射的時代精神都值得我們再度探討。

　　本專輯誠徵二十世紀以來，大中華圈和各地華裔現代詩人的行旅與詩作研究論文。尤其歡迎具體人生軌跡、詩歌創作，及跨境文本的衝突與疊合的研究。其他相關議題論文也優予考慮，藉此拓展對時代精神與華語詩學更進一步的認識。

華文文學文化研究觀察
徵稿啟事

　　舉凡有關現當代文學文化研究述評、現象觀察之論述，皆歡迎賜稿，自本期起長期徵稿。篇幅以 12000 字為限，截稿日期依本刊各期截稿時間。

《中國現代文學》稿約

一、本刊由「中國現代文學學會」創辦，每年六、十二月出刊，截稿日期為三月三十日、九月三十日。

二、本刊稿件採隨到隨審方式，每篇論文均經兩位相關領域專家學者不具名審查通過。

三、除每期主題徵稿之外，凡有關五四以來華文文學的學術論文（包括通俗文學和民間文學的研究，但不含創作和採錄），皆歡迎投稿，來稿請寄電子檔至 shine32@ms63.hinet.net，並列印一式二份，寄至新北市永和郵政 401 號信箱，「《中國現代文學》編輯室」收。

四、來稿請勿一稿兩投，稿件以不超過貳萬字為原則，並以未曾書面發表者為限，且非屬博、碩士論文之部份內容。稿件請橫排打字，撰稿格式參照本刊撰稿體例，並須檢附三至五個「中英文關鍵詞」、三百字左右「中英文摘要」。

五、來稿請另紙註明作者姓名、服務單位和職稱、聯絡電話、E-mail address。

六、凡經採用的稿件，贈送當期刊物壹冊及抽印本十本。

七、本刊與秀威資訊、華藝數位、智慧藏、凌網科技等公司簽訂出版合作契約，委託前者負責稿件編排、印刷、出版、發行等事宜，後三者負責將稿件收錄於「中文電子期刊服務」或其他資料庫中供用戶檢索、下載等事宜，如不同意者請於投稿時註明。未特別聲明者，凡投稿本刊論文經審查通過後，即視為同意本刊之授權。

《中國現代文學》撰稿體例

一、格式：由左至右橫式寫作，每段第一行前空二格。

二、標點符號：採用新式標號。書名、期刊名、報紙名、劇名、學位論文用《》，文章篇名、詩篇用〈〉。

三、章節符號：各章節使用符號依序為一、（一）、1、（1）等。

四、引文：獨立引文每行低三格，上下不空行；正文內之引文加「」；引文內別有引文則用『』。

五、註釋：採當頁註。註釋號碼用阿拉伯數字隨文標示，格式如下：

  1、專書：作者，《書名》（出版地：出版者，出版時間），頁碼。

  2、專書論文：作者，〈論文名〉，收於編者，《書名》（出版地：出版者，出版時間），頁碼。

  3、期刊論文：作者，〈篇名〉，《期刊名》卷期（年.月），頁碼。

  4、學位論文：作者，《學位論文名》（出版地：出版者，年份），頁碼。

  5、報紙‧網路：

    報紙：作者，〈篇名〉，《報紙名》版次（或副刊、專刊名稱），年月日。

    網路：作者，〈篇名〉，網址，瀏覽日期。

六、參引文獻：

  文末一律附加「主要參引文獻」。中文書目請依作者姓氏筆劃為序，如有必要得以出版時間為序，英文書目則以作者姓氏字母為序，以專書、專書論文、期刊論文、學位論文、報紙、網路之序編排。中文在先，外文在後。出版時間統一以西元書寫。

  撰寫格式如下：

  一、中文

    （一）專書

      作者，《書名》，出版地，出版者，出版年。

    （二）專書論文

      作者，〈論文名〉，《書名》，出版地，出版者，出版年，起迄頁碼。

    （三）期刊論文

      作者，〈篇名〉，《期刊名》卷期（出刊年/月），起迄頁碼。

    （四）學位論文

      作者，《學位論文》，出版地，出版者，出版年。

    （五）報紙‧網路

      報紙：作者，〈篇名〉，《報紙名》版次（或副刊、專刊名稱），年月日。

      網路：作者，〈篇名〉，網址，檢索日期。

二、外文

英文書目請依照作者姓氏字母為序

Li, Wai-yee. "Confronting History and Its Alternatives in Early Qing Poetry"; "History and Memory in Wu Weiye's Poetry," in Trauma and Transcendence in Early Qing Literature, eds. Wilt Idema, Wai-yee Li, Ellen Widmer (Cambridge: Harvard University Asia Center, 2006), pp.73-148.

Wang, C.H. "Ch'en Yin-k'o's Approaches to Poetry: A Historian's Progress," Chinese Literature: Essays, Articles, Reviews 3.1(1981): pp3-30.

《中國現代文學》半年刊　第四十期

出　　版：中國現代文學學會
通 訊 處：新北市永和郵政 401 號信箱
E-mail：shine32@ms63.hinet.net
發 行 人：李有成
主　　編：劉秀美、高嘉謙
專題主編：宋偉杰、張學昕
英文編審：李松
執行編輯：賴奇郁
編　　輯：趙謙郡
封面設計：青婕
創　　刊：2004 年 3 月 10 日（季刊）
出　　刊：2021 年 12 月 20 日
刊　　期：半年刊（自 2006 年 6 月 20 日起）
I S S N：1684-4238
印製銷售：秀威資訊科技股份有限公司
　　　　　臺北市內湖區瑞光路 76 巷 65 號 1 樓
　　　　　電話：（02）2796-3638
　　　　　傳真：（02）2796-1377
展售門市：國家書店【松江門市】
　　　　　地址：104 台北市中山區松江路 209 號 1 樓
　　　　　電話：+886-2-2518-0207　傳真：+886-2-2518-0778
零售價格：每冊 300 元（掛號郵資外加 55 元）
全年訂閱：兩期 550 元（掛號郵資外加 110 元）
　　　　　訂購請洽展售門市
【本刊為科技部 THCI 核心期刊】
【本刊論文除特稿外，均經兩位以上相關領域學者專家匿名審查通過】